Inhalt

Zu diesem Heft

Liebe Leserinnen und Leser,

dass das Reformationsjubiläum eine ökumenische Angelegenheit ist, ist inzwischen unbe-
stritten. Nicht nur die Evangelische Kirche in
Deutschland und die Deutsche Bischofskonferenz haben nach einer Phase der Zurückhaltung
die Einladung zum Mitfeiern gerne ausgesprochen und ebenso gerne angenommen, auch die
Orthodoxie hat sich im Jahr der Reformation bei
einigen Gelegenheiten an die evangelischen Christinnen und Christen
gewandt, von denen wir in diesem Heft einen Einblick geben. Viele der
Freikirchen engagieren sich im Reformationsjahr bei gemeinsamen Veranstaltungen und bringen ihr Profil ein. Das alles war am Anfang der Reformationsdekade noch nicht klar abzusehen, und man kann für den ökumenischen Lernprozess in allen Kirchen nur dankbar sein.

Das evangelische Jubiläum ist ein ökumenisches geworden. Schon
einmal hatte sich die Ökumenische Rundschau in einer Ausgabe mit der
ökumenischen Dimension der Reformation in Vorbereitung auf das Jahr
2017 auseinandergesetzt. Wenn wir jetzt – gegen Ende der Jubiläumsfei-
ern und nach einer langen Phase der Vorbereitung – noch einmal das
Thema aufgreifen und besonders auf die inner-evangelischen Prägungen
schauen, so sollen einige Aspekte zur Sprache kommen, die nicht unbedingt im Fokus der öffentlichen Darstellung standen. Zugleich sollen die
Beiträge auch darauf verweisen, welche Früchte der Reformation es im
Protestantismus noch zu entdecken gibt.

Walter Fleischmann-Bisten hat in der gesamten Jubiläumsvorberei-
tung der letzten Jahre in die Beratungen auf verschiedenen Ebenen im-

308 mer wieder das Anliegen eingebracht, die evangelischen Freikirchen als wesentlichen Teil des deutschen Protestantismus in den Blick zu nehmen. Dieses Heft eröffnet daher mit seinem Blick auf die große Weite der reformatorischen Tradition(en). *Ulrike Schuler* legt in ihrer Studie dann den Fokus auf die Evangelisch-methodistische Kirche. Deutlich wird an ihrem Beitrag, dass der Begriff „Freikirchen" für sie häufig nicht hilfreich ist, weil er Gemeinde- und Kirchenbewegungen miteinander verbindet, die sehr unterschiedlich entstanden sind und kaum vergleichbare Ausprägungen haben. Spannend ist zu lesen, wie im angelsächsischen und somit im anglikanisch geprägten Raum durch die Wesley-Brüder reformatorisches Gedankengut und lutherische Theologie Einfluss gewannen, ohne dass es zu einer systematischen Rezeption der Theologie aus Wittenberg kam.

Zwei Studien aus dem katholisch geprägten europäischen Ausland zeigen, wie sich der Protestantismus in der Diaspora-Situation bewährt hat. Der Beitrag von *Lothar Vogel* über die Waldenser in Italien beschreibt, wie sich diese Minderheitenkirche im Gegenüber zu den jeweiligen politischen Größen positionierte und dabei jeweils auch sehr divergierende Haltungen einnahm. Das Staats-Kirchenverhältnis ist heute in vielen evangelischen Minderheitenkirchen ein entscheidendes Thema. Einen Einblick in die bis in die Gesellschaft hineinwirkende Diakonie der kleinen evangelischen Kirche Polens gibt *Wanda Falk*.

Abgerundet wird der Blick auf die unterschiedlichen evangelischen Identitäten durch einen Beitrag von *Peter Zimmerling,* der individuellen Glaubens- und Frömmigkeitsprägungen im Protestantismus nachgeht. Seine Ausgangsthese ist dabei, dass die Reformation „zur Demokratisierung und Alltagsverträglichkeit der Spiritualität" führte.

Wir hoffen, dass die exemplarische Bandbreite unterschiedlicher evangelischer Profile, die sich in den Beiträgen widerspiegelt, ermutigt, die konfessionelle Tradition nicht zu sehr in eine Schablone zu pressen. Gerade die kleineren Kirchen werden schnell übersehen, kommen hier aber stellvertretend zu Wort.

Ergänzend dazu finden Sie in dieser Ausgabe auch Dokumente zur Orthodoxie. Auf ihren Beitrag zum Reformationsjubiläum haben wir eingangs schon hingewiesen. Auch ein kurzer Beitrag von *Johannes Schelhas* nimmt das Jahr 2017 nochmals auf. Abgerundet wird das Heft zudem durch eine Einführung (*Oliver Schuegraf*) und erste Würdigung (*Christof Mandry*) des jüngsten römisch-katholisch/lutherischen Dialogdokuments „Gott und die Würde des Menschen", durch die Abschlussbotschaft der XII. Vollversammlung des Lutherischen Weltbundes, sowie ein Rückblick auf die ökumenischen Verdienste Adolf Deißmanns (*Konrad Raiser*).

Mit diesen evangelischen Identitäten wünschen wir Ihnen eine gute
Lektüre und Freude an der Wahrnehmung der Traditionsvielfalt innerhalb
des Protestantismus.

Im Namen des Redaktionsteams

Oliver Schuegraf   *Barbara Rudolph*

Ausgegrenzt, eingeladen und lernfähig

Beobachtungen zur Situation zwischen dem landeskirchlichen und freikirchlichen Protestantismus in Deutschland im Kontext des Reformationsjubiläums 2017

Walter Fleischmann-Bisten[1]

Prof. Dr. Harry Oelke zum 24. August 2017

In der Mitte des Gedenkjahres „2017 – 500 Jahre Reformation" ist diesem Beitrag folgende Aufgabe gestellt: Aus konfessionskundlich-ökumenischer Sicht soll ein Blick auf die Vielfalt reformatorischer Kirchen, deren gegenseitige Akzeptanz und Wertschätzung geworfen werden. Damit ist keine innerprotestantische Bilanz des Reformationsjubiläums beabsichtigt, die derzeit noch nicht möglich wäre. Im Fokus stehen Beobachtungen und Analysen eines schon beachtlichen Quellenmaterials, das eine Reihe von Entwicklungen und Konflikten erkennen lässt und nach Konsequenzen fragt. Beim Sichten von Dokumenten, Projektinformationen und Prospekten fand ich eine ausgesprochen originelle und einprägsame Formulierung, die den Weg eines regionalen Veranstalters zum Datum des 31. Oktober 2017 und die Wertung der Reformationsdekade insgesamt im Blick hat. Im Editorial der Evangelischen Stadtakademie Nürnberg – eines auch reformationsgeschichtlich wichtigen Ortes – ist für das Programm März bis Juli 2017 zu lesen:

> „Außerdem wird die Reformationsdekade nach zehnjähriger Odyssee in den Hafen des Reformationsjubiläums einlaufen. Natürlich finden sich auch dazu zahlreiche Veranstaltungen in unserem Programm. Dabei versuchen wir einen selbstkritischen Kurs zwischen der Szylla des Heldengedenkens und der Charybdis der Belanglosigkeit zu halten. Die Reihe Heilen der Erinnerungen, die wir zusammen mit unserer katholi-

---

[1] Pfarrer Dr. Walter Fleischmann-Bisten war von 1984 bis 2006 Geschäftsführer und von 2007 bis 2015 Leiter des Konfessionskundlichen Instituts in Bensheim. Zugleich war er von 1984 bis 2015 Generalsekretär des Evangelischen Bundes.

Ich versuche im Folgenden zunächst an Rahmenbedingungen zu erinnern, unter denen in Deutschland die verschiedenen evangelischen Kirchen als Kirchen der Reformation auf das Reformationsjubiläum zugegangen sind. Am Beispiel des Jahresthemas der Reformationsdekade für 2013 „Reformation und Toleranz" werde ich deutlich machen, wie und warum Gestaltungsanspruch und Gestaltungswirklichkeit voneinander entfernt waren, aber schließlich doch Konsequenzen hatten, die auch positiv zu würdigen sind. Schließlich will ich an ausgewählten Beispielen aus neuesten Veröffentlichungen Tendenzen aufzeigen, die ich als erste Früchte eines neuen Bewusstseins für mehr neue Akzente einer mir wichtigen Zusammenarbeit von Landes- und Freikirchen in Deutschland sehe.

1. Freikirchen als Kirchen der Reformation – Rahmenbedingungen 2008 bis 2012

Neben den heute zur Evangelischen Kirche in Deutschland (EKD) gehörenden 20 Landeskirchen mit ca. 22 Millionen Mitgliedern gibt es 15 Freikirchen, die zur Vereinigung Evangelischer Freikirchen (VEF) gehören und ca. 300.000 Mitglieder haben. Viele dieser in Deutschland kleinen Kirchen gehören wie etwa Adventisten, Baptisten, Methodisten und Pfingstkirchen zu weltweit großen Konfessionsfamilien. Aber weder dem Lenkungsausschuss noch dem gemeinsamen staatlichen und kirchlichen Kuratorium für das Reformationsjubiläum und dem von diesem berufenen Wissenschaftlichen Beirat gehörten in dessen ursprünglicher Zusammensetzung keine in einer evangelischen Freikirche verwurzelten Fachleute an. Dies änderte auch die neue Zusammensetzung ab 2014 nicht, wodurch mehrere römisch-katholische Christen diesem Gremium angehörten und mit dem ehemaligen Bundesverfassungsrichter Udo di Fabio sogar ein Katholik den Vorsitz hatte.[3] Es verwundert daher nicht, dass in den von diesem Beirat formulierten „Perspektiven für das Reformationsjubiläum" zwar zu lesen ist: Zur „Bewahrung und Fortentwicklung der modernen westlich geprägten Kultur" müsse „das gemeinsam Christliche und das je besondere Profil der Konfessionen – konfessionelle Differenz und ökumenische Ge-

---

2   So *Ekkehard Wohlleben/Susanne-Katrin Heyer* auf S. 1 des 72-seitigen Prospekts, abrufbar unter www.evangelische-stadtakademie-nuernberg.de (aufgerufen am 22.05.2017).
3   Siehe www.ekd.de/presse/Pm28_2014 (aufgerufen am 29.12.2014).

meinschaft" zur Geltung gebracht werden (Nr. 21) – aber das freikirchliche Profil des Protestantismus weder personaliter noch materialiter zum Tragen kommt. Gerade im Kontext der dort geforderten Konsequenzen, dass angesichts der multikulturellen und multireligiösen Situation „die Einsichten, die in den Gegensätzen und im Miteinander der christlichen Konfessionen gewachsen sind, hilfreich zur Geltung" (Nr. 22)[4] gebracht werden sollten, hätte der genuin freikirchliche Beitrag zu Religionsfreiheit und Mission, zum Allgemeinen Priestertum der Glaubenden, zur ökumenischen Bewegung etc. zumindest erwähnt bzw. kurz gewürdigt werden müssen. Immerhin wird in Nr. 15 nach der These, die Reformation hätte als Folge „einer klaren Unterscheidung zwischen Kirche und Staat […] die Basis zur Ausbildung der modernen Grundrechte von Religions- und Gewissensfreiheit gelegt" eine Art Schuldbekenntnis angefügt: „In der Geschichte des Protestantismus selbst" sei die Gewährung von Religionsfreiheit „vielfach nicht hinreichend eingehalten worden". Wenn aber in Nr. 16 zu lesen ist, dass „das Verständnis der Kirche als einer unhierarchischen Gemeinschaft ihrer Glieder" für die Reformation „abgesehen von einigen Gruppen an ihren Rändern" kein gesellschaftlich-politisches Modell war, wird damit behauptet, was bis heute auch in Lehrbüchern und Lexika vertreten wird: Die aus dem Täufertum und dem Baptismus entstandenen Kirchen – der „linke Flügel" oder die „radikale Reformation" – gelten nicht als „reformatorisch".[5]

Damit werden m. E. zugleich die Ergebnisse der verschiedenen innerevangelischen Lehrgespräche in Deutschland ignoriert und deren Schuldbekenntnisse und die ökumenischen Konsequenzen.[6] Diese hatten schließlich zu einem weltweiten Dialog zwischen dem Lutherischen Weltbund und der Mennonitischen Weltkonferenz in den Jahren 2005 bis 2008 und zu einer Versöhnungsfeier am 22. Juli 2010 in Stuttgart geführt. Da jene für eine gemeinsame evangelische Gestaltung des Reformationsgedenkens 2017 Voraussetzungen im landeskirchlichen Spektrum wenig bekannt waren oder bewusst negiert wurden, hatte ich schon 2010 unter Verweis auf das historisch belastete freikirchlich-landeskirchliche Verhältnis in Deutschland und den bisher zu wenig gewürdigten theologischen Beitrag der Freikirchen eine Healing-of-Memories-Veranstaltung an einem durch

---

[4] Perspektiven für das Reformationsjubiläum, www.luther2017.de [aufgerufen am 05.10. 2014].

[5] So *Gottfried Seebaß:* Art. Reformation; in: TRE 28, Berlin/New York 1997, 386–404, hier: 386 f und ähnlich die Gliederung in seinem Lehrbuch „Geschichte des Christentums III", Stuttgart 2006, 237–276 bzw. 276–284.

[6] Vgl. *Rainer W. Burkart:* Die Freikirchen im ökumenischen Dialog; in: MdKI 47 (1996), 54–55.

die erste deutsche demokratische Verfassung von 1848/49 dafür markanten Ort vorgeschlagen:

> „Eine gemeinsam von EKD und VEF verantwortete Festveranstaltung in der Frankfurter Paulskirche könnte 2013 in vielfacher Hinsicht ein neues Kapitel der Kirchengeschichte aufschlagen helfen. Die aktuelle Integrationsdebatte ist nicht ohne die Anstöße des Protestantismus zu Toleranz und Glaubensfreiheit und nur mit Blick auf die leidvolle Geschichte christlicher Intoleranz zu bewältigen."[7]

Unter Verweis auf erste Arbeitsergebnisse des Vereins für Freikirchenforschung[8] folgte dann mein Vorschlag, zum Verständnis der vielseitigen Aspekte des reformatorisch-freikirchlichen Erbes auch die Orte Schleitheim, Amsterdam, Wuppertal, Friedensau u. a. bei der Planung des Jubiläums 2017 zu berücksichtigen.[9]

Das Themenjahr „Reformation und Toleranz" wurde am 31. Oktober 2012 in Worms gemeinsam von der EKD und der gastgebenden Evangelischen Kirche in Hessen und Nassau eröffnet. Dass dazu weder in der Vorbereitung noch beim Eröffnungsgottesdienst und dem anschließenden Festakt „die damals nicht Tolerierten" (wieder einmal) nicht eingeladen, sondern eben „schlicht vergessen worden" waren, hat verständlicherweise (nicht nur) freikirchliche Verwunderung ausgelöst.[10] Denn weder die regionale ACK Hessen-Rheinhessen noch die VEF waren im Unterschied zu Gästen aus der römisch-katholischen Kirche berücksichtigt worden. Lediglich die Mennonitengemeinde im Wormser Vorort Ibersheim hatte man eingeladen und nahm mit drei Vertretern teil.

Die EKD-Synode im November 2012 hat dann in einer Kundgebung erstmals den besonderen Beitrag der Freikirchen als Kirchen der Reformation gewürdigt. Leider wurde die gerade von den Freikirchen mühsam erkämpfte Religionsfreiheit, die juristisch wie theologisch ein alternatives Konzept gegenüber dem Toleranzgedanken oder der Gewissensfreiheit beinhaltet, nicht genannt:[11]

---

[7] *Walter Fleischmann-Bisten:* Reformation und Toleranz; in: MdKI 61 (2010), 108–109, hier: 109.

[8] Vgl. die Beiträge zur Rezeption der Wittenberger und der oberdeutsch-schweizerischen Reformation in den Freikirchen; in: FF 20 (2011), 12–234.

[9] *Walter Fleischmann-Bisten:* 2017 – 500 Jahre Reformation in evangelischer und ökumenischer Sicht; in: MdKI 62 (2011), 97–98, hier: 97 (These 5).

[10] So der Kommentar des mennonitischen Theologen und Historikers Wolfgang Krauss unter Verweis auf die weltweite lutherisch-mennonitische Versöhnungsfeier 2010 in Stuttgart; in: APD Nr. 319/2012 DE „Toleranz ohne die damals nicht Tolerierten?"

[11] Theologische Impulse auf dem Weg zum Reformationsjubiläum 2017. Kundgebung der 11. Synode der EKD auf ihrer 5. Tagung 2012; in: Perspektiven 2017. Ein Lesebuch, hg.

„Der Reformation war die Toleranz in die Wiege gelegt – allzu oft blieb sie dort liegen. Es waren dann vor allem die Freikirchen, und unter ihnen besonders die Friedenskirchen, die den Gedanken von Toleranz und Gewissensfreiheit in der Welt ausbreiteten." (Nr. 4,27)

An anderer Stelle steht im Blick auf die Diskussion zentraler theologischer Aussagen der Reformation und deren Konsequenzen für die gemeinsame Vorbereitung der Feierlichkeiten zu 2017 klipp und klar:

„Zu solchen Klärungen gehört auch, sich mit dem eigenen Schatten auseinanderzusetzen. Wo in unserer Geschichte falsche Entscheidungen getroffen wurden oder Unheil angerichtet wurde, braucht es Erinnerung, Klarheit und Distanzierung. Die Botschaft von der Versöhnung benötigen zuerst die, die sie verkündigen." (Nr. 5,28)

2. Einladungen und Ausladungen – Irrfahrten und Lernprozesse 2013

Trotz jenes deutlichen synodalen Beschlusses finden sich die Begriffe „Freikirchen", „VEF-Kirchen" oder einzelne freikirchliche Konfessionsfamilien *expressis verbis* nicht in den Prospekten der EKD zum Themenjahr 2013 „Reformation und Toleranz". In einer Kurzfassung wird als Anspruch für die Veranstaltungen „Ökumenische Gemeinschaft ohne nationale oder konfessionelle Begrenzung" genannt und dabei auf den Abschluss des Konzils von Trient (1546–1563) und das Erscheinen des Heidelberger Katechismus (1563) vor 450 Jahren sowie auf die Verabschiedung der Leuenberger Konkordie (1973) vor 40 Jahren „als Zeugnis der innerprotestantischen Ökumene" verwiesen und betont: „Dabei dürfen die intoleranten Seiten der Reformation nicht verschwiegen werden."[12] Im Magazin der EKD zum Themenjahr 2013 wird bekannt, dass die Kirchen der Reformation in ihren Kämpfen einander auch schweres Leid zugefügt haben und man sich dieser „Scham- und Schuldgeschichte" zu stellen habe.[13]

Diese sollte nun von einer durch den Rat der EKD (Beschluss vom 03.11.2012) und der Deutschen Bischofskonferenz (DBK) eingesetzten Arbeitsgruppe[14] „im Hinblick auf das Reformationsgedenken 2017" durch ei-

---

v. Kirchenamt der EKD, Hannover 2013; die Zitate sind mit Nr. und Seitenzahl gekennzeichnet.

[12] 500 Jahre Reformation. Luther 2017 „Themenjahr der Lutherdekade", www.luther2017.de (aufgerufen am 10.05.2017).

[13] *Thies Gundlach:* Verdunkelter Christus; in: Schatten der Reformation. Der lange Weg zur Toleranz, hg. v. Kirchenamt der EKD, Hannover o. J. (2012, ²2013), 4–6, hier 4.

[14] Der in rund dreieinhalb Jahren erarbeitete Text samt Liturgieentwurf für ökumenische Buß- und Versöhnungsgottesdienste wurde am 16.09.2016 veröffentlicht und erwähnt

nen Healing of Memories-Prozess aufgearbeitet werden[15] – wenn möglich mit dem Ziel eines Versöhnungsgottesdienstes. Zuständig im Kirchenamt der EKD war die Hauptabteilung II (Kirchliche Handlungsfelder/Bildung). Auf einer anderen Etage, nämlich in der für die Freikirchen zuständigen Abteilung IV (Ökumene und Auslandsarbeit) passierte fast zeitgleich Folgendes: Nach dem turnusmäßigen Treffen zwischen VEF und EKD Mitte Februar 2013 hieß es in einer Pressemeldung, dass neben der ungelösten Vokationsfrage für den evangelischen Religionsunterricht „im Mittelpunkt der Beratungen" das 500-jährige Reformationsjubiläum 2017 gestanden habe: „Die EKD-Vertreter luden die Freikirchen zur Mitwirkung ein. Deren Repräsentanten erklärten, dass auch sie ihren Platz an der Seite des Reformators Martin Luther (1483–1546) sähen."[16] Umso größer war die Enttäuschung bei mir und freikirchlichen Freunden, dass bereits bei der konstituierenden Sitzung der genannten Arbeitsgruppe (s. o. Anm. 14) Ende Februar 2013 mehrheitlich auf ausdrücklichen Wunsch der Vertreter von EKD und DBK beschlossen wurde, nur die landeskirchlich-katholischen Verletzungen der letzten 500 Jahre zu traktieren.

Daraufhin wurde auf Anregung von Oberkirchenrätin Barbara Rudolph – und mit voller Unterstützung des bis März 2013 tätigen ACK-Vorsitzenden Landesbischof Friedrich Weber – der in Nordrhein-Westfalen seit Jahren bestehende Arbeitskreis von Vertreter*innen aus Landes- und Freikirchen gebeten, im Rahmen eines Forschungsprojekts die Verletzungen schwerpunktmäßig „im langen 19. Jahrhundert", also bis 1918, wissenschaftlich bearbeiten zu lassen. Dieses Projekt wurde im September 2013 in Hachenburg beschlossen und konnte im Frühjahr 2014 starten.[17] Das

---

auch die endgültige Zusammensetzung dieser Arbeitsgruppe: Erinnerung heilen – Jesus Christus bezeugen. Ein gemeinsames Wort zum Jahr 2017, Gemeinsame Texte Nr. 24, Bonn/Hannover 2016.

[15] So in der Anfrage des damaligen EKD-Ratsvorsitzenden Nikolaus Schneider v. 12.11.2012 an den Verf.; ich hatte in meiner Zusage zur Mitarbeit v. 19.11.2012 deutlich gemacht, dass es insgesamt um die Verletzungen zwischen Protestantismus und Katholizismus gehen müsse. In den Gesprächen mit dem verantwortlichen Vizepräsidenten im EKD-Kirchenamt und mit der VEF-Präsidentin Rosemarie Wenner wurde das Interesse der VEF an der Aufarbeitung dieser vor allem die Freikirchen der täuferischen Tradition betreffende „Verletzungsgeschichte" bekundet. Prof. Dr. Erich Geldbach wurde als Ansprechpartner und Mitarbeiter dieser Arbeitsgruppe „in gewissen Phasen" vorgeschlagen. Ich selbst wurde „als Kontaktperson" für die VEF ausdrücklich genannt und gebeten, die Ergebnisse der Arbeitsgruppe mit einem bereits avisierten Studienprozess im Rheinland und Westfalen über OKR Barbara Rudolph „zu vernetzen".

[16] Siehe idea Nr. 49 v. 18.02.2013, 4.

[17] Vgl. epd-Dokumentation Nr. 9 v. 25.02.2014 „Heilung der Erinnerung. Das Verhältnis der evangelischen Frei- und Landeskirchen im 19. Jahrhundert. Ein Forschungsprojekt in der Reformationsdekade". Die genaue Projektskizze findet sich dort S. 38 und in: ÖR 63 (2014), 286–287.

Echo seitens der an staatlichen Universitäten lehrenden Kirchenhistoriker*innen und landeskirchlichen Beauftragten für 2017 war recht beschei-
den. Dennoch wurde bei einem Symposium im Oktober 2016 in Bonn eine
respektable Anzahl von Forschungsarbeiten freikirchlicher wie landes-
kirchlicher Fachleute vorgestellt und diskutiert, die noch 2017 (in einem
Beiheft der ÖR) publiziert werden können.

Dieser Vorgang einer gleichzeitigen Ein- und Ausladung verwundert
deshalb umso mehr, weil ja die Freikirchen selbst in den letzten Jahren
sich intensiv um eine kritische Position zu ihren theologischen Wurzeln in
der Reformation des 16. Jahrhunderts bemüht haben. Ich verweise auf die
schon (s. o. Anm. 8) erwähnten Forschungsergebnisse im Jahrbuch „Freikirchenforschung" und auf einen von mehreren freikirchlichen Hochschu-
len initiierten Band über die komplizierte Gemengelage von lutherischen
Wurzeln, eigener Identität und je eigenständiger Ausprägung eines vielfältigen evangelischen Christentums. Schon im Vorwort macht der Herausgeber (Prof. Dr. Volker Spangenberg) deutlich, dass auch für die freikirchliche
Theologie „das Gedenken an den Beginn der Reformation vor 500 Jahren
ein bedeutsames Datum" ist. Bei allen theologischen Gemeinsamkeiten
und Unterschieden und trotz vieler Rückfragen an den betrüblichen Umgang mit Täufern, Nonkonformisten, Baptisten, Methodisten und anderen
Denominationen gilt das zentrale Selbstverständnis, das sich ja auch in der
Präambel der VEF immer gezeigt hat: „Verstehen sich doch die Freikirchen
als legitime Erben der Reformation und als eigenständige Ausprägung des
evangelischen Christentums."[18]

Damit ist bereits deutlich gemacht, dass noch viel Aufklärungsarbeit
nötig ist, um traditionelle Vorurteile und Unkenntnisse zu überwinden. Daher war es eine Chance, dass wenigstens in jenem kostenlosen und breit
gestreuten EKD-Magazin für 2013 thesenartig die Geschichte des Umgangs
der landeskirchlichen Reformation mit ihren „Stiefkindern" vorgestellt
werden konnte – wenn auch nicht von freikirchlicher Seite selbst. Es galt
kurz und knapp dies deutlich zu machen: Die lange als Sekten und Sonder-
gemeinschaften gebrandmarkten Freikirchen waren es, „die unter Fortführung des Toleranzgedankens und der reformatorischen Forderung von
Glaubens- und Gewissensfreiheit dem Menschenrecht der Religionsfreiheit
den Weg bereitet haben".[19] Allein die unmittelbar vor diesem Beitrag von

---

[18] *Volker Spangenberg* (Hg.): Luther und die Reformation aus freikirchlicher Sicht (Kirche–Konfession–Religion 59), Göttingen 2013, 7.

[19] *Walter Fleischmann-Bisten:* Die Stiefkinder der Reformation. Zehn Thesen und Fakten
zur innerevangelischen Intoleranz; in: Kirchenamt der EKD (Hg.), Schatten der Reformation (Anm. 13), 14–17, hier: 16 f.

der Redaktion zusammengestellten „Stationen auf dem Weg der Freiheit im Geiste der Toleranz"[20] zeigen überdeutlich, dass jedenfalls innerhalb des Redaktionskreises keinerlei Kenntnis oder Gespür für den freikirchlichen Kontext dieses Themenkomplexes vorhanden war. So fehlt beim Jahr 1776 („Virginia Declaration of Rights") und dem Hinweis, dass auf diesem Wege „Religions-, Meinungs-, Presse- und Versammlungsfreiheit sowie die Trennung von Staat und Kirche" schließlich Bestandteil der US-Verfassung wurden, jeglicher Verweis darauf, dass dies ein Erfolg jahrelangen Kampfes von aus England ausgewanderten Nonkonformisten und Freikirchen (wie Baptisten und Quäker) war. Das Datum 1918 (müsste heißen: 1919!) erinnert daran, dass nach einem langem Kampf der Frauenbewegung um die staatsbürgerliche Gleichstellung in der Weimarer Verfassung das Frauenwahlrecht verankert wurde, nicht aber, dass darin erstmals die völlige Religionsfreiheit garantiert war. Schließlich wird beim Jahr 1954 (Einleitung des Endes der Rassentrennung in den USA) verschwiegen, dass es sich bei dem abgebildeten Foto um den baptistischen Pastor Martin Luther King handelt, der letztlich die gewaltfreie Durchsetzung der Rassentrennung mit seinem Leben bezahlt hat.

Immerhin hatte dieser Text samt seinen Pannen jedenfalls folgenden positiven Effekt: Bei mehr als 20 Veranstaltungen zum Thema „Reformation und Toleranz" – bei Dekanatssynoden, Pfarrkonventen, Ökumenischen Arbeitskreisen, Gemeindeveranstaltungen und zuletzt beim Internationalen Kongress zu 2017 im Oktober 2013 in Zürich[21] – konnte ich meine Position vertreten und andere zu überzeugen suchen. Bei der letztgenannten Veranstaltung mit etwa 250 Teilnehmenden aus 35 Ländern trug der mennonitische Theologe Hanspeter Jecker eine Zusammenfassung des Symposiums aus freikirchlicher Perspektive vor, die sinnvollerweise auch in den in Deutsch und Französisch erschienenen Dokumentationsband aufgenommen wurde. Jecker spricht von drei Ebenen, auf denen sich die Einbeziehung des „Radikalen Flügels der Reformation" als nützlich und hilfreich für die Gestaltung der Erinnerung an den 31. Oktober 2017 in Deutschland wie in der Schweiz erweisen könnte. Diesen Versuch hält er jedenfalls in säkularisierten Gesellschaften für attraktiver als es die „klassischen Fragen der Reformation" wie Sakramente, Willensfreiheit und Rechtfertigung bisher vermochten:

---

[20] *Kirchenamt der EKD* (Hg.), Schatten der Reformation (Anm. 13), 12–13.
[21] Vgl. *Walter Fleischmann-Bisten:* Reformation, radikale Reformation, Täufer und die Bauernkriege. Die Reformation zwischen Intoleranz und Revolution; in: *Petra Bosse-Huber* u. a. (Hg.): 500 Jahre Reformation: Bedeutung und Herausforderungen, Zürich/Leipzig 2014, 177–190.

Wenn die „Wiederentdeckung des Evangeliums" gegen die Hauptargumente der Gegner des Christentums eine Chance haben will, kann dies nur gelingen, wenn man sich „den Schattenseiten der eigenen Tradition zu stellen" vermag. Hierzu gehören „nach wie vor auch die jahrhundertelange Repression des Täufertums und anderer religiöser Nonkonformisten durch die Großkirchen". Damit würden „Stolpersteine aus dem Weg geräumt", die immer noch „als Haupt-Hindernisse zum Glauben bezeichnet werden". Sonst eher ausgeblendete Themen des Christseins würden „an prominentere Stelle" der Beurteilung von Glaube, Christentum und Kirche rücken: „Freiwilligkeit des Glaubens und der Kirchenmitgliedschaft", Friedensfragen, Gewaltverzicht, Leidensbereitschaft, „kritische Distanz zu Staat und Obrigkeit". Da viele Freikirchen, evangelikale und pfingstliche Bewegungen ihre theologischen wie kirchlichen Vorläufer „im radikalen Flügel der Reformation" sehen, könnte von hier aus eine Verständigung gegen „pauschale Verunglimpfungen" wie „liberal-ungläubige Bibelkritiker" oder „pietistisch-evangelikale Fundamentalisten" gefunden werden.[22]

In Österreich haben 2013 die drei zur Gemeinschaft Evangelischer Kirchen in Europa (GEKE) gehörenden „reformatorischen" Kirchen, die in staatskirchenrechtlicher Sicht völlig gleichberechtigt sind, in einem Grundsatzdokument zu 2017[23] das freikirchliche Erbe des Protestantismus sehr viel deutlicher bewusstgemacht als dies in Deutschland geschah. Lutherаner, Methodisten und Reformierte erinnern gemeinsam an die Bedeutung von Roger Williams Kampf in Rhode Island für Religionsfreiheit und an Geist und Buchstaben der „Virginia Declaration of Rights 1776" für das „Anliegen von Demokratie und Menschenrechten auf regionaler, nationaler, europäischer und globaler Ebene" (Nr. 8). Es wurden auch bewusst alle evangelischen Kirchen, „die sich ebenfalls auf reformatorische Bewegungen zurückführen" und mit denen man „in ökumenischer Verbundenheit" steht, „zum gemeinsamen Gedenken der Reformation" zur Mitgestaltung eingeladen: „Diese Einladung gilt vor allem dem Bund der Baptistengemeinden in Österreich und dem Bund der Mennonitischen Freikirche in Österreich" (Nr. 12).

Bei der Suche nach den Lernprozessen aus 2013 fiel mir u. a. Folgendes positiv auf: Der Verein für badische Kirchen- und Religionsgeschichte hat neben dem 2013 dort unvermeidlichen Schwerpunkt des vor 450 Jahren erschienenen Heidelberger Katechismus auch an die Täufertradition und ihre

---

[22] *Hanspeter Jecker:* Gedanken zum Internationalen Kongress zum Reformationsjubiläum in Zürich; in: *Bosse-Huber* (Hg.), 500 Jahre Reformation (Anm. 21), 377–382.
[23] Evangelische Kirche sein. 500 Jahre Reformation; in: Standpunkt. Zeitschrift des Evangelischen Bundes in Österreich H. 211/2013, 4–7.

frühen Märtyrer erinnert. So bietet ein Beitrag eine eindrucksvolle Schilde-
rung über Michael Sattler, seine Familie und Anhänger, deren Verurteilung
und grausame Ermordung schon Ende Mai 1527. Als maßgeblicher Mitver-
fasser des Schleitheimer Bekenntnisses wurde er nicht nur von Zwingli früh
angegriffen, sondern noch 1544 ebenso von Calvin attackiert. Der Beitrag
würdigt Sattlers Leben und Werk dahingehend, dass mit der Verabschiedung
dieses wichtigen Textes „die Täufer von einer radikalen Splittergruppe der
offiziellen Reformation zur Freikirche im eigentlich Sinn" und evangelische
Märtyrer wurden.[24] Erfreulich ist auch festzustellen: Im Unterschied zu dem
1984 von Robert Stupperich herausgegebenen „Reformatorenlexikon" enthält die 2014 erschienene Neubearbeitung einen Beitrag zu Menno Simons,
der also in der neueren Forschung unter den „Reformatoren" subsumiert
wird.[25] Ein ebenso wichtiges Zeichen ist es auch, dass im neuen und „ersten" Luther-Lexikon der Artikel über die Täufer von einer mennonitischen
Historikerin verfasst ist und es einen Beitrag zur Lutherrezeption in den
Freikirchen gibt.[26] Und zur Eröffnung des Themenjahres „Reformation und
Toleranz" im Freistaat Thüringen wurde am 18. Januar 2013 in Waltershau-
sen gemeinsam von Landesbischöfin Ilse Junkermann und dem damaligen
Kultusminister Christoph Matschie vor dem „Zentrum für spirituellen Tou-
rismus" (sic!) eine Stele mit den Namen der sechs 1530 dort hingerichteten
Täufer aus Zella-Mehlis enthüllt.[27] Wenig später wurde in Augsburg am 12.
April eine Gedenktafel für die aus dem damaligen Zentrum der Täuferbewe-
gung vertriebene Susanna Daucher enthüllt, in deren Haus sich 1528 rund
100 Taufgesinnte zu einer geheimen Osterversammlung getroffen hatten.
Viele wurden verhaftet, gefoltert und getötet.[28] Und in Berlin-Neukölln gab
es in einer evangelischen Schule eine recht sinnvolle Veranstaltung zum
Thema „Reformation und Toleranz", wozu ein ausführliches Interview mit
der baptistischen Kirchenhistorikerin Andrea Strübind und dem mennonitischen Pastor Wolfgang Krauß veröffentlicht wurde.[29]

---

[24] *Micha Willunat:* Michael Sattler (1490–1527) – Mönch, Täuferführer und evangelischer
       Märtyrer; in: Jb. für badische Kirchen- und Religionsgeschichte 7 (2013), 11–28, hier:
       24.
[25] *Astrid von Schlachta:* Art. Menno Simons; in: *Volker Leppin/Irene Dingel* (Hg.): Das
       Reformatorenlexikon, Darmstadt 2014, 231–238.
[26] *Astrid von Schlachta:* Art. Täufer; in: *Volker Leppin/Gury Schneider-Ludorff* (Hg.):
       Das Luther-Lexikon, Regensburg 2014, 671–674, und *Walter Fleischmann-Bisten:* Art.
       Lutherrezeption in den Freikirchen; in: ebd., 447–448.
[27] *Harald Krille:* Keine leuchtenden Vorbilder; in: Glaube und Heimat. Mitteldeutsche Kir-
       chenzeitung Nr. 4 v. 27.01.2013, 1.
[28] Vgl. APD Nr. 127/2013 DE v. 16.04.2013.
[29] Vgl. epd-Dokumentation Nr. 48 v. 26.11.2013, 11–24.

Erfreut war ich auch darüber, dass am EKD-Magazin für 2014 zum Themenjahr „Reformation und Politik" mit dem Mennoniten Wolfgang Krauß und dem Baptisten Peter Jörgensen immerhin zwei freikirchliche Autoren beteiligt waren.[30] Und als Beauftragter der VEF am Sitz der Bundesregierung konnte Pastor Jörgensen im EKD-Magazin zum Abschluss der Reformationsdekade sich kritisch zu fehlenden Konsequenzen der weltweiten bilateralen Dialoge mit freikirchlichen Konfessionsfamilien für das Verhältnis von Landes- und Freikirchen in Deutschland zu Wort melden: Der Healing of Memories-Gottesdienst „im März 2017 soll ausdrücklich bikonfessionell zwischen EKD und Deutscher Bischofskonferenz gefeiert werden. Eine Beteiligung der evangelischen Freikirchen ist hier nicht vorgesehen, eine gemeinsame Planung ist für die EKD bislang nicht vorstellbar. Hier liegt noch ein Stück Weg vor uns".[31]

3. Neue Akzente in der Wahrnehmung der Freikirchen als Kirchen der Reformation

Insgesamt teile ich die zuletzt zitierte Befürchtung aus freikirchlicher Sicht auch infolge der seit 1997 angestellten eigenen Beobachtungen und beruflichen Erfahrungen. Doch kann bei genauer Analyse auch ein Veränderungsprozess in der Wahrnehmung evangelischer Freikirchen, ihrer Theologie und Geschichte wie ihres ökumenischen Potentials festgestellt werden. Ich will dies an drei unterschiedlichen Genera von Publikationen kurz darstellen.

a) Die erste Form sind Veröffentlichungen von Hochschullehrer*innen mit landeskirchlichen oder freikirchlichen Wurzeln, die sich intensiv mit reformationsgeschichtlichen Themen befasst haben, und bereit sind, neue Wege in der Beurteilung der Reformation, deren verschiedener Richtungen

---

[30] *Wolfgang Krauß:* Nicht regierungsfähig. Die Täufer waren die Fundamentalisten der Reformation, und *Peter Jörgensen:* Was will Gott? Bundestagsabgeordnete beim Gebetsfrühstück; in: Reformation. Macht. Politik. Das EKD-Magazin zum Themenjahr 2014 Reformation und Politik, hg. v. Kirchenamt der EKD, Hannover o.J. (2013), 26–27 bzw. 77.

[31] *Peter Jörgensen:* Heilung der Erinnerungen. Über ein neues Miteinander von evangelischen Freikirchen und Landeskirchen; in: Gott neu vertrauen. Das Magazin zum Reformationsjubiläum 2017, hg. v. Kirchenamt der EKD, Hannover o.J. (2016), 46. – Es muss hier angemerkt werden, dass in dem auch von der ARD übertragenen Gottesdienst aus der Simultankirche St. Michaelis in Hildesheim die methodistische Bischöfin Rosemarie Wenner an der Liturgie beteiligt war, obwohl die VEF-Kirchen nicht an diesem Projekt (vgl. Anm. 14) inhaltlich beteiligt waren, sondern lediglich zum Gottesdienst eingeladen wurden.

und Wirkungsgeschichte, zu beschreiten: In einer knappen Darstellung der Geschichte der christlichen Kirchen rubriziert Volker Leppin die Freikirchen im Abschnitt „Kirchen aus dem Erbe der Reformation". Und er versteht die Ablehnung der Kindertaufe in taufgesinnten Gemeinden von ihrem eigenen Sakramentsverständnis her und nicht von der Brandmarkung durch theologische Gegner: „In beiden Fällen war damit nicht eine zweite Taufe gemeint, sondern die Kindertaufe galt als ungültig – die lange Zeit übliche Bezeichnung als ‚Wiedertäufer' geht daher am Selbstverständnis dieser Gruppen vorbei."[32]

Andrea Strübind kommt nach einer genauen Untersuchung verschiedener zwischenkirchlicher Versöhnungsprozesse zum Ergebnis, dass letztlich alle langjährigen Begegnungen, öffentlichen Versöhnungsgesten, Konferenzen und Publikationen „ohne sichtbare kirchenpolitische und memorialkulturelle Konsequenzen bleiben". Sie sieht als Ursache dafür das Fehlen „einer inklusiven Ausweitung des Reformationsverständnisses, das die vielfältigen Bewegungen des Täufertums und des Nonkonformismus einschließt"[33] und verweist auf eine Arbeit Berndt Hamms. Dieser plädiert für eine „unabgeschlossene Offenheit der Reformationsvorgänge, offen gegenüber ihrem Vorher und Nachher", die sowohl „dem Selbstverständnis der Reformatoren entsprach" und sich positiv auf die gesamte ökumenische Gemeinschaft auswirken dürfte.[34] Harry Oelke ist es zu verdanken, dass rechtzeitig vor dem Auftakt zu den vielen Veranstaltungen und Ausstellungen des Reformationsjubiläums vier Vertreter unterschiedlicher Konfession und ähnlicher Profession genötigt waren, in Rede und Antwort zu den Herausforderungen des 31. Oktobers 2017 Position zu beziehen:[35] Ein praktisch-theologischer Baptist, ein reformierter Systematiker, ein römisch-katholischer Ökumeniker und ein evangelisch-unierter Konfessionskundler bekamen die acht gleichen Fragen. Nur so war es einem theologisch interessiertem – vor allem evangelisch-landeskirchlichem – Leserkreis möglich, aus erster Hand (vielleicht erstmals) eine freikirchlich-kritische Position zum Nutzen des Reformationsjubiläums zur Kenntnis nehmen und mit den anderen Stellungnahmen vergleichen zu können. Spangenberg spricht in

---

[32] *Volker Leppin:* Geschichte der christlichen Kirchen. Von den Aposteln bis heute, München 2010, 108–118, hier: 109.

[33] *Andrea Strübind:* Heilung von Erinnerungen. Chancen und Risiken im ökumenischen Prozess; in: MdKI 66 (2015), 111–118, hier: 118.

[34] *Berndt Hamm:* Abschied vom Epochendenken in der Reformationsforschung; in: Zs. für Historische Forschung 39 (2012), 373–411.

[35] *Harry Oelke:* Wem nützt das Reformationsjubiläum? Fragen an vier Vertreter von vier Institutionen mit konfessionsbezogener Forschung; in: PTh 105 (2016), 54–69.

322 seiner zusammenfassenden Antwort u. a. vom „Beziehungsreichtum der christlichen Gemeinschaft in ihrer lebendigen Vielfalt" und hofft, dass dieses Jubiläum „dem europäischen Gedanken und dem Anliegen der Religionsfreiheit in der Welt"[36] hilft. So wird die ökumenische Offenheit des Baptismus betont, dessen Blick über Deutschland hinaus und der heute mehr denn je notwendige Einsatz für Religionsfreiheit, der allen Freikirchen am Herzen liegt.

b) Die zweite Form sind wissenschaftliche Beiträge von freikirchlichen Fachleuten selbst, die nach zum Teil jahrzehntelanger Forschungsarbeit Besonderheiten freikirchlicher Geschichte vorstellen, die weithin unbekannt sind. Da bis hinein in Schulbücher und religionspädagogische Fachliteratur[37] „Ökumene in Deutschland" fast ausschließlich nur evangelisch-landeskirchlich/römisch-katholisch beinhaltet, ist im Kontext einer ökumenischen Ausrichtung des Reformationsjubiläums auf die beiden Bände des methodistischen Theologen Karl Heinz Voigt hinzuweisen. Er hat erstmals umfassend die Geschichte der Ökumene in Deutschland von 1848 bis heute beschrieben und dabei den enormen freikirchlichen Beitrag zum Start der modernen Ökumene wie zur Gründung der ACK in Deutschland 1948 dargestellt.[38] Daneben müssen die vom Verein für Freikirchenforschung, der 2015 sein 25-jähriges Bestehen feiern konnte, jährlich herausgegebenen Jahrbücher „Freikirchenforschung" genannt werden. Sie berichten über bisher nicht oder wenig erforschte Themen der Freikirchengeschichte und haben auch im Vorfeld von 2017 interessante Aspekte wie die Frage nach dem Gründungsimpetus von Freikirchen: *reformatio* oder *restitutio?*[39]

c) Die dritte Literaturgattung, an deren neuesten Titeln ich eine veränderte Sicht auf das Verhältnis von Landes- und Freikirchen in Deutschland zeigen will, sind die Begleitpublikationen zu den drei Nationalen Sonderausstellungen Berlin, Eisenach und Wittenberg. Sehr klar wird die weit über Luther, die deutschen Landeskirchen und ihre Bedeutung hinausgehende Vielgestaltigkeit des Protestantismus außerhalb Deutschlands und

[36] Ebd., 69.
[37] Vgl. z. B. *Marina Zuber:* 500 Jahre Reformation – eine ökumenische Herausforderung? Das Reformationsjubiläum in ökumenischer Perspektive; in: Arbeitshilfe für den evangelischen Religionsunterricht an Gymnasien, hg. von der Gymnasialpädagogischen Materialstelle der Evang.-Luth. Kirche in Bayern 2016, 93–111.
[38] *Karl Heinz Voigt:* Ökumene in Deutschland. Internationale Einflüsse und Netzwerkbildung – Anfänge 1848–1945 (KKR 62), Göttingen 2014 und *Ders.:* Ökumene in Deutschland. Von der Gründung der ACK bis zur Charta Oecumenica (1948–2001) (KKR 65), Göttingen 2015.
[39] Die Beiträge erscheinen im Juni 2017 in: FF 26 (2017).

Europas von Fachleuten erklärt. Die Ausstellung im Deutschen Histori-schen Museum „Der Luther Effekt. 500 Jahre Protestantismus in der Welt"[40] lässt ja bereits vom Titel her eine Ausrichtung erwarten, die u. a. die Entwicklung reformatorischer Kirchen etwa in den USA beschreibt. Die dort enormen Einflüsse von Kirchen, die in Deutschland als „Freikir-chen" bezeichnet werden, kommen vor allem im dritten Teil „Die Verei-nigten Staaten von Amerika – Das gelobte Land" zum Ausdruck. Die Bei-träge über William Penn, die Haltung der Kirchen zur Sklaverei und eine Übersicht über den US-Protestantismus von der Kolonialzeit bis zur Gegen-wart umfassen samt Exponaten fast genau 100 Seiten![41] Bei der Ausstel-lung im Wittenberger Augusteum spielt allein der baptistische Pastor Mar-tin Luther King (1929–1968) eine „freikirchliche Rolle".[42] Bei der Ausstellung auf der Wartburg ist vor allem der Beitrag über die „Spielarten des Protestantismus neben und nach Luther" hervorzuheben. Hier wird sehr sachlich von „den ersten Glaubenstaufen" berichtet, „mit denen eine täuferische Untergrundkirche begründet wurde, die sich vor allem unter einfachen Gläubigen in Süd- und Mitteldeutschland rasch ausbreitete und bald auch die ersten Märtyrer zu beklagen hatte".[43] Die im letzten Teil zu lesende Übersicht über die heutige kirchliche Situation in Deutschland zeigt die Entwicklung der großen und kleinen evangelischen Kirchen unter den Bedingungen des Augsburger Religionsfriedens und des Westfälischen Friedens. Eine statistische Übersicht zeigt deutlich die Unterschiede zwi-schen den beiden großen Kirchen (Landeskirchen und römisch-katholische Kirche) und den kleinen anderen Kirchen der ACK sowie die aktuelle öku-menische Situation in Deutschland.[44]

Es bleibt zu hoffen, dass viele Gemeindeglieder und vor allem viele für das innerevangelische Verhältnis in Deutschland Verantwortlichen diese neuere Literatur auch zur Kenntnis nehmen, den angezeigten Wandel be-greifen und nach Kräften befördern.

Zurück zum eingangs genannten Bild von Skylla und Charybdis und den nötigen Kurskorrekturen. Heute sind weder beide Seeungeheuer noch

---

[40] Hg. vom Deutschen Historischen Museum Berlin, Berlin 2017.

[41] *Lisa Minardi:* William Penns „Heiliges Experiment", 158–167; *Sebastian Jobs:* Wider-stand und Affirmation – Protestantische Kirchen und Sklaverei: Von der Kolonialzeit bis zur Gegenwart, 168–175 und *Michael Hochgeschwender:* Der Protestantismus im Werden der amerikanischen Nation: Von der Gegenwart bis zur Kolonialzeit, 176–184.

[42] *Robert Kluth:* Martin Luther King; in: Luther! 95 Schätze – 95 Menschen, hg. von der Stiftung Luther-Gedenkstätten in Sachsen-Anhalt, München 2017, 314.

[43] *Anselm Schubert:* Luther und die Anderen; in: Luther und die Deutschen, hg. von der Wartburg-Stiftung Eisenach, Petersberg 2017, 188– 93.

[44] *Walter Fleischmann-Bisten:* Katholisch – Evangelisch – Ökumenisch? Die Christenheit in Deutschland heute – ein Überblick; in: ebd., 400–407.

aktiv, noch müssen sich Gott sei Dank keine innerevangelischen Märtyrer voreinander fürchten. Aber die evangelischen Freikirchen warnen doch ihre landeskirchlichen Geschwister weiterhin vor falschem Heldengedenken und einer Belanglosigkeit im Bekennen und Leben des evangelischen Glaubens. Denn noch immer gibt es in der Meerenge von Messina zwischen Sizilien und Kalabrien die „Bastardi", von Fischern gefürchtete Strömungen und Winde. Da scheint es mir wichtig, gerade in der innerevangelischen Ökumene miteinander auf einem guten und verlässlichen Kurs zu bleiben.

Das Reformationsjubiläum aus der Sicht evangelischer Freikirchen

Einblicke aus evangelisch-methodistischer Perspektive[1]

Ulrike Schuler[2]

I. Allgemeine Überlegungen zur Standortbestimmung der Freikirchen in Deutschland

Aufgrund unterschiedlicher Reaktionen auf die von der Evangelischen Kirche in Deutschland eingeläutete Reformationsdekade, spätestens seit einiger kontroverser Statements verschiedener Kirchen hierzu beim Zweiten Ökumenischen Kirchentag (2010) wie zudem öffentlichkeitswirksamer kritischer Äußerungen in Medien zur „Okkupierung des Reformationsgeschehens" durch die lutherischen Kirchen, die mit starkem Interesse der Bundesregierung unterstützt werden,[3] sind nun auch die evangelischen Freikirchen in Deutschland gezielt eingeladen, ihren Blick auf die Reformations-Jubiläumsereignisse zu lenken und darzulegen. Nahezu jede evangelische Landeskirche und viele ökumenische Gremien haben eigene Projekte zum Reformationsjubiläum entwickelt.

[1] Die vorliegenden Ausführungen basieren auf Vorträgen der Verfasserin zu ökumenischen Tagungen im Vorfeld des Reformationsjubiläums. Der hier abgedruckte Artikel ist eine gekürzte und leicht überarbeitete Fassung einer Veröffentlichung in einem evangelisch-methodistischen Periodikum: „... ich liebe die Wahrheit mehr als alles" (*John Wesley*). Das Reformationsjubiläum aus der Sicht evangelischer Freikirchen – Einblicke aus evangelisch-methodistischer Perspektive; in: Theologie für die Praxis 39 (2013, erschienen 2016), 82–111.

[2] *Ulrike Schuler* ist Professorin für Kirchengeschichte, Methodismus und Ökumenik an der Theologischen Hochschule Reutlingen, der theologischen Ausbildungsstätte der Evangelisch-methodistischen Kirche im deutschsprachigen Raum (Deutschland, Schweiz, Österreich). Sie war viele Jahre Leiterin der Studiengemeinschaft für Geschichte der Evangelisch-methodistischen Kirche, Vorsitzende der Europäischen historischen Kommission der United Methodist Church und bis 2016 Präsidentin der World Methodist Historical Society.

[3] Für verschiedene Programme und Angebote zum Thema Reformation stellt die Bundes-

Bei aller Kritik und Skepsis gegenüber einer konfessionellen Vereinnahmung, staatlicher Instrumentalisierung wie auch Sorge vor der Gefahr einer rein traditionellen lutherischen Ausprägung im Umfeld des Reformationsjubiläums 2017,[4] sehe ich aus evangelisch-methodistischer Perspektive die Reformationsdekade auch positiv, nämlich als weitere Triebfeder im Spektrum ökumenischer Entwicklungen, ja nennenswerter Fortschritte der letzten Jahrzehnte. Das gilt speziell im Zeitraum zwischen dem Zweiten Vatikanischen Konzil (1962–65) und dem Reformationsjubiläum 2017; Ereignisse, die derzeit vielfältige Anlässe zur Thematisierung ökumenischer Gemeinsamkeiten oder – vorsichtiger ausgedrückt – zumindest ökumenischer Anknüpfungsmöglichkeiten in ökumenischen Gottesdiensten, Tagungen, Publikationen etc. und folglich zu Klärungsprozessen und Positionsbestimmungen geben.[5]

Die Einbeziehung von evangelischen Kirchen mit freikirchlicher Organisationsstruktur entspricht inzwischen (seit Ende des Zweiten Weltkrieges, nachdem ökumenische Beobachter für Hilfssendungen aus dem anglo-amerikanischen Raum in Deutschland die ökumenische Kontaktaufnahme der evangelischen Landeskirchen mit evangelischen Freikirchen einforderten) der ökumenischen Situation im deutschsprachigen Raum. Sie spiegelt sich auch in der Zusammenarbeit von evangelischen Landes- und Freikirchen in ökumenischen Gremien, die nach dem Zweiten Weltkrieg – auch unter freikirchlicher Mitwirkung – gegründet wurden (wie v. a. ÖRK, KEK, ACK).

In Bezug auf die Reformationsdekade ist für die meisten evangelischen Freikirchen (ich beziehe mich hier auf die klassischen, nicht die konfessio-

---

regierung aus dem Etat der Kulturstaatsministerin bis 2017 42 Millionen Euro zur Verfügung (siehe Pressemitteilung des Presse- und Informationsamtes vom 27.11.2014); siehe auch „Eine Positionsbeschreibung" der Bundesregierung zum Reformationsjubiläum: www.bundesregierung.de/Content/DE/_Anlagen/BKM/2012-11-19-positionspapier-reformationsjubilaeum.pdf?__blob=publicationFile (aufgerufen am 02.05.2017).

[4]   Siehe eine kurze Reflexion der Luther- und Reformationsjubiläen von Walter Fleischmann-Bisten, die Gefahren früherer Jahrhundert-Reformationsjubiläen verdeutlichen: *Walter Fleischmann-Bisten*: Die Reformations- und Lutherjubiläen in freikirchlicher Rezeption; in: *Volker Spangenberg* (Hg.): Luther und die Reformation aus freikirchlicher Sicht. Kirche-Konfession-Religion, Bd. 59, Göttingen 2013, 171–190; (als überarbeitete Fassung von *Ders.*: Kinder der unvollendeten Reformation – Freikirchliche Rezeption von Reformations- und Lutherjubiläen; in: FreikirchenForschung 20 (2011), 12–29).

[5]   Von Seiten der römisch-katholischen Kirche Jubiläen zu 50 Jahre: Zweites Vatikanisches Konzil (2012–15), Konstitution über die Heilige Liturgie (*Sacrosanctum concilium*) im Rahmen des Eucharistischen Kongresses 2013, Ökumenismus-Dekret (*Unitatis redintegratio*, 2014); auch 600 Jahre Konzil von Konstanz 2014.

nellen Freikirchen[6]) festzustellen, dass die bei Tagungen zum Reformationsjubiläum vorgegebenen Themenschwerpunkte überwiegend nicht im Zentrum ihrer eigenen Fragestellung stehen. Freikirchen konzentrieren sich eher auf ein immer neu in der Auslegungsgemeinschaft zu überprüfendes und zu reflektierendes schriftgemäßes christliches Leben (also praktisch-theologische Fragen) als auf Fragen nach lehrmäßiger Korrektheit im Horizont verbindlicher konfessioneller Bekenntnisse, die sie schlichtweg nicht haben. Die Themen im Umfeld von Mission und Evangelisation verbunden mit sozial-diakonischen Aufgaben dominieren gegenüber systematisch-theologischen Fragen.

Die Evangelisch-methodistische Kirche ist eine internationale Kirche mit einer *konnexionalen* (Verbund)-Struktur. Sie ist in einigen Ländern der Welt eine der protestantischen Majoritätenkirchen (USA) oder sie befindet sich – wie v. a. in Europa – als Minoritätenkirche von je unterschiedlich starken traditionellen Konfessionskirchen umgeben (lutherisch, römisch-katholisch, orthodox, anglikanisch). Auf anderen Kontinenten hingegen – wie v. a. in Asien und Afrika – findet sie sich auch im Gegenüber zu oder in Zusammenarbeit mit anderen Religionen (v. a. Islam, Hinduismus, Buddhismus).

Als wichtig für die Einordnung des Freikirchentums in Deutschland erscheint noch der Hinweis, dass die Entstehung und Prägung der evangelischen Freikirchen, die heute in Deutschland in der ACK in ökumenischer Zusammenarbeit mit Konfessionskirchen stehen, sich nur selten im Kontext evangelischer Landeskirchen vollzog,[7] sondern vorzugsweise als Reformbewegungen innerhalb der Kirche von England bzw. – wie z.B. die Pfingstbewegung – im Umfeld entstandener nachreformatorischer Kirchen in Nordamerika. In Deutschland wurden im 19. und 20. Jahrhundert weder das Bemühen um Zusammenarbeit mit den etablierten Kirchen noch um die staatliche Anerkennung[8] zur Verbesserung ihrer Lebens- und Ar-

---

[6]   Konfessionelle evangelische Freikirchen sind die Selbständige Evangelisch-Lutherische Kirche in Deutschland (SELK) und die Evangelisch-altreformierte Kirche in Niedersachsen (EAK).

[7]   Eine Ausnahme bildet die Evangelische Brüder-Unität/Herrnhuter Brüdergemeine (im lutherischen Sachsen) und der Bund Freier evangelischer Gemeinden (Gründung in Elberfeld nach Trennung eines reformierten Presbyters von seiner Gemeinde).

[8]   Die Erlangung von Körperschaftsrechten wurde mit der Weimarer Verfassung und der rechtlich verankerten Trennung von Staat und Kirche in Deutschland 1919 möglich. Auch für die Freikirchen ist diese staatliche Anerkennung für die Erlangung von Liegenschaften, die Ausbildungs- und Arbeitsmöglichkeiten etc. von existentieller Bedeutung und unerlässlich. Dennoch ist v. a. für Mitglieder der Freikirchen, die die Glaubens-/Erwachsenentaufe neutestamentlich als einzig zulässige Taufe verstehen, z. B. eine höhere

beitsbedingungen nachhaltig von den Konfessionskirchen unterstützt. Diese Erfahrungen werden in diesem Jahrhundert, nun verstärkt auch im Blick auf 2017 nicht mehr verschwiegen. Verbreitet ist in regionalen Arbeitsgemeinschaften Christlicher Kirchen im Rahmen ökumenischer Projekte zum Reformationsjubiläum von *"healing of memories"* zu hören.[9] Hier kommen dann überwundene kirchenrechtliche Privilegien der Konfessionskirchen zur Sprache, wie die mit staatlicher Unterstützung erwirkten Ahndungen evangelistischer Arbeit (Versammlungsverbote, Geldstrafen, Ausweisung), Verweigerungen der Sakramente wie auch von Beerdigungen auf kirchlichen Friedhöfen für Mitglieder nicht anerkannter Kirchen und Gemeinschaften.

Nach allem Gesagten ist bereits nachvollziehbar, dass die Ausführungen der einzelnen Freikirchen bei landeskirchlich initiierten Tagungen weitgehend eher orientiert an der Perzeption einzelner Aspekte der Reformation sein können, als an einer Rezeption der kontinentaleuropäischen Reformation oder – in Zuspitzung der Thematik – an der Nachweisbarkeit reformatorisch-theologischer Verwurzelungen, die sie dann zumeist über den Weg der Lehrbildung der Kirche von England aufnehmen, mit der ihre Geschichte und Lehre verbunden ist. Die Kirche von England hatte bereits die lutherische und calvinistische Lehrbildung rezipiert, als sie Jahrzehnte nach ihrer Trennung von der Jurisdiktion Roms (1534) auch ihre Lehre reformierte und bekenntnismäßig festlegte. So berücksichtigen die 39 Artikel der Kirche von England, die 1571 vom britischen Parlament in den Status kodifizierten Rechtes erhoben wurden und den Abschluss der Bekenntnisbildung der Kirche von England bildeten, bereits die Confessio Augustana, die Confessio Virtembergica und Calvins Abendmahls- und Prädestinationslehre. Die Anglikanische Kirchengemeinschaft ist heute weltweit die größte reformatorische Kirchengemeinschaft.

Freikirchen, die im Kontext der Kirche von England entstanden sind, begannen aus unterschiedlichen Gründen ihre evangelistische und überwiegend auch sozial-diakonische Arbeit in Deutschland im 19. Jahrhundert – beispielsweise im Zusammenhang von Erweckungs- und Migrationsbewegungen.

---

wissenschaftliche Qualifizierung an Theologischen Fakultäten deutscher Universitäten weitgehend versagt (Dissertation, Habilitation), wie auch Berufstätigkeiten im Schul- und Lehrbereich (Vokation, Berufung auf einen Lehrstuhl) stark eingeschränkt bis verhindert.

[9] Z. B. das Forschungsprojekt in der Reformationsdekade „Heilung der Erinnerungen. Frei- und Landeskirchen im 19. Jahrhundert" der Ev. Kirche im Rheinland, Lippe und Westfalen.

II. Die „Beziehung" des Methodismus zur Reformation und zum Reformationsjubiläum

Die Kirchengründer wider Willen, die Brüder John[10] und Charles[11] Wesley, begriffen durch Vorworte Luthers zu Paulusbriefen (Charles zum Galaterbrief, John zum Römerbrief) die paulinische Rechtfertigungslehre ganz persönlich, eine Erkenntnis, die geistliche Wendepunkte in ihrem Leben markiert. Sie überprüften daraufhin die Schriftgemäßheit dieser Lehre wie auch die Übereinstimmung mit der Lehre der Kirche von England, in der sie theologisch ausgebildet und ordiniert worden waren. Insofern spielt lutherische Theologie, für die Entstehung der methodistischen Bewegung als Reformbewegung in der Kirche von England eine entscheidende Rolle.

Durch die Begegnung mit Herrnhuter Brüdern (faktisch auch Schwestern) auf einer Schiffsüberfahrt in die neu gegründete nordamerikanische Kolonie Georgia, in der sie sich als Missionare der Einheimischen wie auch Pfarrer der neuen Siedler engagieren wollten, kamen die Wesley-Brüder mit diesen deutschen Pietisten in engen Kontakt. Die theologischen Gespräche und spirituellen Erfahrungen in der Gemeinschaft mit Herrnhutern prägten die methodistische Lehrbildung und Organisation.

Der breitere Strom der methodistischen Erweckungsbewegung innerhalb der Kirche von England hat sich gegen Mitte des 18. Jahrhunderts schließlich in drei Flügel differenziert und dabei bereits kontinentaleuropäisch übermittelte Lehren (v. a. hallesch- und herrnhutisch-pietistische) reflektiert:[12]

1. In dem von der lutherischen Betonung der Rechtfertigung und Erlösung geprägten herrnhutischen Zweig wurde vor allem die freie Gnade Gottes gepredigt, die ohne menschliche Beteiligung und unwiderruflich im Glauben empfangen werden könne. Nikolaus Graf von Zinzendorf und seine Anhänger vertraten zu jener Zeit die streng lutherische Rechtfertigungslehre der imputierten Gerechtig-

---

[10] *John Wesley* (1703–1791), Geistlicher der Kirche von England, spiritus rector und Organisator der methodistischen Reformbewegung in Großbritannien im 18. Jahrhundert.

[11] *Charles Wesley* (1707–1788), Geistlicher der Kirche von England und der lyrische Theologe der methodistischen Erneuerungsbewegung, die sich auch als Singbewegung ausbreitete.

[12] Zu dieser Sondierung wie auch allgemein zur Geschichte der Anfänge der methodistischen Erweckungs- und Reformbewegung, siehe *Ulrike Schuler: D*ie Entstehung der methodistischen Bewegung; in: *Walter Klaiber* (Hg.): Methodistische Kirchen. Göttingen 2011, 7–42 [Bensheimer Hefte 111].

keit Christi. Die Anhänger strebten frühzeitig eine Trennung von der Kirche von England an und realisierten sie bereits 1742 mit Gründung einer Herrnhuter Brüdergemeine in England.[13]

2. Der calvinistische Zweig, in dem die unwiderrufliche göttliche Vorherbestimmung des Menschen gelehrt wurde, entwickelte presbyterianische Gemeindestrukturen. Die Gemeinschaften blieben zunächst als autonome Gemeinschaften untereinander unverbunden. Einige schlossen sich später den Presbyterianern an, während sich andere zur Lady Huntingdon Connection vereinigten. Jener Zweig wurde v. a. von dem Erweckungsprediger und Geistlichen der Kirche von England, George Whitefield,[14] geleitet.

3. Und schließlich bildete sich der auf einen konfessionellen Mittelweg angelegte sogenannte arminianische Zweig unter der Leitung der Geistlichen Charles und besonders John Wesley heraus. Die arminianische Lehre betont die freie Gnade Gottes, die den Willen des Menschen durch die vorlaufende Gnade befähigt, Gottes rechtfertigendes Gnadenangebot in freier Entscheidung anzunehmen oder zu verwerfen. Außerdem beginne mit dem Glauben ein Prozess des Glaubenslebens (Heiligung), in dem es durchaus auch Rückfälle in sündiges Verhalten geben könne.

Unterstützt von seinem Bruder Charles übernahm John Wesley zunehmend die straffe Aufsicht und Leitung von Gemeinschaften im Ausbau einer Verbundstruktur,[15] dabei bemüht, als innerkirchliche Bewegung eine lebendige Erneuerung und Ausweitung der Arbeit der Kirche von England zu bewirken und unter allen Umständen eine Abspaltung von der Kirche

---

[13] Auch die Herrnhuter Brüdergemeine ist zu diesem Zeitpunkt noch in der Phase der Entstehung. Die 1727 in Herrnhut von mährischen Flüchtlingen auf dem Wohnsitz der Zinzendorfs gegründete Gemeinschaft erfährt in jener Zeit, in der auch intensiver Kontakt zu den Wesleys bestand, Ausweisungen aus dem Königreich Sachsen. Zudem beginnt ihre „Pilgermission" mit Ausweitung der Arbeit in ferne Länder und die Phase theologischer Sondierung und Weiterentwicklung. Es handelt sich also um fast zeitgleiche Entwicklungen des Herrnhuter Pietismus und des Methodismus.

[14] George Whitefield (1714–1770), Mitglied der Oxforder Studentengruppe der Wesleys, Geistlicher der Kirche von England und bedeutender Erweckungsprediger in Großbritannien wie auch in den britischen Kolonien Nordamerikas. Zusammen mit dem Presbyterianer Jonathan Edwards löste er durch seine Feldpredigten die dortige Erste Große Erweckung (First Great Awakening, 1740–1760) aus.

[15] Die typisch methodistische Organisationsstruktur ist die *konnexionale* Struktur der internationalen Kirche. Sie besagt, dass die Gemeinden in einem Netzwerk bzw. Verbundsystem von Gemeinden, Bezirken, Konferenzen mit jeweiligen Kompetenzen und wechselseitigen Verantwortlichkeiten regional und weltweit miteinander in enger Beziehung stehen.

von England zu vermeiden, was ihm zu seinen Lebzeiten gelang. In der
Lehrtradition dieses dritten Zweiges steht die Evangelisch-methodistische
Kirche.

Der dargestellte Sondierungsprozess fehlt in keiner methodistischen
Lehre, die sich entsprechend prüfend auch mit der Grundlegung und Weiterentwicklung anderer konfessioneller Ausprägungen zu beschäftigen hat.
John Wesley hat die Begegnung mit der lutherischen Lehre in der Ausprägung der Herrnhuter Brüdergemeine und seine Beschäftigung mit Luther
und Calvin dazu angeregt, ihre biblischen Akzentsetzungen und Interpreta-
tionen auf ihre Schriftgemäßheit hin zu prüfen. So hat er beispielsweise
auch wiederentdeckt, dass die paulinische Rechtfertigungslehre bereits in
den Artikeln der Kirche von England, auf die er ordiniert worden war, bezeugt wird (v. a. Art. XI). In ähnlicher Weise hat Wesley sich auch mit den
Lehr-Traditionen weiterer Kirchen beschäftigt und Akzente – sofern sie als
biblisch fundiert belegt werden konnten – in die methodistische Lehre integriert.

Wesley scheint sich nicht weiter mit Luthers Theologie beschäftigt zu
haben, sondern hat vielmehr literarisch grundlegende theologische Belege
der Rechtfertigung allein aus Glauben bei den Kirchenvätern der Alten Kirche gesucht. Er entdeckte v. a. in Bezug auf die Gott-Mensch-Beziehung bei
den griechischen Kirchenvätern die relationale Relevanz, die Interaktion
von Gott und Mensch, die ein verändertes Leben in der Heiligung, in Heil
werdender Beziehung bewirke und sogar die verheißene christliche Voll-
kommenheit möglich erscheinen lasse. Jene verstand er als Vollkommen-
heit in Beziehung, als Teilhabe an der Liebe Gottes bzw. Vervollkommnung
dieser Liebe im Menschen, der in dieser Beziehung bleibt.

Wesley ging gleichzeitig auch der Frage der konkreten Alltagsrelevanz
der Rechtfertigungslehre für den Glauben weiter nach, die er (idealisie-
rend) bei den lutherischen Pietisten seiner Zeit am ehesten zu finden
glaubte.[16] So machte Wesley eine Deutschlandreise zu Lebenszentren der
Herrnhuter wie auch der Halleschen Pietisten, einer ebenfalls vonseiten
der lutherischen Orthodoxie wie Aufklärern Ende des 17. und im 18. Jahrhundert bekämpften Frömmigkeits-Reformbewegung im deutschen Protestantismus. Auch zu den Halleschen Pietisten bestanden seit den Begegnungen auf der Überfahrt und in der Kolonie Georgia kontinuierlich

[16] Reformierte Theologien hatte John Wesley ja bereits in Ausprägung des englischen Puritanismus und der eigenen Familiengeschichte erfahren. Die Großväter wurden beide zu
Dissenter (Abweichlern), als sie sich dem Uniformity Act 1662 widersetzten. Jenes Gesetz war eine Disziplinierungsmaßnahme der Kirche von England als Gegenmaßnahme
zu den Ausuferungen des Puritanismus.

Kontakte.[17] Wesley führte u. a. Gespräche mit Nikolaus Graf von Zinzendorf und traf auch Gotthilf August Francke, den Sohn des inzwischen verstorbenen August Herrmann Francke.

Wesley nahm an Gottesdiensten, Liebesfesten, Versammlungen für Gäste, Zusammenkünften verschiedener kleiner Erbauungskreise und Singstunden der Herrnhuter teil – scheint aber in der kritischen Distanz eines Beobachters geblieben zu sein, nicht zuletzt verletzt, als rastloser Mensch (*homo perturbatus*) nicht zum Abendmahl zugelassen worden zu sein. Wesley machte auch empirische Erhebungen über Bekehrungserlebnisse von Mitgliedern der Gemeine. Ihn interessierte die Frage der christlichen Erfahrung, die für ihn neben Schrift, Tradition und Vernunft Kriterien theologischer Reflexion waren und heute noch zum hermeneutischen Verfahren der Schriftauslegung der Methodisten gehören, wie es als „Unser Theologischer Auftrag" in der Verfassung, Lehre und Ordnung der Evangelisch-methodistischen Kirche beschrieben ist.[18]

Der Methodismus verdankt also seine Erkenntnis, dass im Zentrum biblischer Botschaft Gottes verzeihende und vergebende Gnade steht, die bedingungslos im Glauben entgegengenommen werden darf, der Vermittlung durch lutherische Pietisten. Lutherische Theologie spielt über diesen grundlegenden Teilaspekt hinaus für Wesley keine weitere Rolle. Sie inspiriert ihn hingegen, sich mit der Auslegung der paulinischen Rechtfertigungslehre in verschiedenen Lehrtraditionen zu orientieren.

Der Theologe Franz Hildebrandt spricht von einer mehr gefühlsmäßigen als analytischen Auseinandersetzung Wesleys mit Luther. Er belegt diese Beobachtung mit einem markanten Zitat aus einem Briefwechsel, in dem Wesley schrieb: "I love Calvin a little; Luther more; the Moravians, Mr. [William] Law, and Mr. [George] Whitefield far more than either. But I love truth more than all."[19] Diese Aussage Wesleys, den zeitlebens nach Wahrheit in der Beziehung zu Gott Strebenden, charakterisiert ihn in markanter Weise. Diese Lebenshaltung zeichnet ihn – und den wesleyanischen Methodismus nach ihm – in einer nachweislich eher pragmatischen als gesetzes- bzw. bekenntnismäßig stringenten Weise aus.

---

[17]   Einer Gruppe Salzburger Glaubensflüchtlinge, die unter der Leitung Hallescher Pietisten 1734 in Georgia die erste lutherische Gemeinde Georgias gründeten, begegneten die Wesleys sowohl in der Kolonie als auch einer weiteren Gruppe auf der Überfahrt dorthin.

[18]   Siehe: Unser Theologischer Auftrag, in Lehre, Verfassung und Ordnung der Evangelisch-methodistischen Kirche (LVO) 2012, 50–58; siehe: www.emk.de/fileadmin/kirche/vlo-2015.pdf (aufgerufen am 02.052017).

[19]   Zitiert bei *Franz Hildebrandt:* From Luther to Wesley, London 1951, 14.

Dennoch wurde Wesley wirkungsgeschichtlich zum Mediator lutherisch-reformatorischer Lehre. Im 17. Jahrhundert hatte der Calvinismus stärkeren Einfluss auf die Kirche von England gewonnen und die Extremform des Puritanismus ausgeprägt. Es galten zwar theologisch die vier evangelischen Grundsätze der Reformation (*sola fides, sola gratia, solus Christus, sola scriptura*), aber die befreiende rechtfertigende Gnade schien von streng asketischen Glaubens- und Lebenspraktiken überschattet. Indem Wesley auch in der Lehre seiner Kirche, der Kirche von England, die Rechtfertigungslehre wiederentdeckte, rückte er die Grundlage evangelischer Theologie auch im angloamerikanischen Raum wieder ins Zentrum.

Bei seinen Nachforschungen zu Belegen der Rechtfertigungslehre in der Tradition der Kirche wurde Wesley v. a. bei den griechischen Kirchenvätern der Alten Kirche (u. a. Makarios, Gregor von Nyssa, Ephraim dem Syrer etc.) in einer für die Westkirche neu orientierenden Weise fündig. Durch sie lernte er die verwandelnde, neu schaffende Kraft der Gnade sowie einen eher spirituellen als intellektuellen Zugang zum biblischen Schriftverständnis kennen. Wesley griff diese Sichtweise in der Akzentuierung und Entfaltung der Soteriologie auf, der er als der „gelebten Gnade"[20] sein Hauptaugenmerk schenkte.

Publikationen – auch nicht-methodistischer Verfasser – machen auf die ökumenisch vermittelnde Rolle der Soteriologie Wesleys sowie des Methodismus allgemein aufmerksam.[21] Wesleyanische Theologie schöpft aus unterschiedlichen Erkenntnissen christlicher Lehre. Wesley verband die protestantische Betonung der Heiligung als im Glauben angenommene wirksame Gnade Gottes und die römisch-katholische Vorstellung eines christlichen heiligen Lebens mit der orthodoxen therapeutischen Sichtweise, in der Gottes Gnade im Glaubenden gestaltende Kraft entfaltet und die Gottebenbildlichkeit im Menschen erneuert wird. Hierdurch wurde der Methodismus konfessionell offen und vielseitig anschlussfähig, so dass er eine Brückenfunktion zwischen den Konfessionen wahrnimmt. Diese Mittlerstellung bedeutet keinesfalls eine Gleichgültigkeit oder Verflachung theologischer Unterschiede, wohl aber eine prüfende und einordnende Wertschätzung unterschiedlicher Auslegungstraditionen. Sie gilt es gemeinsam zu erkunden, über sie nachzudenken, gewissenhaft nach biblischen Belegen zu forschen und im christlichen Alltag nach wahrnehmbaren Bestätigungen zu suchen.

---

[20] So u. a. auch der Titel eines Standardwerks methodistischer Theologie: *Walter Klaiber/Manfred Marquardt:* Gelebte Gnade. Grundriss einer Theologie der Evangelischmethodistischen Kirche, Göttingen ²2006.

[21] Z. B. der katholische Theologe *Thomas Rigl:* Die Gnade wirken lassen. Methodistische

Luther und lutherische Theologie haben im Umfeld der geistlichen Wende John Wesleys bei aller bereits dargelegten Begrenztheit und spezifischen (pietistischen) Prägung eine prominente Stellung in der methodistischen Geschichte und Theologie. Die historisch und theologisch Interessierten diskutieren seit nunmehr gut zweieinhalb Jahrhunderten, welche Textpassage dieser Lutherschrift Wesleys „Herz seltsam erwärmte" – wie er seine geistliche Erfahrung in seinem Tagebuch festhielt.[22] Sie versuchen dabei, die Bedeutung dieser Schrift selbst zu ergründen. Darüber hinaus wurde zunehmend im Zeitalter der Ökumene Luthers Theologie auch von methodistischen Theologen umfangreich erforscht und mit wesleyanischer Theologie in Einzelaspekten in Beziehung gesetzt.

Kirchenhistoriker bezeichnen den Methodismus bisweilen als „letzte große Kirchenbildung im Raum des Protestantismus"[23] bzw. „letzte wichtige Kirchenbildung, die im Bereich des Protestantismus vor sich gegangen ist"[24], in der die Reformation mit ihren noch unerfüllten Anliegen fortgesetzt worden sei, wie es die Reformatoren selber gefordert hatten (*ecclesia semper reformanda est*). Während Luther noch im Vorwort zu seiner Deutschen Messe 1526 betonte, die Sammlung bekennender Christen in Gemeinschaften sei erstrebenswert, aber er habe die Leute dazu nicht, erreichte Wesley Menschen der Arbeiterklasse, die ernsthaft „im Glauben wachsen" wollten und sich als Weggemeinschaften regelmäßig in Kleingruppen zum Bibellesen, Beten und Empfang weiterer Gnadenmittel versammelten. Methodistische Laienprediger wurden später Gewerkschaftssprecher, die die Rechte der Arbeiter in ihrer sozialen Gemeinschaft wortgewandt vertreten konnten.[25]

Soteriologie im ökumenischen Dialog, Paderborn 2001 [Konfessionskundliche und Konfessionstheologische Studien, Bd. LXXIII].

[22] „... Als der Leiter, ungefähr um Viertel vor neun, die Veränderung des Herzens beschrieb, die Gott durch den Glauben an Christus bewirkt, spürte ich, wie mir seltsam warm ums Herz wurde. Ich fühlte, wie ich tatsächlich allein auf Christus und die Rettung durch ihn vertraute; ich bekam die Gewissheit geschenkt, dass er meine, ja meine Sünde weggenommen und mich vom Gesetz der Sünde und des Todes befreit hatte." (Tagebucheintrag John Wesleys vom 24. Mai 1738. Der englische Originaltext findet sich in fast allen Biografien und Darstellungen der Theologie John Wesleys; in der neuesten wissenschaftlichen Ausgabe des Journals WJW 18, 249 f).

[23] So geprägt von *Erich Beyreuther*, aber auch zu finden bei *Georg Pfleiderer*: Art. Methodismus/Methodisten; in: RGG⁴, Bd. 5, Sp. 1179.

[24] *Bernd Moeller*: Geschichte des Christentums in Grundzügen, Göttingen ⁷2000, 324.

[25] Im Sommer 2017 erscheint in der Reihe der Quaestiones Disputatae ein Artikel, der die Verbindung von rechtfertigendem Glauben, Heiligung und sozialer Verantwortung am Beispiel methodistischer Gewerkschafter aufgreift (*Ulrike Schuler*: Freiheit: Verbindung und Verantwortung. Wesleyanisch-methodistische Akzente und Fallstudie; in: *Thomas Söding/Bernd Oberdorfer* (Hg.): Kontroverse Freiheit. Die Impulse der Ökumene. Freiburg i. Br. 2017).

Frömmigkeitsgeschichtlich wird der Methodismus seit Ausweitung der Pietismus-Forschung auf Erweckungsbewegungen außerhalb Deutschlands oft als britische Spielart des Pietismus gesehen. Seither wird immer wieder der Versuch unternommen, den Methodismus zu kontinentaleuropäischen Entwicklungen in Beziehung zu setzen. Das ist aufschlussreich in Bezug auf die Vernetztheit beider Frömmigkeitsbewegungen, die sich – wie bereits kurz angesprochen – auch gegenseitig beeinflusst und Kontakte gepflegt haben.

Neben all diesen im historischen Zusammenhang bedeutsamen Anstößen auch zur theologischen Reflexion, haben methodistische Kirchen im 19. und 20. Jahrhundert ganz pragmatische Gründe gehabt, sich intensiv auch mit lutherischer Theologie zu beschäftigen. Überall, wo lutherische Kirchen staatskirchenrechtliche Privilegien genossen (und oft traditionell heute noch genießen), mussten erwecklich-missionarische Bewegungen ihr Existenzrecht als christliche Kirchen begründen, dabei ihre theologische Sicht definieren und um staatliche Anerkennung kämpfen. Sie mussten im 19., 20. und bisweilen sogar noch im 21. Jahrhundert ihre konfessionelle Zuordnung als „evangelische Kirche" darlegen und ihre theologischen Akzentsetzungen im Gegenüber zu etablierten Konfessionen erläutern, um – ihrem missionarischen Auftrag entsprechend – handlungsfähig zu werden bzw. hierfür eine Genehmigung zu erhalten

Obgleich sie in ihrer ökumenischen Gesinnung eher die Gemeinsamkeiten als die Unterschiede zu anderen Konfessionen betonen, hatten sie vorrangig jene zu begründen – in den weltweit unterschiedlichen Kontexten auch je verschieden im Gegenüber zu weiteren konfessionellen Majoritäten.

Das war für den international vernetzten Methodismus auch ein nützliches ökumenisches Übungsfeld, von dem Methodisten und Methodistinnen bis heute profitieren. Auf diese Weise haben sie sich in vielfältiger konfessioneller Anschlussfähigkeit einüben können und sich stets aufs Neue ihre Brückenfunktion zu anderen Kirchen bewusst gemacht. Sie blieben in Bezug auf die bereichernden Quellen anderer Traditionen aufmerksam. Hilfreich war dabei beispielsweise im deutschen Kontext, dass methodistische Theologinnen und Theologen, die eine wissenschaftliche Karriere einschlagen wollten, an staatlichen evangelischen Fakultäten studiert haben und somit die wesleyanisch-methodistische Theologie schärfen konnten, wie auch kompetente Gesprächspartner für Lutheraner wurden.

Der Methodismus ergreift zudem immer wieder auch stellvertretend das Wort für Schwesterkirchen. In England haben sich beispielsweise methodistische Theologen nach dem Zweiten Weltkrieg bewusst mit lutherischer Theologie auseinandergesetzt und darüber publiziert, um der Rehabilitation Luthers in England nach dem Zweiten Weltkrieg zu dienen, „als englische Kirchenmänner Luther als ‚geistigen Ahnherrn Adolf Hitlers' brandmarkten und drauf und dran waren, das englische Lutherbild zu verfälschen".[26]

Inzwischen wurden in den letzten 50 Jahren in den ökumenischen Beziehungen rasante Fortschritte gemacht. Bilaterale Dialoge des Weltrates Methodistischer Kirchen (World Methodist Council) haben mit fast allen größeren Kirchengemeinschaften die Grundlagen zur nationalen Weiterarbeit geschaffen.

In Bezug auf die reformatorischen Kirchen haben abgeschlossene Dialoge des Weltrates methodistischer Kirchen mit den lutherischen und reformierten Weltbünden mit den grundlegenden Feststellungen, dass es keine kirchentrennenden Lehrunterschiede gibt, weltweit zu Kanzel- und Abendmahlsgemeinschaften in Ländern geführt, so auch in Deutschland zwischen Evangelisch-methodistischer Kirche und den Gliedkirchen der Evangelischen Kirche in Deutschland. Das war möglich, weil festgestellt wurde, dass es grundsätzlich keine kirchentrennenden Lehrunterschiede gibt. Sie haben an der Basis Erleichterung geschaffen im Zusammenleben und -arbeiten – für Arbeitgeber/innen und Arbeitnehmer/innen, Ehepartner und Familien.

Zudem gibt es Kirchenvereinigungen, an denen Methodisten weltweit beteiligt sind, in Europa: Belgien, Spanien, Italien und Schweden.

Methodistische Kirchen setzen sich auf allen Ebenen für ökumenische Zusammenarbeit ein und gehören zumeist zu den Gründungsmitgliedern internationaler wie auch nationaler ökumenischer Gremien.

III. Ökumenische Situation evangelischer Freikirchen im deutschsprachigen Raum im Blick auf das Reformationsjubiläum

Die für die Evangelisch-methodistische Kirche beschriebene Situation entspricht durchaus nicht der ökumenischen Lage anderer Freikirchen. Kanzel- und Abendmahlsgemeinschaften mit Freikirchen in Deutschland wurden mit Gliedkirchen der EKD bislang lediglich mit der Evangelischen Brüder-Unität/Herrnhuter Brüdergemeine, die gleichzeitig assoziiertes Mitglied der EKD ist, und der Evangelisch-methodistischen Kirche (1987) geschlossen. Auch in der Gemeinschaft Evangelischer Kirchen in Europa

---

[26] So im Vorwort von Karl Steckel zu *Gordon Rupp:* John Wesley und Martin Luther. Ein Beitrag zum lutherisch-methodistischen Dialog, Stuttgart 1983 [BGEmK 16], 3.

(GEKE) haben bislang erst diese beiden Freikirchen eine Mitgliedschaft.[27] Im Kontext der Freikirchen nehmen die Evangelische Brüder-Unität und die Evangelisch-methodistische Kirche in Bezug auf ökumenische Vereinbarungen mit Konfessionskirchen in Deutschland eher eine Sonderstellung ein.

Auch die Standortbestimmungen bzw. Definitionen der Mitgliedskirchen der Vereinigung Evangelischer Freikirchen (VEF) in Deutschland in einer internen Stellungnahme der VEF anhand der Leuenberger Kirchengemeinschaft, „Evangelisch Sein" (2011), gehört in diesen Zusammenhang der Klärung der versöhnten Verschiedenheit und biblischer Maßstäbe. Die evangelischen Freikirchen werden in Deutschland weitgehend nicht in ihrer spezifischen theologischen Akzentsetzung als evangelische Kirchen mit ihren je verschiedenen historischen und praktisch-theologischen Ausrichtungen wahrgenommen, sondern maßgeblich als „Antityp zur Volkskirche"[28]. Hier haben sie nun die Initiative ergriffen, diese „Schieflage" sachlich zumindest unter sich zu klären und das dann anhand eines Grundlagendokuments (der Leuenberger Konkordie), in dem ja das Bestreben ausgedrückt wird, den europäischen Protestantismus einen zu wollen. Die Mitgliedskirchen der VEF kommen in ihrer Stellungnahme zu dem Schluss, dass sie mit den Signatar-Kirchen der Leuenberger Kirchengemeinschaft dem „Verständnis des Evangeliums, wie es in der Leuenberger Konkordie zum Ausdruck kommt, in allen Punkten zustimmen" und dass sie „die reformatorische Grundüberzeugung des vierfachen solus" teilen. Sie stimmen darin überein, was als „Evangelisch Sein" in der Leuenberger Konkordie 1973 definiert wurde. Es werden erneut die theologischen Grundthemen ökumenischer Gespräche avisiert und zu allen Punkten systematisch Stellung genommen: „die Rechtfertigungsbotschaft", „Evangelium und verantwortungsvoller Dienst in der Welt", „Evangelium und die altkirchlichen Glaubenssymbole", „Taufe", „Das Abendmahl". Leider ist dieses hilfreich klärende und ökumenisch weiterführende Positionspapier bislang nur als interne freikirchliche Orientierungshilfe verbreitet und nicht veröffentlicht worden. Das allerdings wäre wirklich wünschenswert.

So erschien beispielsweise auch *Philip S. Watson:* "Let God be God!" An Interpretation of the Theology of Martin Luther, London 1947; in deutscher Übersetzung: *Ders.:* Um Gottes Gottheit. Let God be God. Eine Einführung in die Theologie Luthers, Berlin 1952.

[27] Die Evangelisch-methodistische Kirche wurde 1997 Mitglied der Leuenberger Kirchengemeinschaft (heute GEKE).

[28] Siehe *Walter Klaiber:* Landeskirche und Freikirche. Deutsche Verhältnisse und internationale Trends; in: *Holger Eschmann/Jürgen Moltmann/Ulrike Schuler* (Hg.): Freikirche – Landeskirche. Historische Alternative – Gemeinsame Zukunft?, Theologie Interdisziplinär, Bd. 2, Neukirchen-Vlyn 2008, 8.

In Österreich wurde 2013 – ebenfalls angestoßen durch das Reformationsjubiläum – reflektiert, was *Evangelisch Kirche sein. 500 Jahre Reformation"*[29] konkret bedeutet. Dass bis 2003 der Evangelisch-methodistischen Kirche in Österreich nicht erlaubt war, die Kennzeichnung „evangelisch" in ihrem Namen zu tragen, wird hier nicht angesprochen, sondern es geht um Eruierung und Konkretisierung heutiger relevanter Themen zur Erneuerung der Gesellschaft in christlicher Verantwortung. Die „Aktualität der reformatorischen Glaubensbotschaft"[30] kommt zur Sprache.

Interessanterweise handelt es sich hier – anders als in Deutschland – um drei evangelische Minderheitenkirchen, die sich im Kontext einer starken Römisch-katholischen Kirche äußern.[31] Die Evangelisch-methodistische Kirche zählt in Österreich übrigens nicht zu den „Freikirchen", sondern – zusammen mit den Evangelischen Kirchen A.B. und H.B.[32] – zu den drei evangelischen Kirchen der Gemeinschaft Evangelischer Kirchen in Europa (GEKE). In Österreich haben sich Ende 2013 andere nach-reformatorisch entstandene Kirchen zu „Freikirchen in Österreich"[33] als einer gesetzlich anerkannten Kirche in Österreich zusammengeschlossen.

Im Statement „Evangelisch Kirche sein. 500 Jahre Reformation" bekunden die drei genannten Kirchen den Zweck ihrer öffentlichen Stellungnahme, der keine rückwärtsgewandte Bestandsaufnahme sein soll. „Gemeinsam mit den evangelischen Kirchen weltweit wollen sie (die drei evangelischen Kirchen A.B., H.B. und EmK) bedenken, was aus der reformatorischen Erneuerung der Kirche für die Zukunft und das Miteinander der christlichen Kirchen folgt. Darüber hinaus laden sie die gesamte Öffentlichkeit zum Dialog über die gesellschaftlichen und kulturellen Impulse der Reformation für die gemeinsam zu gestaltende Zukunft ein."[34] Es geht also nicht um ein gemeinsames „Abarbeiten" von theologisch vorgegebenen Themen, um die wahre Zugehörigkeit zur Kirche Jesu Christi zu dokumentieren, sondern um eine eigenständige, zukunftweisende Akzentuierung von Themen, die den Reformwillen und die Authentizität christlichen

---

29   Siehe Text „Evangelisch Kirche sein": www.evang.at/themen/a-bis-z/reformationsjubilaeum-2017/ (aufgerufen am 02.05.2017).
30   Evangelisch Kirche sein, Überschrift II.
31   Laut Volkszählung (2001 – neuere Daten hierzu konnte ich nicht ermitteln) sind 73,6 Prozent der österreichischen Bevölkerung römisch-katholisch und insgesamt 4,7 Prozent Protestanten.
32   Evangelische Kirchen des Augsburger und Helvetischen Bekenntnisses.
33   Ihr gehören der Bund der Baptistengemeinden in Österreich, der Bund Evangelikaler Gemeinden in Österreich, die Elaia Christengemeinden, die Freie Christengemeinde – Pfingstgemeinde in Österreich und die Mennonitische Freikirche Österreich seit 2013 als eine gesetzlich anerkannte Kirche an.
34   Evangelisch Kirche sein, Abschnitt 3.

Daseins ansprechen. So kommen zeitgemäß und praxisorientiert „die Botschaft der Freiheit", das „Priestertum aller Gläubigen", „das reformatorische Prinzip der grundlegenden Gleichheit", auch für die „Entstehung der Demokratie und die Entstehung der Menschenrechte", der „Glaube als gelebter", der „fröhliche Glaube" – um einige Themen zu nennen – zur Sprache.[35] Zudem werden andere in ökumenischer Verbundenheit wertschätzend zum „gemeinsamen Gedenken der Reformation" eingeladen. Schließlich wird auch die Religionsfreiheit angesprochen, die „ein friedliches Zusammenleben verschiedener Wahrheitsansprüche auf der Grundlage der Menschenrechte [ermöglicht], getragen von gegenseitiger Toleranz und gegenseitigem Respekt".[36]

IV. Ausblick

Ein vorläufig letzter Blick auf die Reformationsdekade: Allgemein sind zweifellos die Bemühungen in Deutschland anzuerkennen, im Gegensatz zu früheren Jubiläen das Reformationsjubiläum wirklich ökumenisch feiern zu wollen und nicht einseitig der Gefahr einer konfessionell verengten lutherischen Bildung zu erliegen oder einem Triumphalismus zu huldigen. Wünschenswert wäre allerdings, dass es nicht bei einer, wenn auch interessierten „Zur-Kenntnisnahme" der zum Teil mühsam an vorgegebenen Themen orientierten Beiträge „der Anderen" bzw. „der weiteren evangelischen (Frei-) Kirchen" bleiben würde.

Aufschlussreich – auch für Lutheraner und Reformierte – wäre doch zweifellos auch die Auseinandersetzung mit der Lehrbildung der Kirche von England die Frage, inwiefern kontinentaleuropäische Reformen und Konfessionsbildungen des 16. Jahrhunderts die Lehrbildung der Kirche von England geprägt und welche Bedeutung das wiederum für die heutige ökumenische Zusammenarbeit hat. Der Lutherische Weltbund und die Anglikanische Kirchengemeinschaft führen seit 1970 Dialoge, ebenso die Reformierte Weltgemeinschaft. Über die Thematisierung der gemeinsamen Wurzeln der Reformierten, die Traditionslinien der Waldenser, Hussiten, der Anhänger John Knoxs – neben den im deutschen Kontext wesentlicher bekannteren Reformierten Huldreych Zwingli und Jean Calvin – wäre ebenfalls in vielerlei Hinsicht eine Horizonterweiterung im Blick auf die Bedeutung der Reformation zu erwarten.

---

[35] Ebd., Abschnitte 6–10.
[36] Ebd., Abschnitt 14.

1988 wurde zwischen der Evangelischen Kirche in Deutschland bzw. ihren Gliedkirchen[37] und der Kirche von England[38] die „Meißener Erklärung" als wichtiger Meilenstein verabschiedet, damit eine gemeinsame Feststellung „Auf dem Weg zur sichtbaren Einheit" – so der Untertitel – gemacht, die zu weiteren Gesprächen, Begegnungen und Klärungsprozessen ermuntert. Wie spiegeln sich die Dialogergebnisse in erkennbaren Kenntnissen und Thematisierungen im Rahmen des Reformationsjubiläums wieder? Würde die Sichtweise der Anglikanischen Kirchengemeinschaft auf die Reformation nicht eine fruchtbare Perspektivenerweiterung bieten, die auch den evangelischen Landeskirchen zur Standortbestimmung und „Blick über den Rand" ihrer territorialen Begrenztheit hinweghelfen könnte? Wäre nicht infolgedessen auch mehr Aufgeschlossenheit und Integration der im angloamerikanischen Raum entstandenen Freikirchen zu erwarten, die ja nicht selten auch die weiteren evangelischen Konfessionen bei ihrer Lehrbildung vorfanden und – wie zum Methodismus angesprochen – theologisch weiter reflektiert haben? In Deutschland und der Schweiz haben die in den jeweiligen Ländern verfassten anglikanischen Kirchen die gegenseitigen Taufanerkennungen mit unterzeichnet – in Deutschland die Arbeitsgemeinschaft Anglikanisch-Episkopaler Gemeinden in Deutschland, in der Schweiz die Church of England – Archdeaconry of Switzerland. Wo kommen sie nun bei Tagungen zum Reformationsjubiläum vor?[39]

Die Themen- und Perspektivenerweiterung der Festveranstalter könnte unweigerlich in eine gemeinsame kritische Auseinandersetzung – aller, auch der zum Mitfeiern Eingeladenen – mit der Vergangenheit leiten. Den Blick gemeinsam zu weiten, sich gegenseitig wahrzunehmen und verstehen zu lernen, könnte helfen, dann auch gemeinsam die Zukunft als verantwortliche Christinnen und Christen in Europa zu gestalten (s. Charta Oecumenica, III. Unsere gemeinsame Verantwortung in Europa). Das Reformationsjubiläum darf sich nicht auf die Retrospektive und das relationale „Abarbeiten" der als maßgeblich vorgegebenen Themen der historischen Kirchen der Reformation beschränken. Im Zentrum muss weiterhin

---

[37] Die Evangelische Kirche in Deutschland (EKD) ist der Zusammenschluss von heute 20 weithin selbstständigen lutherischen, reformierten und unierten Landeskirchen in der Bundesrepublik Deutschland.

[38] Hier also eine national verfasste Kirche. Die Kirche von England ist eine von weltweit 38 selbstständigen Landeskirchen bzw. Provinzen der Anglikanischen Kirchengemeinschaft.

[39] Ein Hinweis in diese Richtung ist möglicherweise die Erweiterung des Europäischen Stationenwegs, der im Februar 2017 auch Städte in England und Irland einbezogen hat, die m. W. zunächst nicht eingeplant waren – zumindest war z. Z. der Abfassung meines ursprünglichen Artikels (im Frühjahr 2016) davon noch nichts zu hören.

die Frage nach den zentralen Inhalten der reformatorischen Glaubensbotschaft stehen, die – im Sinne der *ecclesia semper reformanda* – stets in
ihren Kontext hinein neu interpretiert und praktisch anzuwenden ist. Daraus müssen Konsequenzen für die Menschen in Kirche und Gesellschaft
folgen.

Eine ökumenische Auslegungsgemeinschaft wäre eine m. E. den enormen ökumenischen Fortschritten entsprechende und zeitgemäße Aufgabe.
Einen beachtlichen Einstieg hat es bereits durch die Arbeit einer Studienkommission gegeben, die im Nachgang der „Gemeinsamen Erklärung zur
Rechtfertigungslehre" die „Biblischen Grundlagen der Rechtfertigungslehre" – so auch der Titel der daraus erwachsenen Publikation – ökumenisch erarbeitet und „Eine ökumenische Studie zur Gemeinsamen Erklärung zur Rechtfertigungslehre" – so der Untertitel – vorgelegt hat.[40] Hieran
waren lutherische, römisch-katholische, methodistische und reformierte[41]
Theologen beteiligt. Die Arbeit dokumentiert die unterschiedlichen Auslegungstraditionen und Offenheit, diese voneinander kennenzulernen und
nachvollziehen zu wollen, um schließlich nach heutigen Maßstäben und
theologischen Kenntnissen gemeinsam theologisch weiter zu arbeiten.
Hierbei werden dann u. a. neuere Einsichten zu exegetischen Verfahren
und zur Paulusforschung, neuere Bewertungen des frühen Judentums wie
auch Fragen zum Verhältnis von Schrift und Tradition gemeinsam bewertet
und eingeordnet. Dieses Dokument schafft vorbildhaft neue Maßstäbe
theologischer ökumenischer Arbeit. Auf eine Fortsetzung derartiger theologischer Zusammenarbeit und eine weitere Ausweitung ist zu hoffen.

Der Deutsche Ökumenische Studienausschuss (DÖSTA) hat sich seit
Jahrzehnten auf einen solchen Weg des gemeinsamen Forschens und Lernens begeben und theologisch und historisch reflektierte Studien aus den
konfessionellen Blickwinkeln der Mitgliedskirchen der Arbeitsgemeinschaft Christlicher Kirchen in Deutschland (ACK) verfasst.[42]

Aber letztlich ist das aus all diesen Reflexionen und Begegnungen re-
sultierende gemeinsame Handeln aus einer gemeinsam gewonnenen

---

[40] *Walter Klaiber* (Hg.): Biblische Grundlagen der Rechtfertigungslehre. Eine ökumenische
Studie zur Gemeinsamen Erklärung der Rechtfertigungslehre, Leipzig/Paderborn 2012.
[41] Hier ist schon eine Ausweitung der Unterzeichner der Gemeinsamen Erklärung der
Rechtfertigungslehre (GER) erfolgt, die ja bislang lediglich vom Lutherischen Weltbund,
der Römisch-katholischen Kirche (1999) und dem Weltbund Methodistischer Kirche
(2006) unterzeichnet wurde. Die Studie ist die Erfüllung einer in der GER erklärten
Selbstverpflichtung zur gemeinsamen theologischen Weiterarbeit.
[42] Studien des DÖSTA: Rechtfertigungslehre im multilateralen ökumenischen Dialog
(2002–2005), Tradition in den Kirchen (2005–2009), Die Frage nach Gott heute (2009–

neuen Ausrichtung heraus unerlässlich, wenn wir als Christinnen und Christen das befreiende Evangelium in einer säkularen Gesellschaft glaubhaft verkünden wollen.

In einem Zitat aus einer Predigt John Wesleys wird eine zielführende ökumenische Gesinnung aus methodistischer Perspektive gut zusammengefasst: „Daher maße ich mir nicht an, meine Form der Frömmigkeit irgendjemand anderem aufzuzwingen. Ich glaube, sie ist wirklich urchristlich und apostolisch. Aber meine Überzeugung ist keine Regel für andere. Ich frage daher den, mit dem ich mich in Liebe vereinigen will, nicht: ‚Gehörst du zu meiner Kirche, zu meiner Gemeinde? Hältst du dieselbe Form der Kirchenleitung und dieselben kirchlichen Ämter wie ich für richtig? Verwendest du dieselbe Form des Gebets, in der ich Gott anbete?‘ Ich untersuche nicht: ‚Empfängst du das Heilige Abendmahl in der gleichen äußeren Haltung und Art wie ich?‘ Ich frage auch nicht, ob du mit mir in der Verwaltung der Taufe, in der Zulassung von Taufpaten und in ihrer Mitwirkung übereinstimmst, oder im Blick auf das Alter derer, denen sie erteilt wird. Ich frage nicht einmal (so sehr ich meiner eigenen Auffassung sicher bin), ob du die Taufe und das Heilige Abendmahl überhaupt anerkennst. Laß das alles vorerst beiseite! Darüber wollen wir zu einer gelegeneren Zeit reden, wenn es nötig ist. Heute frage ich nur: ‚Ist dein Herz aufrichtig gegen mich wie mein Herz gegen dein Herz?‘"[43]

2016), Diaspora und Sendung (seit 2016).Die Beiträge zu einer Tagung des DÖSTA zur ökumenisch reflektierten Bedeutung der Reformation wurden publiziert in: *Uwe Swarat/Thomas Söding (*Hg.): Heillos gespalten? Segensreich erneuert? 500 Jahre Reformation in der Vielfalt ökumenischer Perspektiven, Freiburg i. Br. 2016.

[43] *John Wesleys* Lehrpredigt 39; in: *John Wesley: Die 53 Lehrpredigten. Bd. 2: Lehrpredigten, 30–53.* Stuttgart 1986, 754. (Original: "… my belief is no rule for another. I ask not, therefore, of him with whom I would unite in love, Are you of my church, of my congregation? Do you receive the same form of church government, and allow the same church officers, with me? Do you join in the same form of prayer wherein I worship God? I inquire not, Do you receive the supper of the Lord in the same posture and manner that I do? Nor whether, in the administration of baptism, you agree with me in admitting sureties for the baptized, in the manner of administering it; or the age of those to whom it should be administered. Nay, I ask not of you (as clear as I am in my own mind), whether you allow baptism and the Lord's Supper at all. Let all these things stand by: we will talk of them, if need be, at a more convenient season, my only question at present is this, 'Is thine heart right, as my heart is with thy heart?'")

Die Waldenser: Reformation zwischen Dissimulation, Bekenntnis und Widerstand

Einblicke aus evangelisch-methodistischer Perspektive

Lothar Vogel[1]

1. Vorbemerkung

Das Reformationsjubiläum des Jahres 2017 unterscheidet sich von seinen Vorgängern nicht nur durch eine gewandelte ökumenische Atmosphäre, sondern auch dadurch, dass es in einer Krisenphase jener „Großen Erzählungen" stattfindet, welche im 19. und 20. Jahrhundert durch öffentliche Gedächtniskultur gesellschaftliche Identität stifteten.[2] So diente die Reformation des 16. Jahrhunderts mit ihren Zentralfiguren Martin Luther, Ulrich Zwingli und Johannes Calvin zur Grundlegung jener „Moderne", der man sich selbst zurechnete – sei es im Selbstbewusstsein, dass die Reformation einen auf das Gotteswort der Bibel bezogenen persönlichen Glauben ermöglicht und eine „entzauberte" wissenschaftliche Weltsicht begründet habe, sei es in nationalistischer Ausdeutung, sei es in der Klage über die in der Reformation wurzelnde Säkularisierung.[3] Historische Phänomene wie das mittelalterliche Waldensertum oder die hussitische Reformation des 15. Jahrhunderts erschienen aus dieser Sicht als Anomalien, die angesichts einer anachronistisch auferlegten Norm (z. B. als „Vorreformation") zu beschreiben waren.[4] Das Aufbrechen dieses Neuzeit-Paradig-

---

[1] Lothar Vogel ist Professor für Kirchengeschichte an der Facolta di Valdese, Rom.

[2] Zum Begriff der „Großen Erzählung" vgl. *Jean-François Lyotard:* Das postmoderne Wissen, Wien ³1999.

[3] Dazu *Gottfried Seebaß:* Art. Reformation; in: TRE 28, Berlin/New York 1997, 386–404, hier: 394–396; *Dorothea Wendebourg,* Art. Reformation (1. Historischer Überblick); in: ENZ 10, Stuttgart/Weimar 2009, 794–798, hier: 795 f.

[4] Klassisch in: *Paul Wunderlich:* Die Beurteilung der Vorreformation in der deutschen Geschichtsschreibung seit Ranke, Erlangen 1930. Gleichsam auf den Kopf gestellt wurde

mas hat manche Gewissheit in Frage gestellt, hat es aber auch erleichtert, geschichtliche Vorgänge angemessen zu kontextualisieren. Die Waldensergeschichte hat dadurch an Außergewöhnlichkeit verloren, aber an Facettenreichtum und Menschlichkeit gewonnen.

2. Als Waldenser leben I (12.–16. Jahrhundert)

Nach einer kurzen Anfangsphase öffentlichen Auftretens im Gewebe einer Stadt in den 70er und frühen 80er Jahren des 12. Jahrhunderts wurde die Bewegung des Waldes von Lyon und seiner Anhängerschaft rasch als häretisch verurteilt und anschließend nach und nach in den Untergrund zurückgedrängt, breitete sich in dieser Gestalt jedoch europaweit aus. Als Grundanliegen der Waldenser kann man eine Orientierung am Modell apostolischer Armut identifizieren, welche auch als Kriterium der Kritik an der institutionell-hierarchischen Kirche diente. Organisatorisch bildete sich eine Struktur heraus, die von örtlichen Anhängerschaften („Freunden") getragen wurde. Diese empfingen die stets zu zweit umherziehenden apostolischen Prediger, deren Verkündigung in diesen Gruppen auf die Mahnung zur Buße konzentriert war. Eine Gerichtspredigt, welche die persönliche Verantwortung der Gläubigen betonte und angesichts dessen Angebote institutionell-kirchlicher Entlastung, etwa durch die Interzession der Heiligen oder den Ablass, ablehnte, kann als Kernbotschaft der mittelalterlichen Waldenser betrachtet werden. Eine eigenständige Bußpraxis (mit Einzelbeichte und einem Heilszuspruch, der an die Bedingung moralischer Besserung geknüpft war) entwickelte sich zum zentralen Ritus des Waldensertums. Was die Prediger betrifft, so bildeten sie eine ordensähnliche Struktur mit regelmäßigen Kapiteln, Gehorsamsbindung und Aufteilung erhaltener Geldbeträge. Inwieweit diese Ordnung, die wiederholt aus den Quellen hervorgeht, von ununterbrochener Dauer war, ist schwer zu sagen.[5]

Das Überleben des Waldensertums hing von einer hochentwickelten Praxis der Dissimulation ab. So zogen die Prediger, die im Falle ihrer Ent-

---

dieses Konzept von Ernesto Buonaiuti, der die Reformation des 16. Jahrhunderts anhand der „ersten Reformation" (Joachim von Fiore, Franz von Assisi) kritisierte; siehe *Lothar Vogel:* Ernesto Buonaiuti interprete di Lutero; in: Modernism 2 (2016), 163–192.

[5] Vgl. *Lothar Vogel:* La (dis-)continuità del movimento valdese fra XII e XVI secolo: osservazioni sull'interpretazione della povertà; in: *Piercarlo Pazé* (Hg.): Valdo e Francesco. Inizi e sviluppi di due movimenti religiosi (Collana di studi storici. Convegni del Laux 10), Perosa Argentina 2016, 67–93. Zur Waldensergeschichte siehe *Euan Cameron:* Art. Waldenser; in: TRE 35, Berlin/New York 2003, 388–402.

deckung durch die Inquisition das höchste Risiko eingingen, als reisende Handwerker durchs Land. Die waldensischen Versammlungen fanden häufig nachts statt – was Außenstehenden zu diffamierenden Verdächtigungen Anlass gab. Ferner ist bereits im Inquisitoren-Handbuch des Bernardo Gui (um 1320) belegt, dass auch die Waldenser-„Freunde" Strategien für ihre Aussagen vor dem Glaubensgericht entwickelten.[6] Generell nahm der Verfolgungsdruck seitens einer immer besser organisierten Inquisition im 14./15. Jahrhundert stetig zu. Beispielhaft ist in dieser Hinsicht das bürgerliche Waldensertum in Freiburg im Üchtland (Fribourg), dessen Vertreter noch Ende des 14. Jahrhunderts auf offener Straße mit dem Pfarrer der Stadt diskutierten (mit dem sie zudem verwandt waren), das jedoch in der Folgezeit durch zwei Prozess-Serien vernichtet wurde.[7]

Die Reaktion des Waldensertums auf diese Entwicklung sind ein Rückzug und eine Konzentration in politisch-kirchlich wenig erschlossene Gebiete: die Alpentäler Savoyens und des Dauphiné, das Luberon, das nördliche Kalabrien und einige ländliche Gebiete Südböhmens (wo die böhmische Brüderunität waldensische Impulse und Traditionen in sich aufnahm). In all diesen Gebieten lässt sich eine Kommunalisierung des Waldensertums beobachten. In den savoyischen Tälern (d.h. den heutigen „Waldensertälern") regulierten waldensisch dominierte Gemeinden ihre Beziehungen zu den örtlichen Grundherren durch den Abschluss von Verträgen, in denen die Abgaben gebündelt und kommunalisiert werden. Damit trat der Ortsadel, ohne selbst religiöse Sympathien für das Waldensertum zu entwickeln, in eine Art Symbiose mit der Häresie ein. Diese führte auch dazu, dass der Adel sich wenig kooperativ zeigte, wenn die Inquisition versuchte, in die Täler vorzudringen.[8] Die waldensischen Ansiedlungen im Luberon[9] und in Kalabrien[10], die auf Emigration aus den sa-

6 *Bernardus Guidonis:* Practica inquisitionis heretice pravitatis, hg. v. *Célestin Douais,* Paris 1886, 249–254; *Alexander Patschovsky/Kurt Victor Selge* (Hg.): Quellen zur Geschichte der Waldenser (TKThG 18), Gütersloh 1973, 86.

7 Dazu *Kathrin Utz Tremp:* Die letzten deutschen Waldenser im Mittelalter? Die Waldenser von Freiburg im Üchtland (Ende 14./frühes 15. Jahrhundert); in: *Günter Frank/Albert de Lange/Gerhard Schwinge* (Hg.): Die Waldenser: Spuren einer europäischen Glaubensbewegung. Begleitbuch zur Ausstellung in Bretten, Bretten 1999, 71–81.

8 Vgl. *Pietro Rivoire:* Storia dei Signori di Luserna. Prima parte: il Medio Evo; in: Bulletin de la Société d'Histoire Vaudoise, Nr. 11 (April 1894), 3–86.

9 *Gabriel Audisio:* Les vaudois du Luberon: une minorité en Provence (1460–1560), Mérindol 1984.

10 *Lothar Vogel*: I valdesi di Calabria nella storiografia valdese seicentesca. Un'analisi dal punto di vista della „critica delle forme"; in: *Renata Ciaccio/Alfonso Tortora* (Hg.): Valdismo Mediterraneo. Tra centro e periferia: sulla storia moderna dei valdesi di Calabria, Nocera Inferiore 2013, 257–278.

346 voyischen Tälern zurückgingen, beruhten rechtlich auf Verträgen, welche die Siedler kollektiv mit der Ortsherrschaft schlossen und die ihnen verschiedene Privilegien zugestanden.

Auf die waldensische Spiritualität wirkte sich die Dissimulation insofern aus, als sie die Teilnahme an der sonntäglichen Messe, die Einhaltung der jährlichen Beichtpflicht sowie die Taufe der Kinder erforderte. Gelebt wurde diese Teilnahme an der katholischen Praxis in unterschiedlicher Weise. Es gibt Zeugnisse, die eine Haltung rein äußerlicher Anpassung belegen. Andere Quellen hingegen zeigen ein differenzierteres Bild: Wurde der amtierende katholische Priester als moralisch glaubwürdig erachtet, so konnte seine Verkündigung und Sakramentsverwaltung auch als authentisch und heilvoll betrachtet werden.[11] Trotz der Verfolgungen und aller Kritik an der hierarchischen Kirche entwickelte sich das Waldensertum nicht, wie die Katharer, zur in sich autarken Gegenkirche. Insgesamt befanden sich die Waldenser also am Vorabend der Reformation des 16. Jahrhunderts in einem fragilen Gleichgewicht mit den weltlichen und geistlichen Machthabern ihrer Zeit – ein Gleichgewicht, das nicht ausschloss, dass die Inquisition gegen einzelne Personen mit aller Härte vorgehen konnte, das aber unter den Bedingungen der Zeit den Fortbestand dieses religiösen Impulses ermöglichte. Paradigmatisch ist in dieser Hinsicht eine großangelegte Offensive der Inquisition in den savoyischen Tälern um 1450, die angeblich zu Tausenden von Bekehrungen zur römischen Kirche führte – nach Abreise der Inquisitoren erwiesen sich die Verhältnisse in den Tälern aber als schlicht unverändert.[12]

3. Die Veränderungen des 16. Jahrhunderts

Generell ist für das zweite und dritte Drittel des 16. Jahrhunderts der Zusammenhang von kirchlicher Reformation und Ausbildung von Staatlichkeit im Sinne einer territorialen Zentralgewalt thematisiert worden. Eben dieser Prozess stellte auch jenes Gleichgewicht mit den lokalen Gewalten

[11] Vgl. einen Prozess in Oulx von 1495: *Marina Benedetti:* La valle dei valdesi. I processi contro Tommaso Guiot, sarto di Pragelato, Spoleto 2013, 41, 45 und 48. Siehe auch *Lothar Vogel:* Das kirchliche Bußinstitut aus Sicht der Waldenserhandschriften des ausgehenden Mittelalters; in: *Friedrich Schweitzer* (Hg.): Kommunikation über Grenzen. Kongressband des XIII. Europäischen Kongresses für Theologie 21.–25. September 2008 in Wien (Veröffentlichungen der Wissenschaftlichen Gesellschaft für Theologie 33), Gütersloh 2009, 475–493.
[12] Dazu *Rivoire,* Storia, a. a. O., 77, 80–83.

in Frage, das den Waldensern bis dahin das Überleben sicherte. Bereits seit Ende des 15. Jahrhunderts begannen die savoyischen Herzöge mit Versuchen, mittels der Inquisition ihren direkten Einfluss in den Alpentälern zu festigen.[13] Hinzu kam, dass sich seit der zweiten Hälfte der 20er Jahre des 16. Jahrhunderts die Reformation schweizerischen Zuschnitts in der heutigen Westschweiz ausbreitete und in den Wahrnehmungsbereich der alpinen Waldenser gelangte. Angesichts des Leitbildes einer öffentlichen und ungehinderten Proklamation des Gotteswortes musste die waldensische Praxis defizitär wirken. Unter den Befürwortern einer Annäherung an den neuen Typ von Reformation ragte der humanistisch gebildete waldensische Prediger Georges Morel hervor. In einem Text, den er für eine Erkundungsreise in die Schweiz abfasste, definierte er im Jahre 1530 die Waldenser als eine *plebs,* der eine Körperschaft von *doctores* gegenüberstand. Unmittelbar beschreibt *plebs* die Unbildung dieser Bevölkerung. Dennoch erweckt bereits diese Situationsbestimmung einen Eindruck religionspolitischer Autonomie.[14] Das Protokoll der Versammlung von Chanforan (1532), die den Anschluss an die Prinzipien der Reformation beschloss, nennt das Gegenüber zu den Predigern dann *populo,*[15] und ebenso bezeichnet die im Jahre 1535 gedruckte Olivetanus-Bibel die Waldenser in der Widmung als *peuple evangélique,*[16] Im Sich-Anschließen an die Reformation gelangten die Waldenser der Täler also zu einem Selbstverständnis als politisches Subjekt über die kommunale Ebene hinaus. Episoden bewaffneten Widerstands gegen Vertreter der weltlichen Gewalt sind allerdings vor als auch nach diesen Daten belegt; die erwähnten Versammlungen waren von Posten beschützt, die – im Jahre 1535 – auch den Angriff eines mit herzoglicher Autorisierung agierenden Ortsadligen zurückzuschlagen vermochten.[17]

Das herkömmliche Gleichgewicht zerbrach endgültig, als im Jahre 1536 der König von Frankreich den Herzog von Savoyen vertrieb, die Herrschaftsausübung zentralisierte und die alten Herrensitze schleifen ließ.[18]

---

[13]   Ebd.
[14]   Siehe *Valdo Vinay:* Le confessioni di fede dei Valdesi riformati: con i documenti del dialogo fra la „prima" e la „seconda Riforma" (Collana della Facoltà valdese di teologia 12), Turin 1975, 36.
[15]   Ebd., 139 (im Gegenüber zu den *ministri*).
[16]   *Augusto Armand Hugon:* Storia dei Valdesi. II. Dall'adesione alla Riforma all'Emancipazione, Turin 1974, 11; zu dieser Bibel vgl. *Giorgio Tourn:* Pierre Robert Olivetan (1505–1538). La Bible, Turin 2015.
[17]   *Pierre Gilles:* Histoire ecclésiastique des églises vaudoises de l'an 1160 au 1643 [1644], Bd. 1, Pinerolo 1881, 59–63; dazu *Giovanni Jalla:* Storia della Riforma in Piemonte, Turin 1982 (Nachdr. der Ausgabe 1914), 39 f.
[18]   Dazu *Jalla,* Storia, a. a. O., 62.

348 | Da mehrere Militärgouverneure und der nun eingesetzte Vizekönig der Reformation nahestanden, wirkte sich dies zugunsten der Waldenser und Protestanten aus. Unter diesen Bedingungen vollzog sich in den 1550er Jahren in den Alpentälern der Übergang zum öffentlichen Gottesdienst und zur Orientierung an der Ordnung Genfs; ferner breitete sich die Reformation weiter im Territorium aus. Der Versuch der französischen Autoritäten, diesem Prozess Einhalt zu gebieten, hatte nicht zum Erfolg geführt, als Savoyen im Jahre 1559 an seinen alten Herrn zurückerstattet wurde. Herzog Emanuele Filiberto zog nun die Religionsfrage ebenfalls unmittelbar an sich. Seinen Kommissaren gelang es rasch, die Reformierten in der Ebene in die Flucht zu schlagen oder zur Anpassung zu zwingen. Die Bevölkerung der Alpentäler wand sich nun in einem Bittschreiben und einem Glaubensbekenntnis direkt an den Herzog, allerdings ohne Erfolg.[19] Als dieser sie durch eine Militärexpedition zu unterwerfen suchte, suchten die Waldenser zuerst eine gewaltsame Auseinandersetzung mit dem legitimen weltlichen Herrn zu vermeiden und zogen sich ins Gebirge zurück. Nach einigen Tagen stellten jedoch einige der Pastoren diese Entscheidung in Frage und forderten zum gewaltsamen Widerstand auf. Als Argument wurde dafür – neben der Einschätzung, dass der Herzog teuflisch verblendet, d.h. nicht bei sich selbst sei – vorgebracht, dass ein „Volk" (*popolo*) das Recht der Selbstverteidigung habe.[20]

Die unter savoyischer und französischer Herrschaft stehenden Komponenten dieses *peuple* schlossen im Januar 1561 eine Konföderation, die – bei formaler Anerkennung der jeweiligen „Oberen" – kirchliche Gemeinschaft im Sinn des 7. Artikels des Augsburger Bekenntnisses und gegenseitige (militärische) Hilfe umfasste.[21] Der Herzog beschuldigte die Waldenser darauf, nicht nur Häretiker, sondern noch dazu Rebellen zu sein. Die Entartung des Feldzugs in einen Guerillakrieg sowie diplomatische Erwägungen veranlassten schließlich im Sommer 1561 den Herzogshof zu Friedensverhandlungen mit den Waldensern, deren Ergebnis der Vertrag von Cavour war. Neben der herzoglichen Vergebung für den ihm geleisteten

[19] *Scipione Lentolo:* Historia delle crudeli persecutioni fatte ai tempi nostri […], hg. v. *Teofilo Gay,* Torre Pellice 1906, 116–146; Edition des Glaubensbekenntnisses: *Emidio Campi:* Bekenntnis der Waldenser, 1560 (Übersetzung der Confessio Gallicana, 1559/1571); in: Reformierte Bekenntnisschriften, Bd. 2/1, Neukirchen-Vluyn 2009, 31–56 (Nr. 49a).
[20] *Lentolo,* Storia, a. a. O., 178.
[21] Histoire des persecutions et guerres faites depuis l'an 1555 jusques en l'an 1561; ediert in: *Enea Balmas und Carlo Alberto Theiler* (Hg.): Storia delle persecuzioni e guerre contro il popolo chiamato valdese […], Turin 1975, 279 f, (109–111, im Druck von 1562); *Lentolo,* Historia, a. a. O., 198.

Widerstand umfasste der Vertrag die Anerkennung eines Territoriums, in dem die öffentliche Ausübung des reformierten Gottesdienstes zugestanden wurde. Innerhalb dieses Bereichs akzeptierte das „Volk" der Täler die Einrichtung einer herzoglichen Besatzung. Durch den Vertrag hatte der Herzog die Religionsfrage erfolgreich an sich gezogen. Zwar blieben die grundherrlichen Rechte des Ortsadels bestehen; dennoch erwies sich die landesherrliche Position als gestärkt. Gegen die Forderung des Herzogs, an der Synode teilnehmen zu können, legten die Waldenser allerdings erfolgreich Protest ein.[22]

Bemerkt sei, dass etwa zur gleichen Zeit zwei andere waldensische Kolonien der erstarkten Staatsgewalt zum Opfer fielen: bereits 1540 die Waldenser im Luberon[23] und 1559/61 auch die kalabrischen Ansiedlungen. Im letzteren Falle zerstörte die Ankunft des in Genf ausgebildeten Predigers Gian Luigi Pascale, der den Anspruch auf öffentliche Wortverkündigung erhob, das Gleichgewicht der Dissimulation und forderte einen vom Vizekönig von Neapel gemeinsam mit der Inquisition organisierten Kreuzzug heraus, angesichts dessen die Versuche des Ortsadels und der sozialen Elite der örtlichen Waldenser, das herkömmliche Gleichgewicht zu retten, erfolglos waren. In brutaler Weise wurden die Waldenser ausgerottet, verschleppt oder Bußriten unterworfen, zu denen die Bevölkerung der betroffenen Ortschaften über Generationen hin verpflichtet bleiben sollte.[24] In Böhmen hingegen wurde die Brüderunität erst im Dreißigjährigen Krieg völlig in den Untergrund gezwungen, ohne jemals völlig ausgelöscht zu werden.[25]

4. Als Waldenser leben II (16.–19. Jahrhundert)

Der Vertrag von Cavour setzte die bis zum Jahre 1848 gültige Rechtsgrundlage waldensischer Präsenz in savoyischem Territorium fest. Die „reformierte Kirche der Täler" (so ihre bevorzugte Selbstbezeichnung) war nun eine öffentliche Einrichtung. Einerseits war ihr die öffentliche Wortverkündigung gewährt, andererseits transformierte sie sich in ein Instru-

---

[22] *Gilles,* Histoire, a. a. O., 397 f.
[23] Dazu *Audisio,* Les vaudois, a. a. O., 357–407.
[24] *Hugon,* Storia, a. a. O., 33–42; *Enzo Stancati:* Gli ultramontani. Storia dei valdesi di Calabria, Cosenza 2008, 255–332.
[25] Siehe *Adolf Vacovský:* History of the "hidden seed" (1620–1722); in: *Mari P. Van Buijteren/Cornelis Dekker/Huib Leeuwenberg* (Hg.): Unitas Fratrum, Utrecht 1975, 35–54.

ment landesherrlich gebilligter Machtausübung: die Moralität und Lebensführung des waldensischen Volkes wurde durch die Konsistorien und die Synode überwacht. Zudem schrieb der Vertrag von Cavour Bedingungen fest, die im Laufe der Zeit immer stärker als Marginalisierung der waldensischen Untertanen empfunden wurden, war es ihnen doch offiziell unmöglich, außerhalb des zugestandenen Bereichs Grund und Boden zu erwerben, Schulen zu besuchen oder – außerhalb des Militärs – in landesherrliche Dienste zu treten.

Parallel zum zunehmenden Druck auf die Protestanten in Frankreich unter der Regierung Ludwigs XIII. und Ludwigs XIV. erlebte auch die im Vertrag von Cavour gesetzte Ordnung im 17. Jahrhundert zwei schwerwiegende Krisen. Deren erste trat im Jahre 1655 ein: Ausgehend von dem Vorwurf, dass die Waldenser sich über zugestandene Grenzen hinaus ausgebreitet und innerhalb von ihnen katholischen Klerikern Gewalt angetan hätten, nutzte der savoyische Herzogshof die Präsenz französischer Truppen (im Krieg gegen das von den spanischen Habsburgern regierte Mailand) zu einer blutigen Strafaktion, die darauf zielte, die reformierte Kirche zu vernichten. Als Hintergrund ist zu bedenken, dass Savoyen zu diesem Zeitpunkt faktisch von der Herzogsmutter Christina regiert wurde, der Schwägerin des im Jahre 1649 im Zuge der puritanischen Revolution hingerichteten englischen Königs Karl I. Der vom Bauern Josua Janavel angeführte guerillaartige Widerstand, die öffentlichen Proteste der protestantischen Mächte und schließlich die politische Annäherung Frankreichs an das puritanische England (gegen Spanien) veranlassten den Herzog aber im August 1655, die Waldenser wieder in seine „Gnade" aufzunehmen.[26] Allerdings zogen sich die Auseinandersetzungen mit von Janavel geführten „Banditen" bis ins Jahr 1663.[27]

Nach Abschluss dieser Krisenphase verstärkte der Herzog die Kontrolle der Täler, indem er festsetzte, dass die Synode nur in Gegenwart herzoglicher Bevollmächtigter tagen konnte.[28] Damit war sichtbar gemacht, dass die durch Konsistorium und Synode ausgeübte Disziplinierung des Waldenser-Volks in seinem Auftrag erfolgte. Zudem ist nun ein verstärktes Bemühen zu beobachten, die Waldenser durch die Entsendung von Missionaren und die Einrichtung von Hospitälern für Konvertiten zur Bekehrung zum Katholizismus zu drängen.[29] Als im Jahre 1685 Ludwig XIV. das Toleranzedikt von Nantes aufhob, sah sich auch der savoyische Herzog Vittorio

---

[26] *Hugon,* Storia, a. a. O., 73–102.
[27] Ebd., 107 f.
[28] Ebd., 108, 112.
[29] Ebd., 113 f.

Amedeo II. veranlasst, im darauffolgenden Jahr den reformierten Gottesdienst zu verbieten und die Kirchen zu zerstören. Bei dem anschließenden Feldzug wurde der Widerstand der Bevölkerung brutal gebrochen. Unter den ca. 14.000 Bewohnern der Täler, die vollständig ausgetrieben wurden, gab es etwa 2.000 Todesopfer; die Überlebenden wurden inhaftiert – unter Bedingungen, die wohl mehr als der Hälfte von ihnen im Laufe weniger Monate das Leben kosteten. Schließlich bewegten die evangelischen Kantone der Schweiz im Sommer 1685 den Herzog dazu, eine Umsiedlung jener Gefangenen, die eine Konversion ablehnten, in die Schweiz zu genehmigen. Gemeinsam mit den protestantischen Territorien Süddeutschlands erarbeiteten die Kantone daraufhin einen umfassenden Plan zur Verteilung der Flüchtlinge. Die württembergischen und hessischen Waldensersiedlungen gehen auf diese Bemühungen zurück. Weil aber viele Kinder zwecks katholischer Erziehung in savoyischem Territorium festgehalten wurden und man zudem noch immer auf eine Rückkehr hoffte, verharrten viele Waldenser am Genfer See.[30]

An diesem Punkt, an dem die Waldenser der Gegenreformation zum Opfer gefallen zu sein schienen, kam der Impuls zur Bewahrung der reformierten Kirche erneut von der internationalen Aufmerksamkeit für ihr Geschick. Der Waldenser-Pastor Henri Arnaud, der sich am Widerstand in den Tälern beteiligt hatte, begab sich im Jahre 1688 zum neuen englischen König Wilhelm von Oranien, der soeben durch die *Glorious Revolution* seinen katholisierenden Vorgänger abgesetzt hatte. Er nahm sich des Geschicks seiner Glaubensgenossen an und stattete im August 1689 etwa eintausend junge Waldenser mit Waffen aus, damit diese – in einer Art Stellvertreterkrieg gegen Frankreich – ihre Täler zurückerobern sollten. Die *Glorieuse Rentrée* der Waldenser stieß seitens des Herzogs auf heftigen militärischen Widerstand. Nach anfänglichen Erfolgen waren im Winter 1689/90 die waldensischen Truppen auf 300 Mann reduziert, als der Herzog im Rahmen einer politischen Annäherung an England die Kampfhandlungen einstellen ließ und zur Regelung von 1561 zurückkehrte. Noch in den ersten Jahren des 18. Jahrhunderts wurden jedoch auf französischen Druck hin jene Waldenser ins Exil gezwungen, die nicht aus den savoyischen Tälern stammten, sondern aus dem Chisone-Tal, das im Frieden von Utrecht 1713 von Frankreich an Savoyen gefallen war – unter ihnen auch Pastor Arnaud.[31] Die physische Existenz der reformierten Kirche der Täler wurde anschließend nicht mehr in Frage gestellt. Auch in der Fol-

---

[30]   Ebd., 129–168; *Hans-Ulrich Bächtold:* Ein Volk auf der Flucht. Die Schweiz als Refugium der Waldenser; in: Jahrbuch für Europäische Geschichte 7 (2006), 29–34.

[31]   *Hugon,* Storia, a. a. O., 171–208, 217–224.

gezeit war die savoyische Politik ihren Gliedern gegenüber jedoch von Konversionsdruck (bis hin zur Kindesentführung) und Marginalisierung bestimmt. Zugleich genossen die Waldenser allerdings die Aufmerksamkeit des internationalen Protestantismus.[32]

5. Auf dem Wege zur Gleichberechtigung

Die im Zuge der Annexion des Piemont an das napoleonische Frankreich erfolgte rechtliche Anerkennung der Waldenser (1799) wurde im Jahre 1814 durch den zurückgekehrten König von Sardinien wieder aufgehoben.[33] Erst im Revolutionsjahr 1848 gestand König Carlo Alberto seinen waldensischen Untertanen, sowie den Juden, volle Bürgerrechte und damit ungehinderte gesellschaftliche Teilhabe zu. Weil in der Folgezeit das Herrscherhaus Savoyens zum Kristallisationskern der italienischen Nationalstaatsbildung wurde, eröffnete sich damit der inzwischen stark von der evangelischen Erweckung beeinflussten Waldenserkirche die Möglichkeit einer finanziell vor allem durch britische und amerikanische Glaubensgeschwister unterstützten Evangelisation Italiens. Neben anderen evangelischen Denominationen (Auslandsgemeinden, Methodisten, Baptisten, italienische Freikirchen) entwickelte sie sich damit zu einer in Italien verwurzelten Kirche, die neben einer volkskirchlichen Situation in den Alpentälern eine über das ganze Land verteilte Diaspora aufweist. Im 19. Jahrhundert trugen zu deren Ausbreitung antiklerikale und antikatholische Akzentsetzungen erheblich bei. Im 20. Jahrhundert jedoch hat sich die Waldenserkirche bewusst für eine geschwisterliche – freilich nicht kritiklose – Haltung zur römisch-katholischen Kirche entschieden.[34] Während sich beispielsweise in der Flüchtlingsarbeit eine enge ökumenische Zusammenarbeit entwickelt hat,[35] ist in gesellschaftsethischen Themenbereichen (z. B. Anerkennung gleichgeschlechtlicher Partnerschaft, Umgang mit dem Lebensende) nach wie vor eine Dialektik zwischen Waldenserkirche und Katholizismus spürbar.[36]

---

[32] Ebd., 225–239.

[33] Ebd., 257–269.

[34] *Valdo Vinay:* Storia dei valdesi. III. dal movimento evangelico italiano al movimento ecumenico (1848–1978), Turin 1980; *Lothar Vogel:* Comunità e pastori del protestantesimo italiano; in: *Alberto Melloni* (Hg.): Cristiani d'Italia. Chiese, società, stato, 1861–2011, Bd. 2, Rom 2011, 1025–1041. Als Darstellung der Ökumene aus waldensischer Sicht vgl. *Fulvio Ferrario/William Jourdan:* Introduzione all'ecumenismo, Turin 2009.

[35] Zum Projekt „humanitärer Korridore: www.fedevangelica.it/index.php?option=com_content&view=article&id=282&Itemid=355&lang=it (aufgerufen am 04.02.2017).

[36] Vgl. *Ermanno Genre/Lothar Vogel:* Protestantische Kirchen in Italien; in: Die evangelische Diaspora 81 (2012), 43–51, hier: 47–49.

Ein weiteres Kennzeichen der Waldenserkirche ist ihre Forderung
nach einer klaren Trennung von Kirche und Staat im Sinne der *laicità* der
öffentlichen Gewalt. Dies ist begründet zum einen durch das Erbe der Erweckung mit ihrer Forderung nach einer Befreiung der Kirche vom Staat,[37]
und zum andern durch die Zeitgenossenschaft in einem Land, dessen Verfassung nach wie vor qualitativ zwischen den Religionsgemeinschaften unterscheidet. Auch wenn die Bezeichnung der römisch-katholischen Kirche
als Staatsreligion 1984 aufgehoben worden ist, ist ihr Status durch den Ver-
fassungsrang des Konkordats garantiert; andere Religionsgemeinschaften –
auch die Waldenserkirche – verfügen hingegen über Staatskirchenverträge,
welche Themenbereiche von der Militärseelsorge bis hin zur Teilnahme
am System der Religions- und Kultursteuer Otto per Mille regeln. Alle anderen religiösen Gemeinschaften existieren in durchaus prekären Rechts-
verhältnissen und sind zuweilen der Willkür administrativer Akte auf loka-
ler oder regionaler Ebene ausgesetzt (z. B. bei der Errichtung von
Gottesdienstgebäuden).[38] Unter diesen Bedingungen bleibt für die Waldenserkirche der Ruf nach „Freiheit" ein Kernanliegen, das als Treue zum Erbe
der Reformation empfunden wird.

---

[37] Zur Bedeutung dieses Motivs in der italienischen Politik des *Risorgimento* vgl. *Rosario
Romeo:* Cavour e il suo tempo, Bd. 3, Bari 2012, 922–928.

[38] Dazu *Genre/Vogel,* Protestantische Kirchen, a. a. O., 49. Es handelt sich um die Artikel
7–8 der italienischen Verfassung: www.normattiva.it/uri-res/N2Ls?urn:nir:stato:costitu-
zione:1947-12-27!vig= (aufgerufen am 04.02.2017).

Die Diakonie in Polen – engagierte Gemeinden im Gesellschaftsbezug

Wanda Falk[1]

Die vierzehnjährige Agnieszka (Name geändert) kommt regelmäßig an den Werktagen in die soziotherapeutische Tagesstätte in Zabrze. Beispielhaft verlaufen viele Geschichten von Kindern so. Ihre beiden Eltern arbeiten im europäischen Ausland, sie lebt mit ihrem Bruder bei der Oma. Sie vermisst ihre Eltern sehr, von ihrer Oma will sie sich nichts sagen lassen. Ihre schulischen Leistungen sind schlechter geworden. Sie hat auch schon einige Alkoholexzesse hinter sich. Sie ist froh, dass sie in das Jugendzentrum der Evangelisch-Augsburgischen Kirchengemeinde kommen kann. Dort hat sie Ansprechpartner ihres Vertrauens, dort kann sie sich mit Computern beschäftigen, was sie liebend gerne tut, dort hilft ihr auch jemand bei den Hausaufgaben.

So wie dieses soziotherapeutische Zentrum in Zabrze gibt es in unserer evangelischen Kirche in Polen noch sechs weitere Zentren. In der Regel leitet der Gemeindepfarrer das Zentrum wie hier in Zabrze, ehrenamtliche Mitarbeitende setzen sich für die Jugendlichen ein. Manchmal wird ein Projekt, wie z.B. Kunsttherapie, von der Stadt für eine begrenzte Zeit bezahlt. Dann kann auch stundenweise eine Fachberaterin eingestellt werden. Ansonsten wird die gesamte Arbeit aus eigenen Kräften gestaltet. Außerdem gibt es noch die Arbeit mit Straßenkindern, bei der u. a. in Bytom Streetworker mit modernen Methoden Schulabbrecher wieder an den Unterrichtsstoff heranführen.

Diese soziotherapeutische Arbeit steht für die vielfältige diakonische Arbeit, die in den evangelischen Kirchengemeinden gemacht wird. Es gibt

---

[1]   Wanda Falk ist Generaldirektorin der Diakonie der Evangelisch-Augsburgischen Kirche in Polen (Diakonie Polen).

in unserer Kirche ca. 70.000 Gemeindeglieder in 136 Kirchengemeinden und Filialen im gesamten Land. In allen Kirchengemeinden arbeiten Diakoniekommissionen, genauso auf der Diözesan- und der Landesebene. Heute gehören zur Diakonie in Polen 28 Diakoniestationen, 28 Ausleihstationen für Rehageräte, vier Tagesstätten für Menschen mit geistiger und seelischer Behinderung oder Senioren, sowie das Diakoniezentrum Sonnenland in Katowice. Acht Pflegeheime für Senioren stehen zur Verfügung. Das Evangelische Martin-Luther-Zentrum für Diakonie und Bildung in Breslau mit Schulen, Ausbildungsstätten und Pflegeeinrichtungen und einer ökumenischen Sozialstation ist ein wichtiger sozialer Träger in der schlesischen Stadt. Sogar eine deutsch-polnische Grundschule ist dort vorhanden. Ungefähr 730 Menschen engagieren sich professionell und über 1.000 ehrenamtlich für bedürftige Personen in diakonischer Tätigkeit in ganz Polen. Da die diakonische Arbeit zu den Kirchengemeinden gehört, wissen sich die Gemeinden auch dieser Arbeit verbunden. Sozialstationen werden häufig zusammen mit den Johannitern betrieben, die durch große Transporte von gebrauchten Rehageräten aus Deutschland zum Aufbau der Stationen wesentlich beigetragen haben. In Einzelfällen, wie z. B. in Ostróda oder Katowice, stellen die Johanniter sogar Krankenschwestern zur Verfügung.

Die diakonischen Aufgaben werden zum allergrößten Teil durch Spenden aus dem In- und Ausland finanziert, durch Beiträge aus der Steuer, von der jeder Steuerzahler ein Prozent an gemeinnützige Organisationen geben kann, im Falle der Übernahme staatlicher Aufgaben wie in anerkannten Pflegeheimen aus dem Gesundheitsfonds oder den Kassen der Kommunen. Niemals jedoch fließen staatliche Mittel in den Bau und Unterhalt von Gebäuden.

Auf Landesebene gibt es zwei große Sammelaktionen, die zur Finanzierung beitragen, die Aktion Weihnachtskerze in der Adventszeit und die Sammelbüchse in der Osterzeit. Diese Aktionen werden gemeinsam mit der Caritas Polen und der Wohlfahrt der Orthodoxen Kirche (ELEOS) und der Diakonie der Evangelisch-Reformierten Kirche durchgeführt. Das ist eine große Besonderheit, dass die Wohlfahrtsorganisationen gemeinsam mit diesen Aktionen landesweit auftreten. Rundfunk und Fernsehen berichten regelmäßig darüber. Zwischen den Verantwortlichen besteht ein großes Vertrauen, das sich über viele Jahre bewährt hat. Durch diese Aktionen sind das Logo und die Arbeit der Diakonie auch landesweit bekannt.

Außerdem gibt es jedes Jahr im Herbst eine öffentlichkeitswirksame Veranstaltung von Caritas, ELEOS und Diakonie, nämlich die Verleihung eines Preises für herausragende Leistungen im Ehrenamt. Diakonische freiwillige Mitarbeiterinnen und Mitarbeiter werden mit dem Barmherzigen Samariter ausgezeichnet.

Diakonisch engagierte Menschen in den Gemeinden gab es schon seit den 50er Jahren des vergangenen Jahrhunderts. Sie hatten die Aufgabe, Bedürftigen und Kranken sowie Senioren und Alleinstehenden in den Gemeinden die entsprechende Unterstützung zukommen zu lassen, indem die Gemeinschaft der Gläubigen sich um die bedürftigen Gemeindeglieder kümmert. Nach der Wende 1989 öffnete sich auch die Diakonie von der Gemeinde hin zur Bedürftigkeit der Gesellschaft und die Aufgaben änderten sich. Der damalige Bischof Jan Szarek sagte in seiner wegweisenden Rede vor der Synode im Herbst 1992: „Die aktuelle sozialpolitische Lage des Landes, in dem wir leben, hat zur Folge, dass die Schar der immer mehr auf Hilfe angewiesenen Menschen zunimmt. Die Kirche kann diesem Hilferuf gegenüber nicht gleichgültig bleiben. Missionsgemeinde kann man eine Gemeinde nur nennen, die neben dem gottesdienstlichen Leben auch im Dienst am Nächsten aktiv ist."

Damit war die Geburtsstunde der modernen Diakonie in Polen gelegt. Der Gemeindebezug der Diakonie blieb essentiell, doch wurden die Gemeinden gleichzeitig sensibel für soziale Probleme in der Gesellschaft, für die der Staat noch keine Antwort gefunden hat. So sind u. a. die soziotherapeutischen Zentren entstanden. Leitbild der Diakonie in Polen bleibt das Gleichnis vom Barmherzigen Samariter nach Luk 10,21 ff, der Hilfe ohne Ansehen der Person leistet.

Die Gemeinden sehen sich in ihrem Selbstverständnis aufgefordert für diejenigen Menschen da zu sein, sowohl in ihrer Umgebung als auch in der Ferne, die auf Hilfe angewiesen sind. Insofern gehören regelmäßige Sammlungen und Unterstützungsleistungen z. B. für Kinder in der Ukraine oder Projekte in Afrika auf die diakonische Tagesordnung der Gemeinden. Der Samariter ist das Leitbild der Diakonie. Den Samariter bekommen besonders engagierte ehrenamtliche Gemeindeglieder – wie oben dargelegt – verliehen. Das zweite wichtige Leitbild ist die Rede Jesu beim Jüngsten Gericht nach Mt 25,20: „Was ihr getan habt einem von diesen meinen geringsten Brüdern, das habt ihr mir getan."

Vor allem diese beiden diakonischen Grundtexte des neuen Testaments bilden die Basis unseres diakonischen Selbstverständnisses und geben uns täglich neu den Impuls, sensibel für die Menschen in unserer Mitte, ihre Bedürfnisse und Nöte zu sein.

Die Diakoniekommissionen in den Gemeinden reagieren auf aktuelle Nöte in den Gemeinden und in deren Umfeld. Das kann bedeuten, dass Besuchsdienste für alleinstehende, kranke und alte Gemeindeglieder organisiert werden, manchmal auch kleine finanzielle Hilfen oder eine Kleiderkammer für Bedürftige eingerichtet werden. Manchmal werden auch Armenspeisungen durchgeführt.

Einige größere Gemeinden hatten die Kraft, auf große Herausforderungen zu reagieren, wie z. B. im Evangelischen Martin-Luther-Zentrum für Diakonie und Bildung in Breslau, wo eine große Diakonie entstanden ist, die über 400 Mitarbeitende beschäftigt. Weitere Diakoniestationen, Altenpflegeheime und einige Tagesstätten für Menschen mit Behinderungen und psychischen Erkrankungen werden von den Kirchengemeinden getragen, wie z. B. in Mikolaiki in Masuren. Andere Gemeinden haben für die diakonische Arbeit eigene Vereine gegründet, in denen Gemeindeglieder engagiert sind, wie in Pisz. Sollte die polnische Regierung auch Flüchtlinge in Polen aufnehmen, so würden die Gemeinden mit ihren Hilfen mit Sicherheit zur Verfügung stehen, so wie sie es schon waren, als Flüchtlinge aus der Ukraine nach Polen gekommen sind.

Die Diakonie in Polen als gemeinnützige karitative Einrichtung hat schon eine lange Tradition, die auch auf die Zeit von Johann Hinrich Wichern Mitte des 19. Jahrhunderts zurückgeht. Früher gab es selbst evangelische Krankenhäuser in Polen. Das einzige Mutterhaus in Dzięgielów, im Jahr 1923 gegründet, in dem heute noch im Ruhestand aktive Diakonissen leben, unterhält zwei Pflegeheime. Vor dem Krieg gehörten Jugendhilfeeinrichtungen und Ausbildungsstätten dazu. An diese Tradition knüpft die Diakonie in Polen heute wieder an.

Vor der Wende war das nicht möglich. Die kommunistische Regierung erlaubte allenfalls, kleine Pflegeheime zu betreiben, wie z. B. in Węgrów oder Konin, die aber auch von den Gemeinden getragen und organisiert worden sind. Heute kann die Diakonie viel breiter auf soziale Erfordernisse reagieren. Das Büro der Diakonie in Warschau initiiert und begleitet Projekte, die von den Kirchengemeinden organisiert werden, wie z. B. die Übernahme einer Seniorentagesstätte in Słupsk oder die Arbeit mit psychisch kranken Menschen in Kalisz.

Die Diakonie Polen wird repräsentiert vom Büro der Diakonie in Warschau, das von der Generaldirektorin geleitet wird. Die gesamtkirchliche diakonische Arbeit begleiten Diakonierat und Präses der Diakonie in enger Zusammenarbeit mit der Synode und dem leitenden Bischof. Die Generaldirektorin arbeitet mit den relevanten Ministerien zusammen und bringt neue diakonische Initiativen auf den Weg in Zusammenarbeit mit den lokalen Behörden. Seminare und Fortbildungen, manchmal gemeinsam mit den lokalen Behörden, geben neue Impulse für die Arbeit. Sie organisiert auch die Partnerschaften mit dem Ausland, insbesondere mit der deutschen Diakonie. Auch verantwortet sie die diakonischen Sammlungen in den Gemeinden. Die Diakonie Polen ist eine anerkannte Gemeinnützigkeitsorganisation und kann daher mit ihren Repräsentanten in Gremien mitwirken, die vom Sozialministerium angeboten werden.

Die Diakonie Polen hat als wichtige Partner verschiedene Diakonische Werke von Landeskirchen in Deutschland sowie die Diakonie Deutschland, das Gustav-Adolf-Werk (GAW), insbesondere die Frauenarbeit des GAW oder die Schwestern- und Bruderschaft des Johannesstifts. Sie steht in Kontakt mit einigen diakonischen Einrichtungen. So wird die Aktion „Weihnachten im Schuhkarton" von der Diakonie der Selbständigen Lutherischen Kirche in Guben unterstützt.

Vielfältig sind auch die Verbindungen mit ausländischen Organisationen der Diakonie. Die Diakonie Polen ist Mitglied im europäischen Verband Eurodiakonia und arbeitet dabei besonders mit den osteuropäischen Diakonien der Visegrád-Gruppe zusammen. Aber auch nach Schweden, zur Waldenserkirche in Italien und zum Weltdiakonieverband gibt es Verbindungen.

Das schon an vielen Stellen gut funktionierende Sozialwesen in Polen wird weiter ausgebaut werden. Dabei wird auch den kirchlichen Trägern in Zukunft eine größere Rolle zukommen. Die Diakonie wird im Zusammenspiel mit den Kommunen weitere Aufgaben übernehmen, so wie sie es schon früher vor dem Krieg getan hat. Dabei wird sie an ihrer Eigenheit festhalten, mit ihrer Arbeit nahe am Engagement der Kirchengemeinden zu sein, aber auch Organisationsformen finden, die es ihr ermöglichen, im Rahmen der staatlichen Gesetze eine profilierte evangelische Sozialarbeit zu leisten. Die Gemeinden werden weiterhin sensible Sensoren für ungelöste gesellschaftliche Aufgaben bleiben und immer wieder versuchen, darauf schnelle Antworten zu geben.

So wird die polnische Diakonie ihr Kennzeichen behalten: aus der Gemeinde für die Gesellschaft. Auf diesem Wege wird sie nicht stehen bleiben. Auch für die Diakonie gilt im Reformationsjahr 2017: „Diakonia semper reformanda".

Herausragende individuelle Frömmigkeitsformen im Protestantismus

Peter Zimmerling[1]

Die Reformation führte zur Demokratisierung und Alltagsverträglichkeit der Spiritualität.[2] Sie wurde aus der Vereinnahmung durch religiöse Eliten befreit.[3] Reformatorische Spiritualität ist eine Spiritualität für jedermann und jedefrau. In ihr wurde die reformatorische Forderung des allgemeinen Priestertums umgesetzt. Die Freiheitsgeschichte des modernen Europa ist ohne diesen Vorgang nicht denkbar. Voraussetzung der Demokratisierung ist die Alltagsverträglichkeit reformatorischer Spiritualität, die die Grenzen zwischen Sonntag und Alltag, zwischen heilig und profan relativiert. Familie, Beruf und Gesellschaft werden zu den entscheidenden Verwirklichungsfeldern evangelischer Spiritualität. Diesem doppelten Erbe fühlen sich bis heute alle evangelischen Kirchen und Freikirchen verpflichtet. Auch wenn sich in den einzelnen Kirchen jeweils unterschiedliche Gewichtungen und Erscheinungsformen entwickelt haben, spielen überall Lied, Bibel, Gebet, diakonisches und sozial-ethisches Engagement für die individuelle Frömmigkeit eine wesentliche Rolle.

---

[1] Peter Zimmerling ist Professor für Praktische Theologie mit Schwerpunkt Seelsorge an der Theologischen Fakultät der Universität Leipzig, außerdem Universitätsprediger und Domherr zu Meißen.

[2] Vgl. hier und im Folgenden *Peter Zimmerling*: Auf dem Weg zu einer trinitarischen Grundlegung evangelischer Spiritualität; in: *Michael Welker/Miroslav Volf* (Hg.): Der lebendige Gott als Trinität. FS Jürgen Moltmann, Gütersloh 2006, 364–367.

[3] Die kirchengeschichtliche Forschung entdeckte in den vergangenen Jahren verstärkt die Gemeinsamkeiten und Verbindungslinien zwischen der spätmittelalterlichen und der reformatorischen Spiritualität. Der von *Berndt Hamm* ins Gespräch gebrachte Begriff der „Frömmigkeitstheologie" wirkte in diesem Zusammenhang als bahnbrechendes heuristisches Prinzip (vgl. z. B. *Berndt Hamm:* Was ist Frömmigkeitstheologie? Überlegungen zum 14. bis 16. Jahrhundert; in: *Hans-Jörg Nieden/Marcel Nieden* (Hg.): Praxis Pietatis. Beiträge zu Theologie und Frömmigkeit in der Frühen Neuzeit. Wolfgang Sommer zum 60. Geburtstag, Stuttgart/Berlin/Köln 1999, 9–45).

1. Das geistliche Lied

Evangelische Spiritualität ist in hohem Maße Lied- bzw. Gesangbuchspiritualität – vielleicht mehr noch als Bibelfrömmigkeit, da Bibeln nicht immer für alle erschwinglich waren und zudem zur persönlichen Bibellese eine gewisse Bildung Voraussetzung ist.[4] Das geistliche Lied stellt eine im Leben der Liederdichter erprobte und bewährte Bibel dar. Lieder spielen sowohl für die Demokratisierung als auch die Alltagsverträglichkeit evangelischer Spiritualität eine wesentliche Rolle. Speziell die lutherische Reformation war eine Singbewegung,[5] die ihren Siegeszug durch Deutschland und Europa nicht zuletzt aufgrund ihrer neuen Lieder antrat. In einer Reihe von Städten setzte sich die reformatorische Bewegung dadurch durch, dass die zum Gottesdienst versammelte Gemeinde evangelische Lieder anstimmte.[6] Daraufhin konnten Stadträte und Fürsten nicht anders, als dem Willen des Volkes nachzugeben und die Reformation einzuführen. Ihre Lieder wurden zum Markenzeichen der jungen evangelischen Kirche. In ihnen hatte der neue Glaube eine Ausdrucksform gefunden, die Jung und Alt unmittelbar ansprach. Fortan prägte den Protestantismus eine spezifische Liedfrömmigkeit.

Dass dies in den folgenden Jahrhunderten so blieb, hatte mehrere Gründe: Die reformatorischen Lieder wurden in Kindheit und Jugend auswendig gelernt und begleiteten die Gläubigen fortan durch ihr ganzes Leben. Sie bekamen außerdem liturgische Funktion. Martin Luther sorgte dafür, dass sie den evangelischen Gottesdienst durchzogen.[7] Dadurch wurde die singende Gemeinde einerseits zum Subjekt des Gottesdienstes,[8] andererseits verschaffte der regelmäßige Gemeindegesang der protestantischen Christenheit eine gemeinsame spirituelle Identität. Neben den öffentlichen

---

[4]   Vgl. im Einzelnen *Peter Zimmerling:* Wie ein alter Freund im Haus, dem man vertraut. Die Bedeutung von Lied und Gesangbuch für die evangelische Spiritualität; in: Musik und Kirche 79 (2009), 168–174.

[5]   *Christian Möller:* „Ein neues Lied wir heben an." Der Beginn des reformatorischen Singens im 16. Jh. und die Einführung eines Evangelischen Gesangbuches am Ende des 20. Jh.; in: Gemeinsame Arbeitsstelle für Gottesdienstliche Fragen der Evangelischen Kirche in Deutschland, Hannover, Heft 24 (1995), 15–30; *ders.* (Hg.): Kirchenlied und Gesangbuch. Quellen zu ihrer Geschichte. Ein hymnologisches Arbeitsbuch, Tübingen/Basel 2000, 69–85 (dort auch weiterführende Literatur).

[6]   Vgl. dazu z.B. *Christian Möller* (Hg.): Ich singe Dir mit Herz und Mund. Liedauslegungen, Liedmeditationen, Liedpredigten. Ein Arbeitsbuch zum Evangelischen Gesangbuch, Stuttgart 1997, 184–191.

[7]   Das gleiche galt für den von Calvin geprägten Gottesdienst, für den der Genfer Psalter bestimmend wurde (dazu im Einzelnen: *Möller,* Kirchenlied, a. a. O., 95–97).

[8]   Vgl. a. a. O., 70.

Gottesdienst trat als zweites Standbein des geistlichen Lebens die Hauskirche. Auch in den Hausandachten spielte das Lied eine wesentliche Rolle.

Fast in jedem der vergangenen fünf Jahrhunderte seit der Reformation ereignete sich ein neuer Liederfrühling: angefangen von der Hochblüte des evangelischen Lieds im Zeitalter des Dreißigjährigen Krieges im 17. Jahrhundert über den älteren Pietismus im 18. Jahrhundert, die Erweckungsbewegung im 19. Jahrhundert und die Zeit der Bekennenden Kirche im 20. Jahrhundert bis hin zur gegenwärtigen charismatischen Lobpreiskultur.

Auch wenn nur einige wenige charismatische Lobpreislieder in die Regionalteile des EG gelangt sind,[9] spielen diese für die Spiritualität von Jugendlichen und jungen Erwachsenen in protestantischen Kirchen und Freikirchen heute eine wesentliche Rolle.[10] Die Lieder haben meist kurze, einfache Texte und sind aufgrund ihrer Melodien, die der Popmusik entstammen, leicht mitzusingen. Die charismatische Lobpreiskultur knüpft in gewisser Weise an die Hochschätzung von Gesang und Musik durch die lutherische Reformation an. Charismatiker haben die Bedeutung von Lob und Anbetung Gottes als Quelle von Ermutigung, Lebenskraft und Heilung wieder entdeckt. Dabei stellen sie die pneumatische Dimension des Singens heraus, die in der evangelischen Tradition lange übersehen worden ist.[11] Mit Recht gehen sie davon aus, dass sich im Singen Erkenntnisse auf eine Weise erschließen, in der die Emotionen integriert sind, wodurch eine Vergewisserung des Glaubens erfolgt. Dass in den charismatischen Liedern bedauerlicherweise die Klage kaum vorkommt, sei hier nur am Rande vermerkt.

Neben den charismatisch geprägten Lobpreisliedern spielen für viele Gemeindeglieder heute Spirituals und Gospels eine wichtige Rolle. Im afroamerikanischen Sklavenmilieu des 19. Jahrhunderts entstanden, betonen sie die emotionale Seite des Singens. Vor allem junge und mittelalterliche Menschen – durchaus auch von den Rändern der Gemeinde – engagieren sich in Gospelchören. Auch moderne, geistlich geprägte Musicals (wie das Luther-Oratorium) erfreuen sich als zeitlich begrenzte Gemeinschaftsangebote großer Beliebtheit.

Abschließend möchte ich noch auf zwei Probleme im Zusammenhang mit der Bedeutung des geistlichen Lieds für die evangelische Spiritualität

---

[9] Dazu im Einzelnen a. a. O., 303.

[10] Dazu *Peter Zimmerling:* Charismatische Bewegungen, Göttingen 2009, 128–132, 137–164.

[11] Die für Calvin eine wichtige Rolle gespielt hat (so *Möller,* „Ein neues Lied wir heben an", a. a. O, 20–22), bei Luther eher unausgesprochen vorausgesetzt ist. Luthers Interesse liegt mehr in der Bedeutung der Musik als Schöpfungsgabe Gottes (a. a. O., 25).

heute hinweisen. Aufgrund von Technisierung und Kommerzialisierung ist es bei vielen Menschen zum Absterben jeder eigenen musikalischen Aktivität gekommen.[12] Bis vor wenigen Jahrzehnten war das noch anders. Man macht sich von der früheren Verbreitung des Liedersingens kaum noch einen Begriff.[13] Wer Musik haben wollte, musste selber singen! Die Lieder des Gesangbuchs waren ein Stück Gebrauchslyrik. Tatsächlich können sie ihr spirituelles Potential erst dann entfalten, wenn sie regelmäßig gesungen und gebetet werden. Dazu kommt ein zweites Problem: Bis in die 1960er Jahre hinein wurden auch in kirchendistanzierten Familien klassische Gesangbuchlieder an die nächste Generation durch Auswendiglernen weitergegeben. Danach kam es zu einem bis dahin ungekannten Traditionsabbruch.[14] Die Gründe sind mannigfaltig. Z.B. haben sich Alltagssprache und Musikgeschmack gerade junger Menschen weit von der Sprachgestalt und Melodie z.B. Paul Gerhardts entfernt. Es bedarf großer pädagogischer Anstrengungen und Phantasie, um Kindern und Jugendlichen einen Zugang zu den traditionellen geistlichen Liedern zu eröffnen.

In den Gesangbuchliedern sind die spirituellen Erkenntnisse und Erfahrungen von Generationen evangelischer Christen wie in einem Schatzhaus aufbewahrt. Entscheidend für die Zukunft individueller evangelischer Spiritualität wird sein, ob es gelingt, hymnologische Tradition und Situation miteinander zu versprechen, d. h. einerseits der nachwachsenden Generation eine Brücke zum traditionellen evangelischen Lied zu bauen und gleichzeitig das moderne (Lobpreis-)Lied in den Gottesdienst zu integrieren. Zur Weitergabe der evangelischen Lieder an die kommende Generation ist es nötig, dass die Elterngeneration zunächst selbst Zugang zu ihnen findet und die Notwendigkeit ihrer mystagogischen Aufgabe für die nachwachsende Generation erkennt.[15] Umgekehrt sollten Jugendliche und junge Erwachsene verstehen, dass die ältere Generation ihrerseits Vermitt-

---

[12] Vgl. zum Problem und zu den Lösungsmöglichkeiten im Einzelnen: *Christa Reich:* Singen heute. Vermischte Bemerkungen zu einem komplexen Phänomen, Arbeitsstelle Gottesdienst 16 (2006), Heft 2, 59–68.

[13] Im Hinblick auf die Zeit Paul Gerhardts vgl. *Christian Bunners:* Paul Gerhardt. Weg, Werk, Wirkung, Göttingen 2006, 44 f.

[14] *Reich,* Singen, a. a. O., 159 ff.

[15] Das Impulspapier der EKD von 2006 schlägt vor, die zwölf wichtigsten evangelischen Lieder – deren Auswahl in einem Verständigungsprozess noch zu treffen ist – in kirchlichen Kindergärten, in evangelischen Schulen, im Religionsunterricht, in Konfirmandengruppen und in Fortbildungsseminaren zu memorieren und zu interpretieren (Kirche der Freiheit. Perspektiven für die Evangelische Kirche im 21. Jahrhundert. Ein Impulspapier des Rates der EKD, Hannover 2006, 79).

lungshilfen für das Lobpreislied benötigt. Vor allem Jugendchor- bzw. Jugendbandleiter haben hier eine wichtige gemeindekulturpädagogische Aufgabe.[16]

2. Die persönliche Bibellese

Bis zum Zweiten Vatikanischen Konzil in den 1960er Jahren war die persönliche Bibellese ein Spezifikum der individuellen Frömmigkeit im Protestantismus. Luther gewann durch das Studium der Schrift sein neues Verständnis des Evangeliums. Daraus schloss er, dass jeder Mensch selbstständig aus der Bibel den Willen Gottes für sein Leben erfahren kann, wodurch der Glaube des Einzelnen unabhängig von kirchlichen Vermittlungsinstanzen wurde. Bis vor wenigen Jahrzehnten begleiteten Tauf-, Konfirmations- und Trausprüche viele Gemeindeglieder ihr Leben lang. Insofern war evangelische Spiritualität geprägt von einer Art biblischer Spruchfrömmigkeit. Mittlerweile haben diese Bibelverse vor allem Bedeutung für den festlichen Augenblick. Die kontinuierliche Bibellese war wohl schon immer eine Praxis bloß der Hochverbundenen, was sowohl im Hinblick auf die Landeskirchen als auch die Freikirchen gilt. Heute erfolgt sie mit abnehmender Tendenz – wenn man empirischen Umfragen wie den Kirchenmitgliedschaftsuntersuchungen der EKD trauen kann. Die Kirchen haben hierauf reagiert, indem sie in den vergangenen Jahren mehrfach ein Jahr der Bibel ausriefen, um diese ins öffentliche Gespräch zu bringen und dadurch Menschen zur regelmäßigen Bibellektüre anzuregen.

Trotzdem wird die Bibellese weiterhin praktiziert – und zwar in unterschiedlichen Formen. Eine traditionelle Form der Bibellese stellt die tägliche *lectio continua* dar. Ihr Ziel ist, die Bibel fortlaufend zu lesen und auf diese Weise den Gesamtzusammenhang der Schrift kennenzulernen. Die tägliche Bibellese umfasst dabei jeweils einen vorgegebenen Textabschnitt. Es gibt eine Reihe von Bibelleseplänen, die z. T. ökumenisch verantwortet werden und z. B. bei den Bibelgesellschaften bestellt werden können.

Die zweite Form der persönlichen Bibellese im Protestantismus stellen die „Herrnhuter Losungen" dar.[17] Bereits im 18. Jahrhundert von Nikolaus

---

[16] Dazu *Peter Bubmann:* Kriterien und Perspektiven für gottesdienstliche Musik in einer sich verändernden Gesellschaft; in: *Irene Mildenberger/Wolfgang Ratzmann* (Hg.): Klage, Lob, Verkündigung. Gottesdienstliche Musik in einer pluralen Kultur. Beiträge zu Liturgie und Spiritualität, Bd. 11, Leipzig 2004, 32–35.

[17] Vgl. dazu *Peter Zimmerling:* Evangelische Spiritualität. Wurzeln und Zugänge, Göttingen ²2010, 208–216.

Ludwig Graf von Zinzendorf erfunden, wurden sie seit dem Ende des Zweiten Weltkriegs zum am weitesten verbreiteten Andachtsbuch des Protestantismus.[18] Zwei Schriftworte bilden die Losung für jeden Tag. Das erste, die Losung im engeren Sinne, wird für jeden Tag aus einer etwa 1.800 alttestamentliche Sprüche umfassenden Sammlung im sächsischen Herrnhut ausgelost. Das andere Schriftwort, der sog. Lehrtext, wird dazu passend aus dem Neuen Testament vom Herrnhuter Losungsbearbeiter ausgesucht. Diesen beiden Worten werden als sog. Dritttext Liedverse oder Gebete als Antwort der Gemeinde auf die Bibelworte beigegeben.

Die persönliche Bibellese wird schließlich auch als Meditation eines freigewählten Schriftabschnitts geübt. Viele Menschen haben die Meditation in den letzten Jahren als Hilfe zur Alltagsbewältigung entdeckt. Gerade weil inzwischen viele Gemeindeglieder Meditationskurse besucht haben, aber noch keinen Zugang zum regelmäßigen Bibellesen gefunden haben, wäre es eine lohnende Aufgabe, passende biblische Meditationstexte zusammenzustellen, die im Lauf der Zeit den Zugang zur ganzen Bibel eröffnen könnten. Die Meditationstexte sollten dabei für einen längeren Zeitraum gleich bleiben (z. B. für eine Woche) und nur einige wenige Bibelverse enthalten.

Viele evangelische Christen in Landes- und Freikirchen, die heute regelmäßig die Bibel lesen, tun dies am Morgen vor Arbeitsbeginn in Form der sog. Stillen Zeit. Sie geht zurück auf die „tägliche Morgenwache", die der Studentenevangelist und spätere ökumenische Pionier John R. Mott (1865–1955) in die weltweite Christenheit eingebracht hat. Schon die Menschen der Bibel begegneten Gott „vor Tage" (Mk 1,35) – so seine Argumentation. In den Psalmen finden wir an vielen Stellen die Aussage, dass die Beter „frühe" mit Gott geredet haben (Ps 5, 4; 63, 2; 88, 14). Eine etwas andere Form der Stillen Zeit entwickelte Frank Buchman (1878–1961). Sie wurde durch die von ihm gegründete sog. Oxfordgruppenbewegung vor und die sog. moralische Aufrüstung nach dem Zweiten Weltkrieg in vielen christlichen Kreisen in und außerhalb Deutschlands heimisch. In ihrem Zentrum steht neben der Schriftlesung das Hören auf göttliche Inspirationen im eigenen Herzen.

Die Bibellese am Morgen stellt eine Antwort der evangelischen Spiritualität auf die besonderen Lebensbedingungen der Moderne dar. In früheren Jahrhunderten unterbrach das Glockengeläut um 11.00 Uhr und um 17.00 Uhr die Berufsarbeit und rief zum Gebet auf. Eine solche Unterbre-

---

[18] Vgl. im Einzelnen *Peter Zimmerling:* Die Losungen. Eine Erfolgsgeschichte durch die Jahrhunderte, Göttingen 2014.

chung des Arbeitsrhythmus ist für den heutigen Menschen undenkbar ge- worden. Die einzige Chance zum Hören auf Gott stellt für viele die Zeit vor Beginn des Arbeitstages dar.

Theologische Voraussetzung der persönlichen Bibellese ist die Überzeugung, dass Gott durch das biblische Wort zu jedem Menschen reden will.[19] Um Gottes Stimme in der Schrift zu vernehmen, ist eine bestimmte Einstellung beim Lesen nötig. Sie ist mit der Erwartung zu lesen, dass Gott durch sie die eigenen existentiellen Fragen beantworten will. Der dänische Philosoph Sören Kierkegaard meinte: „Denke dir einen Liebenden, der einen Brief von seiner Geliebten erhalten hat; so teuer dieser Brief dem Liebenden ist, so teuer, nehme ich an, ist dir Gottes Wort; wie der Liebende seinen Brief liest, so (nehme ich an) liesest du Gottes Wort und glaubst du, dass du es lesen solltest."[20] Dabei genügt es nicht, überzeugt zu sein, dass Gott durch die Bibel zum Menschen reden will. Ohne Raum und Zeit, ohne Ruhe und Sammlung vor Gott ist das Vernehmen seines Wortes in der Bibel nicht möglich.

3. Das persönliche Gebet

Die Gebetspraxis im Protestantismus zeichnet sich durch eine dynamische Wechselbeziehung zwischen vorformuliertem Gebet der Tradition und freiem Gebet aus.[21] Diese Akzentuierung geht auf Martin Luther selbst zurück. Der Reformator kritisierte die mittelalterliche Gebetspraxis in doppelter Hinsicht. Zum einen wendete er sich entschieden gegen das Missverständnis des Gebets als eines guten Werks, das der Mensch Gott zu bringen hätte. War das Gebet ein gutes Werk, kam es auf dessen Quantität an. Diese sicherzustellen, war eine wichtige Funktion der traditionellen Gebetbücher. Durch die Rechtfertigungslehre wurde das Gebet seines verdienstlichen Charakters entkleidet. Zum anderen kritisierte Luther die Fixierung auf das vorformulierte Gebet. Evangelisches Gebet geschieht im Raum der Freiheit. Der Beter soll reden, wie ihm zumute ist. Kein Wunder, dass Luther das evangelische Beten von Gebetbüchern unabhängig machen wollte.

---

[19] Vgl. hier und im Folgenden: *Dietrich Bonhoeffer:* Illegale Theologenausbildung. Finkenwalde (1935–1937), hg. von *Otto Dudzus/Jürgen Henkys,* DBW, Bd. 14, Gütersloh 1996, 144–148; dazu auch: *Peter Zimmerling:* Bonhoeffer als Praktischer Theologe, Göttingen 2006, 73–76.

[20] *Sören Kierkegaard:* Zur Selbstprüfung der Gegenwart anbefohlen, Gesammelte Werke, Bd. 11, Jena 1922, 19.

[21] Dazu im Einzelnen: *Zimmerling,* Evangelische Spiritualität, a. a. O., 192–208.

Luthers Gebetskurs für seinen Barbier „Meister Peter. Eine einfältige Weise zu beten" von 1535[22] ist als Gebetshilfe im Rahmen reformatorischer Spiritualität konzipiert. Obwohl die vorformulierten Texte der Tradition (Zehn Gebote, Glaubensbekenntnis und Vaterunser) für den Gebetslehrgang unerlässlich sind, legt Luther großen Wert darauf, dass die geprägten Worte das eigene freie Gebet nicht verhindern. Ziel ist vielmehr, dass das Herz durch das Sprechen der vorformulierten Worte warm wird, der Beter in freien Worten zu beten beginnt und schließlich der Heilige Geist selbst im Herzen des Betenden redet. Die Vorgaben der Tradition dienen dem geübten Beter als „Feuerzeug". Die entscheidenden Überlegungen hierzu finden sich im Anschluss an Luthers Auslegung des Vaterunsers: „Es kommt wohl oft vor, dass ich mich in einem Stück oder Bitte in so reiche Gedanken verliere, dass ich alle anderen sechs anstehen lasse. Und wenn auch solche reichen, guten Gedanken kommen, so soll man die anderen Gebete fahren lassen und solchen Gedanken Raum geben und mit Stille zuhören und sie beileibe nicht hindern; denn da predigt der Heilige Geist selbst, und ein Wort seiner Predigt ist besser als tausend unserer Gebete. Und ich habe auch so oft mehr gelernt in einem Gebet, als ich aus viel Lesen und Nachsinnen hätte kriegen können."[23]

Luther geht also von einer Gebetsdynamik aus, die drei Aspekte umfasst: Am Anfang steht die Meditation von vorformulierten Gebetstexten aus der Tradition. Daraus erwächst das freie Gebet in eigenen Worten. Diese expressive Form des Gebets schlägt schließlich um in eine rezeptive Gebetspraxis, in eine Art hörendes Gebet, währenddessen der Heilige Geist im Herzen des Beters selbst zu reden beginnt. Der Reformator will den Beter in die Freiheit des eigenen Betens hineinführen. Es geht ihm dabei um eine Erfahrung, die für das Gebet existentiell ist und die prinzipiell jeder Beter machen kann.

Trotz mancherlei Schwankungen ist das freie Gebet im Verlauf der Geschichte des Protestantismus immer wieder aufgebrochen: zunächst im Pietismus, dann im 19. Jahrhundert in der Erweckungsbewegung und den

---

[22] *Martin Luther:* WA 38, 358 –373; in modernisiertem Deutsch: *Ulrich Köpf/Peter Zimmerling* (Hg.): Martin Luther. Wie man beten soll. Für Meister Peter den Barbier, Göttingen 2011.

[23] Zit. nach a. a. O., 46. Im Original: „Kompt wol offt, das ich inn einem Stücke oder Bitte in so reiche Gedancken spacieren kome, das ich die andern Sechse lasse anstehen, Und wenn auch solche reiche gute Gedancken komen, so sol man die andern gebete faren lassen und solchen gedancken raum geben und mit stille zuhören und bey leibe nicht hindern, Denn da predigt der Heilige Geist selber, Und seiner Predigt ein Wort ist besser denn unser Gebet tausent, Und ich hab auch also offt mehr gelernet in einem gebet, weder ich aus viel lesen und tichten hette kriegen können" (*Martin Luther:* WA 38, 363, 9–16).

unterschiedlichen Freikirchen. Im 20. Jahrhundert wurde es neben den
Freikirchen vor allem in den landeskirchlichen Gemeinschaften und in den
neu entstandenen pfingstlich-charismatischen Bewegungen gepflegt.

Voraussetzung eines solchen Gebetsverständnisses ist die Erfahrung
der Nähe Gottes im Heiligen Geist. Die Praxis des freien Gebets in Privat-
andacht und Gebetsgemeinschaft führt zu einer Demokratisierung des Gebets und damit zu einer praktischen Verwirklichung der reformatorischen
Forderung des allgemeinen Priestertums. Eine Konsequenz ist die Heraus-
bildung einer Vielfalt von z. T. neuen Gebetsformen, die vor allem im
pfingstlich-charismatischen Christentum auch ekstatische Erscheinungsformen wie die Zungenrede mit einschließt.[24]

Eine Schule des Gebets stellt im Prinzip das Evangelische Gesangbuch
(EG) dar. Darin ist es mit dem katholischen Gotteslob vergleichbar, wo das
Gebet sogar – nach kurzen Erläuterungen und Anleitungen zum Bibellesen
– an zweiter Stelle thematisiert wird. Das EG enthält im Anhang auf fast
150 Seiten eine Einführung in das Gebet zusammen mit einer Vielzahl von
Mustergebeten, gegliedert nach Tages- und Wochenrhythmus, Lebenskreis,
Not und Krankheit, Alter und Sterben. Leider hat das EG im Gegensatz
zum früheren Evangelischen Kirchengesangbuch (EKG) sogar für die Kern-
gemeinde aufgrund seines Gewichts den Charakter als Gebrauchsbuch verloren. Im Gottesdienst liegen in ausreichender Anzahl gemeindeeigene Ge-
sangbücher aus. Dadurch ist die Notwendigkeit weggefallen, regelmäßig
das eigene Gesangbuch zu benutzen.

4. Das diakonische Engagement

Dass heute diakonisches Handeln für protestantische Spiritualität –
und zwar in Landeskirchen und Freikirchen gleichermaßen – als essentiell
gilt, ist das Verdienst der Erweckungsbewegung des 19. Jahrhunderts. Johann Hinrich Wichern (1808–1881)[25] geht davon aus, dass die Diakonie
zuerst Gottes Sache ist.[26] Nur sekundär ist sie ausgelöst worden durch das
Massenelend deutscher Handwerker und Arbeiter im Gefolge der Indus-

[24] *Zimmerling,* Charismatische Bewegungen, a. a. O., 88–97.
[25] Vgl. im Einzelnen *Peter Zimmerling:* Spiritualität als Quelle der Diakonie. Wicherns
Wittenberger Rede als Herausforderung an diakonisches Handeln heute; in: Deutsches
Pfarrerblatt 108 (2008), 295–300.
[26] Vgl. hier und im Folgenden *Wilfried Brandt:* Von Wichern lernen. Thesen aus dem Gespräch der heutigen Diakonie mit ihrem Gründer Johann Hinrich Wichern; in: Theologische Beiträge 29 (1998), 181–195.

trialisierung. Die Erkenntnis, dass Diakonie Teil der Heilsgeschichte Gottes mit der Welt ist, lässt Wichern zum Bahnbrecher diakonischen Handelns in Verein, Kirche und Staat werden. Diakonie ist Teilhabe des einzelnen Christen an Gottes Kampf gegen die lebenszerstörenden Mächte der Finsternis. Bereits im Alten Testament tritt Gott als Diakon Israels auf und versorgt sein Volk mit allem, was es zum Leben braucht. Im Gegenzug bekommt Israel die Aufgabe, seinerseits für die Armen und Bedürftigen dazusein. Das Alte Testament wird für Wichern zum Buch der diakonischen Vorbilder und Verheißungen. Ihre Erfüllung findet die Diakonie in Christus in doppeltem Sinne:[7] durch sein Wirken als Hirte und Arzt der Menschen bis zur Hingabe seines Lebens am Kreuz und darin, dass Christus sich die Liebe der Menschen gefallen lässt. Genauso will er, dass Menschen ihm heute in ihren geringsten Brüdern und Schwestern dienen (Mt 25,31–46).

Wicherns Begründung der Diakonie prägt sein Verständnis von Kirche: Kirche ist für ihn nur in dem Maße christliche Kirche, in dem sie diakonische Kirche ist. „Sie [die Diakonie] ist die Signatur der Christenheit", schreibt Wichern.[28] Die traditionelle Sicht diakonischen Handelns wird damit tiefgreifend verändert. Wurden die Werke der Liebe bis zu Wichern als erfreuliches Nebenprodukt des Evangeliums verstanden, werden sie jetzt zu einer Gestalt des Evangeliums. Diese Auffassung kommt im folgenden Satz aus seiner berühmten Wittenberger Rede von 1848 klassisch zum Ausdruck: „Wie der ganze Christus im lebendigen Gotteswort sich offenbart, so muß er auch in den Gotte*taten* sich predigen, und die höchste, reinste, kirchlichste dieser Taten ist die rettende Liebe."[29] Jeder, der diakonisch handelt, verkündigt auf eine für Hilfsbedürftige verständliche Weise die Liebe Gottes. Die Diakonie ist nicht länger nur Frucht, sondern auch Samenkorn für den Glauben. Fortan gilt beides: Die Diakonie ist ein Werk der Kirche, aber die Kirche ist auch ein Werk der Diakonie. Noch einmal O-Ton Wicherns aus der Wittenberger Rede: „Es tut eines Not, dass die evangelische Kirche in ihrer Gesamtheit erkenne: Die Arbeit der Inneren Mission ist mein! dass sie ein großes Siegel auf die Summe dieser Arbeit setze: die Liebe gehört mir wie der Glaube."

Dass viele in der Diakonie Tätige heute von der spirituellen Orientierung ihres Tuns nichts mehr wissen, ist ein Problem. Sie sollten in vielfältiger Weise auf das Evangelium als Grundlage und bleibende Motivation diakonischen Handelns hingewiesen werden.

---

[27] *Johann Hinrich Wichern:* Sämtliche Werke, Bd. III/1, Berlin/Hamburg 1968, 132.

[28] A. a. O., 130.

[29] *Johann Hinrich Wichern:* Sämtliche Werke, Bd. I, Berlin 1962, 165 (Hervorhebungen im Text).

Noch später als das diakonische wurde das sozial-ethische Handeln als integraler Bestandteil evangelischer Spiritualität erkannt. Hatte es in der Reformationszeit noch heftige Kontroversen um das Widerstandsrecht gegeben, trat die Diskussion darüber im Laufe der Zeit mehr und mehr zurück – und damit auch die Frage nach der Notwendigkeit des christlich motivierten gesellschaftspolitischen Handelns.[30] Erst angesichts der totalitären Diktaturen im 20. Jahrhundert erhoben sich neu und dringender als zuvor die Fragen nach dem Widerstandsrecht und nach dem politischen Auftrag der Kirche insgesamt. Zur Integration des sozial-ethischen Engagements in die evangelische Spiritualität haben vor allem Erfahrungen der Bekennenden Kirche während des Dritten Reiches und hier speziell die Biografie und Theologie Dietrich Bonhoeffers (1906–1945) beigetragen. Am 7. April 1933 wurde in Nazi-Deutschland der Arierparagraph verabschiedet, der Juden vom Beamtentum ausschloss. Bonhoeffer hielt als Reaktion darauf in Berlin einen Vortrag zum Thema „Die Kirche vor der Judenfrage". Darin verteidigte er nicht nur die Kirchenmitgliedschaft getaufter Juden, sondern auch deren bürgerlichen Rechte im deutschen Staat. Diese Erkenntnis war neu für ein Mitglied der sich gerade formierenden Bekennenden Kirche: Dass ein Christ auch Verantwortung für Nicht-Christen hat, wenn ihnen durch den Staat Unrecht geschieht. Bonhoeffer nennt in seinem Vortrag drei Möglichkeiten kirchlichen Handelns gegenüber staatlichem Unrecht: „*Erstens* [...] die an den Staat gerichtete Frage nach dem legitim staatlichen Charakter seines Handelns, d.h. die Verantwortlichmachung des Staates. *Zweitens* der Dienst an den Opfern des Staatshandelns. Die Kirche ist den Opfern jeder Gesellschaftsordnung in unbedingter Weise verpflichtet, auch wenn sie nicht der christlichen Gemeinde zugehören. ‚Tut Gutes an jedermann.' [Gal 6,10] [...]. Die *dritte* Möglichkeit besteht darin, nicht nur die Opfer unter dem Rad zu verbinden, sondern dem Rad selbst in die Speichen zu fallen."[31] Die beiden ersten Möglichkeiten des Widerstands – gegen staatliches Unrecht zu protestieren bzw. den Opfern diakonisch beizustehen – lassen sich aus der theologischen Tradition heraus erklären. Dass Bonhoeffer schon 1933 damit rechnete, dass die Kirche auch politisch in Opposition gegen den Staat treten könnte, versetzt jedoch in Erstaunen.

---

[30] Vgl. dazu *Christoph Strohm:* Art. Widerstand II. Reformation und Neuzeit; in: TRE, Bd. 35, Berlin/New York 2003, 750–767.

[31] *Dietrich Bonhoeffer:* Berlin (1932–1933), hg. von *Carsten Nicolaisen/Ernst-Albert Scharffenorth,* DBW, Bd. 12, Gütersloh 1997, 353 (Hervorhebungen im Text).

Er hat damit die sozial-ethische Dimension evangelischer Spiritualität begründet. In den folgenden Jahren entwickelte er die Kriterien christlichen Handelns gegenüber staatlichem Unrecht weiter. Immer deutlicher erkannte er, dass sich das kirchliche Engagement nicht auf die eigenen Belange der Kirche beschränken darf, sondern dass verantwortliches Handeln das Dasein für jedermann einschließt. Die Denkschriften der Evangelischen Kirche in Deutschland sind eine Konsequenz des Erbes Bonhoeffers und der Bekennenden Kirche.

Die Ausdrucksformen persönlicher evangelischer Frömmigkeit lassen eine große Bandbreite erkennen. Der Bogen spannt sich vom geistlichen Lied über die Bibellese und das Gebet bis zum diakonischen und sozialethischen Engagement. Dass im Laufe der Zeit neue Formen gewonnen wurden und alte Formen tiefgreifende Prozesse der Transformation und Weiterentwicklung durchlaufen haben, belegt die ungebrochene Vitalität evangelischer Frömmigkeit.[32]

---

[32] Die Transformationsprozesse zeigt eindrucksvoll der Sammelband: *Peter Zimmerling* (Hg.): Handbuch Evangelische Spiritualität, Bd. 1: Geschichte, Göttingen 2017.

Theologische Grundlagenarbeit und ökumenische Begegnung

Eine Einführung in das römisch-katholisch/lutherische Dialogdokument „Gott und die Würde des Menschen"

In einem Interview wurde Landesbischof Friedrich Weber, lutherischer Co-Vorsitzender der dritten Bilateralen Arbeitsgruppe zwischen Deutscher Bischofskonferenz und Vereinigter Evangelisch-Lutherischer Kirche Deutschlands (BILAG III), gefragt, warum es der Mühe wert sei, auf nationaler Ebene theologische Dialoge zwischen den Kirchen zu führen. Weber, der auf Grund seines viel zu frühen Todes das Ende dieser Lehrgespräche nicht mehr selbst erleben konnte, antwortete damals: „Für die dritte Gesprächsrunde haben wir jetzt das Thema ‚Gott und die Würde des Menschen' gewählt. Wir wollen dabei nach dem Horizont fragen, in dem sozialethische Urteile auf beiden Seiten erarbeitet werden und die unterschiedlichen theologisch-philosophischen Zugangswege klären. Es soll auch erprobt werden, inwieweit die bisher geübten Methoden des ökumenischen Dialogs noch tragfähig sind. Das ist eine schwierige, aber notwendige Grundlagenarbeit. Es ist ja schon wertvoll, wenn sich in Deutschland eine solche ökumenische Arbeitsgruppe in regelmäßigen Abständen zusammensetzt und sich um gegenseitiges Verstehen bemüht."[21] Dreizehn Sitzungen, viele fruchtbare, aber auch lebhafte Diskussionen und ungezählte Textentwürfe in unterschiedlichen Bearbeitungsstadien später hat die BILAG III ihren Abschlussbericht über diese schwierige, aber notwendige Grundlagenarbeit vorgelegt.[2]

---

[1] Ungebrochener Wille, ökumenisch voranzugehen. Ein Gespräch mit Landesbischof Friedrich Weber; in: Herder Korrespondenz 64 (2010), 124–127, hier: 125.

[2] *Bilaterale Arbeitsgruppe der Deutschen Bischofskonferenz und der Vereinigten Evangelisch-Lutherischen Kirche Deutschlands:* Gott und die Würde des Menschen, Paderborn/Leipzig 2017 (im Folgenden GWM).

Verortung der BILAG III im lutherisch-katholischen Dialog

Der evangelisch-lutherisch/römisch-katholische Dialog „ist nichts Geringeres als der ‚Vater' weltweiter bilateraler Dialoge überhaupt" – urteilte Harding Meyer. Noch während des Zweiten Vatikanischen Konzils unterbreitete der Lutherische Weltbund dem Vatikan das Angebot zu beiderseitigen Gesprächen und bereits 1967 war der Weg für die Arbeit einer gemeinsamen Studienkommission geebnet, die 1972 den sogenannten Malta-Bericht „Das Evangelium und die Kirche" vorstellte. Im Sog des Konzils konnten die ersten Früchte der biblischen, kirchengeschichtlichen und ökumenischen Forschung seit den fünfziger Jahren des letzten Jahrhunderts geerntet werden. Dies mag den überschwänglichen Impetus des Dokumentes erklären. Die Tatsache, dass fünf der 14 Kommissionsmitglieder Sondervoten zu einigen Punkten abgaben, zeigt jedoch, dass – trotz allem Neuaufbruch – in den alten Kontroversfragen der Malta-Bericht keinesfalls bereits einen *Common Sense* vortrug.

Deshalb galt es in der zweiten Phase des Dialogs, gerade die weiterhin umstrittenen Themen eingehender zu behandeln. So folgten u. la. die Dokumente „Das Herrenmahl" (1978), „Wege zur Gemeinschaft" (1980), „Das geistliche Amt in der Kirche" (1981), „Einheit vor uns" (1984) und „Kirche und Rechtfertigung" (1993). 2006 legte dann die Kommission, die sich mittlerweile „Lutherisch/Römisch-katholische Kommission für die Einheit" nennt, den Text „Apostolizität der Kirche" vor. „Vom Konflikt zur Gemeinschaft" (2013) diente der Vorbereitung für ein gemeinsames Reformationsgedenken.

Auch in Deutschland blickt der lutherisch-katholische Dialog auf eine lange Geschichte zurück: Im Jahre 1976 wurde die erste Bilaterale Arbeitsgruppe eingesetzt. Diese verstand sich als regionale Entsprechung zum internationalen Dialog. Im Jahre 1984 veröffentlichte die BILAG I das Studiendokument „Kirchengemeinschaft in Wort und Sakrament". Die BILAG II wandte sich dem Thema „Communio Sanctorum – Die Kirche als Gemeinschaft der Heiligen" zu. Obwohl die Arbeiten bereits 1997 abgeschlossen waren, hatte man sich entschlossen, zunächst noch mit der Veröffentlichung zu warten, da man die Diskussionen über die „Gemeinsame Erklärung zur Rechtfertigungslehre" nicht durch neue Themen überlagern und

---

[3] *Harding Meyer:* Weg und Ertrag des internationalen katholisch/lutherischen Dialogs; in: US 48 (1993), 321–330, hier: 321.

erschweren wollte. „Communio Sanctorum" erschien dann im Jahr 2000. Nahezu zeitgleich veröffentlichte die Kongregation für die Glaubenslehre die Erklärung „Dominus Iesus". Auf diese Weise entstanden schwierige Voraussetzungen für den Rezeptionsprozess des Dokumentes, was sich auch in den evangelischen Stellungnahmen spiegelte. Erfreulich hingegen war, *dass* es zahlreiche Reaktionen von kirchlichen Ausschüssen sowie evangelischen Fakultäten und Institutionen gab, auch wenn diese zum Teil recht kritisch ausfielen.[4] Dies führte jedoch zu einem anderen Problem: Während die Deutsche Bischofskonferenz bereits 2003 eine offizielle Stellungnahme zu der Studie vorlegte, war es der VELKD wichtig, die diversen Stellungnahmen aus der akademischen Wissenschaft, um die die beiden Co-Vorsitzenden der BILAG II im Vorwort des Dokumentes ausdrücklich gebeten hatten und zu denen die VELKD bei der Vorstellung des Dokumentes dezidiert ermuntert hatte, in ihr eigenes Urteil einfließen zu lassen. Ziel war auf lutherischer Seite also eine „theologische Debatte über den von der Arbeitsgruppe vorgelegten Gesprächstand" und eine „Bestandsaufnahme auf dem Wege, die das Gespräch in den Kirchen, der Theologenschaft und in den Gemeinden eröffnet".[5] Es ist offensichtlich, dass dies eine etwas andere Vorgehensweise als auf katholischer Seite war, die ihrerseits auf eine offizielle Reaktion der VELKD wartete. So bat die Kirchenleitung der VELKD Prof. Friederike Nüssel (Heidelberg), die evangelischen Stellungnahmen zu sichten und zu analysieren. Auf dieser Grundlage gab dann 2009 die Kirchenleitung der VELKD ein „Votum zum Diskussionsprozess über Communio Sanctorum" ab, das einige hermeneutische und inhaltliche Aufgaben beschrieb, die für die Kirchenleitung im Diskussionsprozess sichtbar und für die Weiterarbeit wichtig geworden waren.

Themenfindung für die BILAG III

Noch bevor die VELKD ihr Votum veröffentlichte, gab es bereits erste informelle Vorgespräche zwischen den Kirchen, ob eine neue Runde von Lehrgesprächen möglich und sinnvoll sei. Die offizielle Stellungnahme der VELKD machte dann endgültig den Weg frei, eine neue Bilaterale Arbeits-

---

4 Vgl. *Oliver Schuegraf/Udo Hahn* (Hg.): Communio Sanctorum. Evangelische Stellungnahmen zur Studie der Zweiten Bilateralen Arbeitsgruppe der Deutschen Bischofskonferenz und der Kirchenleitung der VELKD, Hannover 2009.
5 Ebd., 13.

gruppe einzusetzen. In den Vorbereitungen zeigte sich zudem, dass eine Weiterarbeit in den durch die Stellungnahmen der Deutschen Bischofskonferenz und der VELKD angelegten inhaltlichen Bahnen nicht sinnvoll war. Vielmehr erwies sich ein anderes Thema als ökumenisch virulent: Vor zehn Jahren wurde in Politik und Gesellschaft intensiv über die Stammzellforschung debattiert. Zwischen der katholischen Kirche und den evangelischen Kirchen kam es in der Frage der Stichtagverschiebung für embryonale Stammzelllinien zu Differenzen. Ebenso wurden damals gewisse Unterschiede in der Bewertung des assistierten Suizids sichtbar. Auf katholischer Seite stellte man deutlich vernehmbar die besorgte Frage, ob die in ethischen Fragen plötzlich aufbrechenden Differenzen nicht den ökumenischen Konsens insgesamt in Frage stellen könnten. Der Vorwurf stand im Raum, gemeinsame ethische Positionen verlassen zu haben, wo man doch in den Jahren zuvor den Eindruck hatte, gerade in gesellschaftlichen Fragen immer stärker mit einer Stimme zu sprechen.

Diese Großwetterlage zwischen den beiden Kirchen führte in der Vorbereitungsgruppe zu dem Vorschlag, nicht an klassischen kontroverstheologischen Themen, wie etwa der Verhältnisbestimmung von Schrift und Tradition oder dem Papstamt weiterzuarbeiten, sondern diese ökumenischen Irritationen in einer neuen Runde der Lehrgespräche offen aufzugreifen, damit sie nicht der Ökumene insgesamt schaden. Erstmals sollte sich also der nationale Dialog nicht in die Themen des internationalen bilateralen Dialogs einklinken, sondern einen etwas anderen Weg gehen.

Methodische Überlegungen der BILAG III

Am 25. Mai 2009 nahm die BILAG III unter dem Co-Vorsitz von Bischof Gerhard Ludwig Müller (Regensburg) und Landesbischof Friedrich Weber (Braunschweig) ihre Arbeit auf. Wichtig ist es, sich bewusst zu machen, dass die kirchenleitenden Gremien der BILAG III nicht den Auftrag erteilt hatten, einen Konsens in spezifischen ethischen Einzelfragen aufzuspüren und zu formulieren. Das Anliegen und Ziel war ein anderes: Vor dem Hintergrund der aufgebrochenen ethischen Kontroversen sollte die Kommission das gemeinsame biblische Zeugnis des Menschen vor Gott und die gemeinsamen anthropologischen Grundlagen des christlichen Glaubens stark machen.

In den ersten Sitzungen nahm sich die BILAG III zudem die Zeit für eine nochmalige Selbstvergewisserung, dass die Methode des differenzierten Konsenses trotz aller Anfragen ein sinnvolles methodisches Instrument für den ökumenischen Dialog ist. Unsere Antwort war ein eindeutiges Ja. Die Methode, die die „Gemeinsame Erklärung zur Rechtfertigungslehre" 1999 ermöglicht hat, erwies sich in unseren Augen nach wie vor als fruchtbar. Auf dieser Grundlage erfolgte eine methodische Weiterführung: Zum einen will die Studie „in der Hermeneutik des differenzierten Konsenses einen Schritt weitergehen, indem sie das relative Recht der konfessionell differenten Positionen unter dem Aspekt betrachtet, inwiefern sie die eigene Sicht bereichern können und eine begründete Anerkennung der anderen Seite von der eigenen Position aus erlauben, offene Kritik von Schwachstellen auf der eigenen wie der anderen Seite eingeschlossen" (GWM § 201). Darüber hinaus hat die Bilaterale Arbeitsgruppe erstmals den Versuch unternommen, diese Methodik auch in ethischen Fragestellungen einzusetzen. Die Studie möchte aufzeigen, „dass auch in strittigen Einzelfragen der Ethik von einem differenzierten Konsens und einem nur begrenzten Dissens zwischen katholischer Kirche und evangelisch-lutherischen Kirchen gesprochen werden kann, der den grundsätzlichen Konsens nicht in Frage stellt" (GWM § 242). Um diesen Ansatz zu verdeutlichen, sei Paragraph 238 des Dokumentes zitiert: „Der ethische Dissens zwischen den und teilweise innerhalb der konfessionellen Traditionen ist eng begrenzt. Er bezieht sich ausschließlich auf einige wenige Probleme, die auch in der öffentlichen Debatte und im wissenschaftlichen Gespräch hoch strittig sind. [Er erklärt sich] weder aus prinzipiellen Differenzen in den Methoden ethischer Urteilsbildung noch aus einem konfessionellen Gegensatz in der Anthropologie. Die entscheidende Ursache liegt vielmehr darin, dass die angewandte Ethik immer Urteile verlangt, die von zahlreichen Faktoren beeinflusst sind, die unterschiedlich eingeschätzt werden können. Je konkreter die Fragen werden, desto mehr müssen Zweifelsfragen berücksichtigt, Handlungsoptionen abgewogen und Risiken eingeschätzt werden. Aufgrund der Komplexität der Probleme können sich unterschiedliche Einschätzungen ergeben. [...] Erforderlich ist, dass die entscheidenden Gründe und die prägenden Urteilsprozesse transparent werden und wechselseitig erläutert werden."

Aufbau der Studie

Nach einem Vorwort der beiden Co-Vorsitzenden, Bischof Gerhard Feige (Magdeburg) und Landesbischof Karl-Hinrich Manzke (Bückeburg), die die BILAG III zu einem Abschluss geführt haben, und nach einer Einleitung folgt die Studie folgendem Aufbau:

1. Die ökumenische Dimension der Debatte über die Menschenwürde (mit drei Fallbeispielen: Stammzellforschung, Kinderarmut/Bildung, Sterbehilfe);
2. Prinzipien der ethischen Urteilsbildung im Lichte konfessioneller Traditionen;
3. Perspektiven Theologischer Anthropologie im Lichte des biblischen Zeugnisses;
4. Der ökumenische Umgang mit Konvergenzen und Divergenzen in der Ethik (mit der Wiederaufnahme der drei Fallbeispiele);
5. Optionen für Menschlichkeit. Das Zeugnis der Bergpredigt.

Inhaltliche Schwerpunktsetzung der Studie

Sehr schnell wurde (bereits in den Vorgesprächen) deutlich: Der Begriff „Menschenwürde" ist ein maßgeblicher Leitbegriff ethischer Debatten und politischer Kultur in Deutschland. Diese Funktion kann der Begriff gerade deshalb erfüllen, weil er für verschiedene Begründungszusammenhänge offen ist, was aber nicht bedeutet, „dass es keine Begründung gibt, sondern dass eine Begründung notwendig und aus verschiedenen weltanschaulichen Perspektiven möglich ist" (GWM, § 176). „An dieser Stelle bringen die christlichen Kirchen ihre Erfahrungen, Einsichten und Überzeugungen in die öffentliche Debatte ein. Sie bauen darauf, dass die Zielsetzung einer gerechten, lebensförderlichen und zukunftsfähigen Gestaltung der Gesellschaft allgemein anerkannt wird. Christinnen und Christen wissen sich, wenn sie in ethischen Fragen öffentlich sprechen, mit allen Menschen verbunden, die um eine menschenwürdige Gestaltung der Zukunft ringen" (GWM, § 15). Genau aus dieser Überzeugung heraus, wurde „Menschenwürde" auch zum Schlüsselbegriff unseres Dokumentes.

Um einen hörbaren Beitrag in der Gesellschaft leisten zu können, legt es sich nahe, die gemeinsamen anthropologischen Grundüberzeugungen beider Kirchen herauszuarbeiten. Wir sind zu der Überzeugung gelangt, dass sich von den in der Tradition vorfindlichen, *unterschiedlichen* theologischen Denktraditionen und Prinzipien ethischer Urteilsfindung ausgehend sehr wohl auch ein *gemeinsames* Konzept von der Würde des Menschen entfalten lässt. „Was schon bei den klassischen kontroverstheologischen Fragen beobachtet werden konnte, dass für unverrückbar gehaltene Urteile sich im Lichte gemeinsamer Betrachtung einer Klärung zuführen lassen, bewährt sich auch in Fragen der Ethik. Die Differenzierungen in den ethischen Profilen verhindern keineswegs die Verständigung, sie bereichern vielmehr die Kenntnis der ethischen Argumentationen insgesamt. Niemand kann die wissenschaftlichen, gesellschaftlichen und ökonomischen Sachfragen heute noch im Ganzen überschauen. Ökumenische Gespräche sensibilisieren für die Komplexität der Sachfragen und vertiefen das Verständnis für verschiedene Perspektiven" (GWM, § 93).

Nach diesen Überlegungen zu den Prinzipien entfaltet der Bericht ausführlich eine biblisch- und systematisch-theologische Begründung von Menschenwürde. Das Dokument erörtert die christliche Auffassung von der unverlierbaren Würde aller Menschen in vier verschiedenen, einander ergänzenden Perspektiven. Bevor diese im Dokument genauer ausgeführt werden, wird ein Paragraph vorangestellt, der die Intention der BILAG III knapp und präzise zusammenfasst: „Menschenwürde wird in der gegenwärtigen christlich-theologischen Diskussion schöpfungstheologisch, christologisch, rechtfertigungstheologisch und eschatologisch begründet. In allen vier Aspekten geht es um die Bezogenheit des Menschen auf Gott. Es werden jedoch jeweils andere Dimensionen des Menschseins vor Gott akzentuiert. Dadurch entfaltet der Menschenwürdebegriff in unterschiedlichen Kontexten je andere argumentative Kraft. Vorausgreifend kann festgehalten werden: Der schöpfungstheologische Ansatz akzentuiert, dass ausnahmslos jeder Mensch diese Würde besitzt. Der christologische Ansatz betont die Würde auch des leidenden und benachteiligten Menschen, der rechtfertigungstheologische Ansatz die Würde auch des versagenden und schuldigen Menschen. Der eschatologische Ansatz schließlich spricht dem Menschen auch in seiner Begrenztheit und Unvollkommenheit, angesichts gebrochener Biographien und unvollendeter Lebensentwürfe, Würde zu. Die vier Begründungsansätze schließen einander nicht aus, sondern zeigen zusammengenommen: Aus christlicher Sicht besitzt der Mensch Würde in allen seinen Lebenssituationen" (GWM, § 178).

Mit ihren Ausführungen möchte die BILAG III also deutlich machen, dass Lutheraner und Katholiken diesen vier Perspektiven in ihrer Geschichte unterschiedliche Gewichtungen gegeben haben. Doch heute können wir sehen, dass sie gerade zusammen zu dem besonderen Reichtum und der besonderen Überzeugungskraft einer christlichen Grundlegung der Menschenwürde führen. Es gibt einen Konsens über das christliche Menschenbild. Unterschiedliche Methoden und Prinzipien verhindern nicht „die Gewinnung gemeinsamer Standpunkte zur Gottesebenbildlichkeit, zur Christusförmigkeit, zur Rechtfertigung und zur Erlösung des Menschen; sie zeigt vielmehr, dass eine theologische Pluralität die Intensität der Reflexion erhöht, wenn die Voraussetzungen und Perspektiven der verschiedenen Ansätze transparent gemacht worden sind" (GWM, § 196). Dieser Ansatz wird im vorletzten Kapitel an den drei Fallbeispielen kurz exemplarisch durchgespielt.

Die relationale Ebene des ökumenischen Dialogs

In der Konsensökumene geht es um das Verstehen des Eigenen und des Anderen und um gegenseitiges Verstehen zwischen mir und dem Anderen. Im Dialog treffen nicht nur Lehrsysteme aufeinander, sondern auch Menschen. Damit hat der Dialog immer auch eine relationale Ebene: Verstehen beginnt mit Begegnung. Dialog ist nicht nur ein technisches Mittel, um kontroverstheologische Fragen zu bearbeiten, sondern zuallererst eben auch lebendige Begegnung.[6]

Die sieben Jahre, in denen die BILAG III zusammengearbeitet hat, haben mir deutlich gezeigt, wie wichtig es ist, dass diese Beziehungsebene immer wie selbstverständlich mitläuft, wenn es um den Auftrag geht, Lehrdifferenzen zu bearbeiten. Es braucht z. B. eine spirituelle Gemeinschaft, aber auch der Aspekt des gegenseitigen Zeugnisgebens spielt eine Rolle. Insgesamt benötigen die am Gespräch beteiligten Personen einen Raum, um sich dem Anderen zu öffnen, auf ihn zu hören und Erfahrungen zu teilen: einen Raum für das Gespräch jenseits des Lehrgesprächs. Gemeinsame Gebetsgemeinschaft während der Treffen, die Gespräche in den Pausen, während der gemeinsamen Mahlzeiten oder am Abend nach getaner Arbeit tragen maßgeblich dazu bei. Erst diese Vertrautheit und das gewonnene Vertrauen ermöglichen es, Kontroversfragen zu behandeln und den differenzierten Konsens zu suchen. Lange haben z. B. die Mitglieder der BILAG III gebraucht, um sich gemeinsam auf Struktur und Aufbau des anvisierten Abschlussberichtes zu einigen. Ich bin davon überzeugt, dass es nicht von ungefähr erst möglich war, als auch die Vertrautheit unter uns gewachsen war.

Auch wenn die BILAG III von den Kirchen eingesetzt wurde, die Veröffentlichung des Dokumentes „Gott und die Würde des Menschen" geschah

---

[6] Siehe dazu ausführlicher *Oliver Schuegraf:* Modelle und Methoden im ökumenischen Dialog; in: *Andrew Pierce/Oliver Schuegraf* (Hg.): Den Blick weiten. Wenn Ökumene den Religionen begegnet. Tagungsbericht der 17. Wissenschaftlichen Konsultation der Societas Oecumenica, Beiheft ÖR 99, Leipzig 2014, 71–89, hier: 82–86.

in der Verantwortung der BILAG III. Nun gilt es, dieses Dokument in den Kirchen zu rezipieren. Im Vorwort der beiden Co-Vorsitzenden ist Folgendes festgehalten: Mit der Veröffentlichung des Textes sind die beiden auftraggebenden Kirchen von der BILAG III gebeten zu prüfen, „ob die dargelegten Überlegungen hilfreich sind, um sowohl die theologischen Gemeinsamkeiten in der Anthropologie wie in vielen Bereichen der Ethik zu stärken als auch mögliche Konflikte in ethischen Fragen besser zu verstehen und sachgemäß mit ihnen umzugehen" (GWM, S. 10).

Ein Blick in die Geschichte der Konsensökumene zeigt, dass dies keine leichte Aufgabe ist. Die meist ausbleibenden verbindlichen Rezeptionsprozesse von Dialogergebnissen machen darauf aufmerksam, dass die Kirchen, die in ihrer Gesamtheit diese Ergebnisse rezipieren sollen, eben nicht jenen Begegnungs- und Beziehungsprozess durchlaufen haben, der die Ergebnisse ermöglicht hat. Oft werden die vorgeschlagenen Lehrkonsense gar nicht zur Kenntnis genommen, weil Gläubige sich vor Ort bereits so eng verbunden fühlen, ihren Glauben teilen und im Einsatz für die Welt zusammenarbeiten, dass ihnen die diskutierten Fragen schlicht als überholt erscheinen. Aber auch das genaue Gegenteil kann eine Rezeption verhindern: Kirchenleitende Gremien, akademische Theologie oder Gemeinden haben sich an konfessionelle Differenzen gewöhnt und als unumstößliche Realitäten akzeptiert. Vielleicht herrscht auch Angst, dass der erreichte, differenzierte Konsens in Lehrfragen, der die Spaltung überwinden will, neue Gräben auftut, indem Menschen auf dem ökumenischen Weg zurückgelassen werden und so Gruppen von der Kirche wegbrechen.

Es ist zu hoffen, dass der Text der BILAG III in ökumenischen Räumen des Vertrauens und der Vertrautheit studiert werden kann, so dass „die Ergebnisse die Kirchen einander näher bringen und sie befähigen, noch stärker gemeinsam für die Würde des Menschen in der Gesellschaft einzutreten" – um ein letztes Mal das Vorwort der beiden Co-Vorsitzenden aufzugreifen.

Oliver Schuegraf

(Oberkirchenrat Dr. Oliver Schuegraf ist im Amt der VELKD für Ökumenische Grundsatzfragen und Catholica zuständig. Er ist lutherischer Co-Geschäftsführer der BILAG III.)

Menschenwürde als Fundament

Eine erste Würdigung des römisch-katholisch/ lutherischen Dialogdokuments „Gott und die Würde des Menschen"

Ethische Urteilsbildung als Herausforderung für die Ökumene

Mit der Ethik-Ökumene zwischen römisch-katholischer Kirche in Deutschland und der Evangelischen Kirche in Deutschland (EKD) steht es nicht zum Besten, dieser Eindruck hatte sich seit der Diskussion um die ethische Bewertung der Forschung an embryonalen Stammzellen verbreitet. Mit der Befürwortung der Stichtagsregelung für die Stammzellforschung hatte die evangelische Seite, so der Eindruck auf katholischer Seite, die Linie verlassen, die seit der Gemeinsamen Erklärung „Gott ist ein Freund des Lebens" von EKD und Deutscher Bischofskonferenz (DBK) im Jahr 1989 in Fragen des Lebensschutzes vertreten worden war. In dieser Erklärung war die Forschung an „überzähligen" Embryonen auf der Basis einer Menschenwürdeargumentation noch einhellig abgelehnt worden.[1] Nicht nur beim Lebensschutz, sondern auch weitere Gemeinsame Erklärungen, die teilweise in umfangreichen, partizipativen Konsultationsprozessen erarbeitet worden waren,[2] schienen einen breiten Konsens in der ethischen Beurteilung vieler Herausforderungen der modernen Gesellschaft und Technik bezeugt zu haben.

Seit der Stammzelldiskussion 2005 war dieser Eindruck ökumenischer Einmütigkeit in ethischen Fragen nicht nur erschüttert, sie wurde auch programmatisch in Frage gestellt durch das Plädoyer, die „Konsensökumene" durch eine „Ökumene der Profile"[3] oder eine „Differenz-Öku-

---

[1] Vgl. Gott ist ein Freund des Lebens. Herausforderungen und Aufgaben beim Schutz des Lebens. Gemeinsame Erklärung des Rates der Evangelischen Kirche in Deutschland und der Deutschen Bischofskonferenz, Trier 1989, 63–65.

[2] Wie das Gemeinsame Sozialwort der Kirchen „Für eine Zukunft in Solidarität und Gerechtigkeit", Hannover/Bonn 1997.

[3] *Wolfgang Huber:* „Was bedeutet Ökumene der Profile?" – Vortrag beim Symposion „Ökumene der Profile" der Evangelischen Kirche im Rheinland in Düsseldorf, 29.05.2006, online verfügbar unter www.ekd.de/20264.htm (aufgerufen am 10.05.2017).

mene"[4] abzulösen. Nicht nur auf dem Gebiet der Ethik, aber vor allem auch dort, sollten konfessionelle Unterschiede wieder deutlicher gemacht werden. Nun, gute zehn Jahre später, ist klarer erkennbar, dass sich damals ein Trendwechsel nicht nur in der Ethik-Ökumene abspielte. Wertet man es positiv, dann hatte die Suche nach ökumenischen Gemeinsamkeiten eine belastbare Annäherung erbracht, auf deren Basis nun nicht nur Differenzen angesprochen, sondern auch festgehalten werden konnten, ohne dass ein punktueller Dissens den größeren Konsens grundsätzlich in Frage stellen würde. Außerdem war auch im globalen Ökumene-Diskurs deutlich geworden, dass ethische Fragen eine Menge Stoff für Konflikte enthalten und daher die Unterschiede und Gemeinsamkeiten bei der ethischen Urteilsbildung der verstärkten ökumenischen Aufmerksamkeit bedürften. So hat etwa die ÖRK-Kommission für Glauben und Kirchenverfassung 2013 ein Studiendokument über "Moral Discernment in the Churches" veröffentlicht, das in ähnlicher Weise wie das jetzt erschienene Dokument „Gott und die Würde des Menschen" (GWM) der bilateralen Arbeitsgruppe von DBK und VELKD sich mit den Traditionen und theologischen Grundlagen der ethischen Urteilsbildung befasst. GWM nimmt sich allerdings nicht die christlich-ethische Urteilsbildung schlechthin zum Thema, sondern konzentriert sich auf eine klarer konturierte Fragestellung vor, nämlich die theologische Verständigung über den ethischen Fundamentalbegriff der Menschenwürde und seine Bedeutung für das ethische Stellungnehmen der Kirchen im öffentlichen Diskurs.

Konzentration auf Menschenwürde

Diese Beschränkung ist anzuerkennen, denn aus ihr ergibt sich der Fokus auf die Menschenwürde und den normativ-menschenrechtlichen Ansatz. Das grundlegende Motiv, sich mit der ethischen Urteilsbildung ökumenisch zu befassen, wird nämlich in der Notwendigkeit erkannt, in der modernen Gesellschaft und ihrer grundsätzlich säkular verfassten Öffentlichkeit als christliche Stimme im gesellschaftlichen Meinungsbildungsprozess Gehör zu finden. Aus christlicher Sicht gehört zum unaufgebbaren Selbstverständnis, die christliche Sinnbotschaft auch als Handlungsauftrag

[4] *Ulrich H.J. Körtner:* Wohin steuert die Ökumene? Vom Konsens- zum Differenz-Modell, Göttingen 2005.

in der Welt wahrzunehmen und daher die Beteiligung am öffentlich-ethischen Diskurs zu suchen. In diesem Diskurs ist die Menschenwürde ein zentraler normativer Bezugspunkt, der aber in der letzten Zeit keineswegs mehr unumstritten ist (vgl. § 18 f) und der die Kirchen dazu herausfordert, Stellung zu beziehen. Freilich sind Begriff und ethischer Gehalt der Menschenwürde auch innerhalb der Kirchen – und nicht nur zwischen den Kirchen – umstritten (vgl. § 21–24), so dass die ökumenische Verständigung auch der grundsätzlichen theologischen Klärung dienen soll.

Die bilaterale Arbeitsgruppe stellt sich mit GWD das anspruchsvolle doppelte Ziel, sowohl den „Gottes-Bezug des Menschenwürde-Konzepts" und seine „notwendige Allgemeinheit und Universalität" darzulegen (§ 23) als auch damit „Prolegomena zu einer ökumenischen ethischen Urteilsbildung" (§ 25) vorzustellen. Das Dokument ist getragen von der Zuversicht, dass ein „überzeugendes gemeinsames Eintreten für die Menschenwürde" möglich ist, auch wenn in den Kirchen fallweise unterschiedliche normative Einschätzungen aus ihr abgeleitet werden (vgl. §4). Man könnte das im Rawlsschen Sprachspiel als Überlappungskonsens bezeichnen, der zwischen den Kirchen mit Bezug auf die Menschenwürde besteht und der sich aus der theologischen Anthropologie ergibt, während die Abweichungen in normativen Einzelfragen aus den jeweiligen theologisch-ethischen Traditionen resultieren. Es leuchtet daher ein, beides zu bearbeiten, die theologischen Grundlagen der Menschenwürdekonzeption und die divergierenden Ethik-Traditionen. Im Sinne des „receptive ecumenism" werden Unterschiede nicht übergangen, sondern möglichst genau herausgearbeitet, damit sie wechselseitig besser verstanden und so nicht in Ablehnung, sondern in Respekt festgehalten werden können (§ 42). So können Unterschiede auch als Ergänzung und Bereicherung erfahren werden (vgl. § 263) und den Boden für eine weiterführende Debatte bereiten.

Gliederung des Dokuments

Das Dokument überzeugt durch seine sorgfältige Argumentation und seine ernsthafte Diskussion und auch durch sein entschiedenes Markieren sowohl der gemeinsamen Überzeugungen als auch der Differenzen. Hinsichtlich des genannten ökumenisch-ethischen Zieles sind die fünf Kapitel nicht alle von gleichem Gewicht. Das erste Kapitel dient als Eröffnung. Außerdem werden drei exemplarische Themenfelder benannt, die von gesellschaftlicher Bedeutung sind und in denen die Kirchen ethische Stellung-

nahmen abgeben: Stammzellforschung, Armut und Bildungspolitik, Sterbehilfe. An ihnen soll vorgeführt werden, dass die Menschenwürde-Orientie-
rung der christlichen Ethik ein belastbares Fundament für kirchliche Stellungnahmen abgibt, dass die Gemeinsamkeiten gegenüber den Differenzen
weit überwiegen und dass schließlich auch unterschiedliche Bewertungen
den Konsens nicht grundsätzlich in Frage stellen. Im zweiten Kapitel werden die konfessionell unterschiedlichen Traditionen der ethischen Urteilsbildung vorgestellt und diskutiert. Das dritte Kapitel stellt die gemeinsamen Grundlagen der christlichen Ethik in der theologischen Anthropologie
in biblischer und systematischer Perspektive dar. Das sehr gut geschrie-
bene Kapitel orientiert sich im systematischen Teil eng am erzielten ökumenischen Gesprächsstand der „Gemeinsamen Erklärung zur Rechtfertigungslehre" (1999). Die Überlegungen dieser drei Kapitel werden im
vierten ausgewertet, indem der „differenzierte Konsens" auf theologisch-
anthropologischer Ebene und der „begrenzte Dissens" auf der Ebene einzelner normativer Bewertungsfragen dargestellt werden. Hier werden auch
die anfangs skizzierten Fallbeispiele wieder aufgegriffen. Die zwischen den
Kirchen strittigen Bewertungen etwa bei der embryonalen Stammzellforschung oder beim assistierten Suizid lassen sich „weder auf unterschiedliche Begründungsmuster in ethischen Urteilsprozessen zurückführen", die
prinzipiell inkompatibel wären, noch auf „Dissense im Menschenbild
selbst, die nicht zu vermitteln wären" (§260), lautet das Fazit. Zu den
künftigen Aufgaben gehöre daher die weitere Diskussion über die genauen
Wege der angewandt-ethischen Urteilsfindung (vgl. §262). Mit diesem Ergebnis und dem Ausblick könnte das Dokument enden; es folgt aber noch
das fünfte Kapitel mit einer Art biblischer Meditation über das Ethos der
Bergpredigt, die schön zu lesen, aber für die Themenstellung des Dokuments nicht unbedingt notwendig ist.

Versuch einer ersten Würdigung

Die folgende – erste – Würdigung des Dokuments muss sich auf wenige Beobachtungen und Überlegungen beschränken. Insgesamt halte ich
das Dokument für ein beachtliches Zwischenergebnis der ökumenisch-ethischen Diskussion und im Vorgehen und in der Argumentation für richtung-
weisend für jene weiteren Debatten, zu denen es auffordert.
Folgende Punkte scheinen mir besonders gelungen: Zunächst ist die
Konzentration auf die Menschenwürde-Thematik als Grundlage gemeinsa-

men Sprechens in die Gesellschaft hinein eine sinnvolle Entscheidung.[5] Der Schritt zurück hinter umstrittene medizinische oder soziale Fragestellungen entlastet das ökumenische Gespräch über die Grundlagen. Außerdem ist es in Zeiten, in denen die Verteidiger einer unteilbaren Menschenwürde leiser zu werden scheinen, enorm wichtig, dass die Kirchen sich ihrer Haltung zur Menschenwürde versichern und gemeinsam klären, wie sicher sie im Glaubensfundament verankert ist. Schließlich muss man eingestehen, dass damit auch einige ethische Themen umgangen werden, die zwischen den Kirchen (aber auch in ihnen) besonders umstritten sind, wie etwa das Ehe- und Partnerschaftsverständnis und Fragen der individuellen Lebensführung. Sie haben in der globalen Ökumene schon manchen Dialog an den Rand des Scheiterns gebracht; sie können vielleicht zu späteren Zeiten und auf der Basis des hier erarbeiteten wechselseitigen Respekts und Verständnisses neu aufgegriffen werden. Allerdings wird die Fokussierung auf die Menschenwürdethematik nicht ganz konsistent durchgehalten, wenn im zweiten Kapitel auch Grundansätze der Ethik behandelt werden, die mit Menschenwürde entweder nichts zu tun haben (Tugend), nicht Gegenstand ökumenischer Irritationen sind (Güterethik) oder überhaupt kein besonderes konfessionelles oder gar christliches Profil haben (Diskursethik). Hier wurde offenbar ein anderes Ziel verfolgt, nämlich konfessionstypische Argumentationsweisen ökumenisch zu diskutieren. Besser wäre es gewesen, sich auf jene Argumentationsweisen zu beschränken, die tatsächlich relevant für unterschiedliche Bewertungen in Einzelfragen sind, nämlich die katholische Denkform des Naturrechts und das evangelische Verständnis von Verantwortungsethik. Leider werden beide im zweiten Kapitel nur gestreift und im vierten Kapitel nicht wieder aufgegriffen.

Ein weiterer starker Punkt des Dokuments ist die eindeutige Positionierung im theologischen Menschenwürdediskurs. Die vier vorgestellten Modelle der theologischen Menschenwürdebegründung – schöpfungstheologisches, christologisches, rechtfertigungstheologisches und eschatologisches Modell – erfahren eine differenzierte Diskussion sowohl hinsichtlich ihrer ethischen Begründungsleistung als auch hinsichtlich ihrer konfessio-

---

[5]   Die in § 51 f vorgenommene Unterscheidung zwischen einem „primären Auftrag" der Kirchen, die biblische Botschaft zu verkünden (mit der untrennbar die Verantwortung für soziale Fragen verbunden ist) und einer (sekundären?) „wichtigen Aufgabe" zur Gewissensbildung der Gläubigen beizutragen, scheint mir allerdings wenig glücklich und eher verunklarend.

nellen Anknüpfungs- oder Kritikfähigkeit. Das Übersetzen der jeweiligen theologischen Vorbehalte und Anliegen, die jeweils aus katholischer und evangelischer Perspektive bestehen, gelingt sehr gut und es wird erkennbar, wie groß die gemeinsame Basis tatsächlich ist. Davon ausgehend formuliert das Dokument einen starken normativen Menschenwürdebegriff, der ausnahmslos allen Menschen in jedem Lebensstadium zukommt und mit dem keine Abstufungen vereinbar sind (vgl. §191 f; auch §244). Freilich muss auch das Dokument einräumen, dass – auch wenn man zugesteht, dass aus dem Menschenwürdekonzept nicht unmittelbar moralische Forderungen abgeleitet werden können (§194) – ein Konsens über ein solch weitreichendes Verständnis vor allem innerhalb der evangelischen Theologie (aber auch bei einigen katholischen Theologen) keineswegs gegeben ist (vgl. §245). Hier müsste künftig vielleicht noch eingehender diskutiert werden, ob es sich um Differenzen im Menschenbild oder Differenzen bei der begrifflichen Identifikation von frühen menschlichen Lebensformen („was Embryonen in vitro sind") handelt.

Schließlich besteht ein bedeutsames Ergebnis des Dokuments darin, dass die ökumenische Gesprächsmethode sich bewährt, einen differenzierten Konsens und einen begrenzten Dissens zu suchen und zu identifizieren. Im Unterschied zur Profil- oder Differenzökumene geht es dabei weitaus weniger um Selbstbestätigung, sondern um die Bereitschaft, sich auf eine veritable Verständnisarbeit einzulassen. Bei der Lektüre des Dokuments wird sehr wohl deutlich, dass dies keineswegs mit Profilverlust einhergeht; es trägt im Gegenteil erheblich zum christlichen Profil bei, wenn konfessionelle Überzeugungen so formuliert werden können, dass sie auch vom anderen als respektable Anliegen gewürdigt werden können. Das Dokument weist außerdem mit Recht darauf hin, dass bei ethischen Fragen zwischen den Kirchen in sehr hohem Maß und in sehr vielen Bereichen Übereinstimmung besteht. Das gilt vor allem für die vielen Fragen auf dem Gebiet der sozialen Gerechtigkeit – hier besteht der im Sozialwort der Kirchen formulierte Konsens fort. Vermutlich wäre dieser auch auf den Gebieten der Umwelt- und der Entwicklungsethik und im Bereich von Nachhaltigkeitsfragen zu finden. Kontroverser könnte es bei der Friedensethik zugehen, wo die verschiedenen politischen Modelle weiter fortwirken; eine Fortführung des Dialogs könnte vielleicht diskutieren, ob sich der Menschenwürdekonsens auch im Bereich der politischen Ethik als fruchtbar erweist.

Ausblick auf gemeinsame Herausforderungen

Es wird der Qualität des Dokuments gerecht, auch jene offenen Fragen zu benennen, die sich gerade im ökumenischen Dialog zeigen, weil sie gewissermaßen als Nebenprodukt anfallen. Ich meine Grundlagenfragen, die die christliche Ethik konfessionsübergreifend (wenn vielleicht auch in unterschiedlicher Weise) betreffen. Durchaus in Anknüpfung an Hinweise aus dem Dokument nenne ich drei Fragen, denen sich die theologische Ethik im ökumenischen Dialog weiter anzunehmen hätte.

Offen bleibt im Dokument die genaue Relevanz der Bibel für die Ethik (vgl. §241). Zwar wird die „traditionelle Bibelvergessenheit" der katholischen Moraltheologie, die das Zweite Vatikanische Konzil zum Anlass für Reformforderungen nahm, aufgegriffen (vgl. §60) und es wird die grundlegende Frage aufgeworfen, wie sich die „Urteilskraft der menschlichen Vernunft" zu den „biblischen Weisungen" verhält (§53). Anschließend wird diese Grundfrage jedoch ausgeklammert (vgl. §57) – trotz der Feststellung, dass auf evangelischer wie auf katholischer Seite neuere hermeneutische Modelle dafür erarbeitet wurden (vgl. ebd.). Im Dokument macht sich diese Problematik insofern bemerkbar, als nie völlig klar wird, ob die ausführlichen biblischen Darlegungen nun die ethische Menschenwürdekonzeption und das moderne Menschenrechtsverständnis argumentativ *stützen*, es *plausibilisieren,* es motivational *einbetten* oder ob sie es in einem strengen Sinne *begründen.* Diese Grundlagenfrage erfordert einen langen Atem und gebündelte Anstrengungen, die letztlich vielleicht nur im ökumenischen Dialog aufzubringen sind.

Eine weitere offene Stelle betrifft die theologische Anthropologie. Damit wird offensichtlich eine ganze Bandbreite an Überlegungen bezeichnet, von der grundsätzlichen Bestimmung, wie das Menschsein des Menschen als freies, aber sündiges Wesen angesichts Gottes zu verstehen ist, über die fundamentalethische Ausdeutung menschlicher Subjekthaftigkeit mit dem Würdestatus und als Inhabersein von moralischen Ansprüchen, bis hin zur Identifikation bestimmter neuartiger Lebensformen als „Menschsein". Das Dokument zieht hier – keineswegs untypisch für theologische Ethik – kühne Verbindungslinien von einer theologischen Anthropologie, die in der Sprache des 16. Jahrhunderts formuliert wird, zur aktuellen biomedizinischen Forschung. Dies kann eigentlich nur als Problemanzeige gelesen werden und als Ausgangspunkt für intensive Forschung, denn sowohl die theologische Anthropologie hat sich seither enorm weiterentwickelt,[6] als auch die humanbiologischen Kenntnisse und

die Manipulationsmöglichkeiten, die es offenbar erlauben, den Weg von der totipotenten Stammzelle zur ausdifferenzierten Körperzelle in beide Richtungen zu beschreiten.
Schließlich benötigt der Kirchenbegriff in der theologischen Ethik der weiteren Erörterung. Es ist natürlich keine neue Erkenntnis, dass die Lehrbefugnis der Kirche in ethischen Fragen und das Verhältnis des individuellen Gewissens zur kirchlichen Verkündigung zentrale Themen der Ethik-Ökumene darstellen. Das Dokument widmet dieser Problematik eine ausführliche und differenzierte Diskussion (vgl. §81–92; 239–240). Betrachtet man die Sprechweisen und Funktionen, die der Kirche jeweils zugeschrieben werden, fällt auf, dass jeweils eine unterschiedliche Dimension von Kirche im Spiel sind: Die Kirche, die in der gesellschaftlichen Öffentlichkeit Position bezieht, ist offenkundig nicht identisch mit der Kirche, in der sich – wie wenig oder stark ausgeprägt partizipativ-synodal auch immer – eine verbindliche oder wenigstens gemeinsame Position herausbildet und tradiert, bis hin zu jener Kirche, die zur christlichen Gewissensbildung des Einzelnen beiträgt. Gerade letzteres geschieht ja nicht nur und nicht vordringlich durch ethische Verkündigung, sondern durch vielfältige Formen der personalen Tradierung, der Feiern und Rituale, etc., wo wiederum eine andere, lebensweltlichere Dimension von Kirche relevant ist. Diese Fragen ökumenisch zu diskutieren könnte dazu beitragen, konfessionelle Fixierungen zu überwinden und somit – erneut – die ökumenischen Kontakte als „Gabe" wirksam zu machen.

Christof Mandry

(Christof Mandry ist Inhaber der Professur für Moraltheologie/ Sozialethik am Fachbereich Katholische Theologie der Goethe-Universität Frankfurt am Main.)

[6] Vgl. etwa *Wolfgang Schoberth:* „Es ist noch nicht erschienen, was wir sein werden." Möglichkeit und Aufgabe theologischer Anthropologie; in: *Bertram Stubenrauch/Michael Seewald* (Hg.): Das Menschenbild der Konfessionen. Achillesferse der Ökumene?, Freiburg. i. Br. 2015, 249–269.

2017 – der Reformation gedenken[1]

Mit dem Reformationsgedenken anno 2017 verbindet sich der 500. Jahrestag der mit der Person und dem Werk des Eisleber Reformators Martin Luther (1483–1546) verknüpften Reformation der Kirche Jesu Christi in der Welt. Historisch steht der wahrscheinlich nicht erfolgte Anschlag von 95 Disputationsthesen über den Ablass am Portal der Wittenberger Schlosskirche sowie die reformunwillige Antwort der zuständigen Bischöfe hinter diesem Gedenken. Die reformatorische Kirchenspaltung vor 500 Jahren gehört zu den größten Katastrophen, wodurch die Gemeinschaft des göttlichen Heils, die Himmel und Erde verbindet, in ihrer Zeugniskraft geschmälert wurde. Man kann diese Spaltung mit der Trennung von Kirche und Israel an der Frage, ob Jesus der verheißene Messias sei, mit der Gnosis und den ihr verwandten späteren Strömungen,[2] die die Offenbarung des einen Gottes und seines Wirkens am Menschen radikal verkennen, und mit dem „östlichen" Kirchenschisma von 1054 in eine Reihe stellen.

Es gibt nicht *das* Reformationsgedenken, das mit einem einzigen Jubiläumstermin verbunden wäre, wenngleich in Deutschland sowie in weiten Teilen Europas und der übrigen Welt der 31.10.2017 als solches festlich begangen wird. Vielmehr sind verschiedene lokale beziehungsweise regionale Reformen beziehungsweise Reformationen geltend zu machen. 2017 ist nicht einmal das früheste 500. Erinnerungsjahr, wenn man der Anliegen wegen die Hussiten (1414) und die Böhmischen Brüder (1458) in die reformatorischen Kirchengemeinschaften im weiten Sinn einbezieht. Ebenso ist 2017 nicht das einzige „große" 500. Jubiläumsjahr, weil die Re-

---

[1] Vortrag des Dekans der Theologischen Fakultät Trier anlässlich der Eröffnung des Studienjahres 2016/17 am 25.10.2016.

[2] Zur Komplexität des Phänomens: Art. Gnosis/Gnostizismus; in: RGG⁴ 3 (2000), 1043–1059; *Carl-Friedrich Geyer:* Art. Gnosis; in: Lexikon neureligiöser Gruppen, Szenen und Weltanschauungen. Orientierungen im religiösen Pluralismus, hg. v. *Harald Baer* u. a., Freiburg i. Br. 2005, 487–495; zur Auseinandersetzung des Christentums mit frühesten gnostischen Systemen: *Christoph Markschies:* Gottes Körper. Jüdische, christliche und pagane Gottesvorstellungen in der Antike, München 2016, 108 f.

formation des frühen 16. Jahrhunderts kein geschlossener Vorgang war und an verschiedenen Orten unterschiedlich ablief. In Zürich wurde die „Schweizer" Reformation durch Ulrich Zwingli (1484–1531) seit 1519 vorbereitet und 1523 vom Rat der Stadt beschlossen. Dies zeitigte auch in Oberdeutschland seine Folgen. Von Genf wirkte die Reformation auf Westeuropa ein. Als ein Sonderfall von Reformation wird anno 1534 das Entstehen der englischen Nationalkirche, der Anglikanischen Kirche angesehen. Im „lutherischen" Deutschland ist das Jahr 2017 ein angemessenes 500. Gedenkjahr. Es ist – biblisch gesprochen – das Jahr „dieser" Generation und „ihr" Zeichen.

1. Gedenken und feiern

Christen der evangelisch-lutherischen Konfession begehen, ja feiern, im Jahr 2017 das 500-jährige Jubiläum der Rückbesinnung der „katholischen", allumfassenden, Kirche allein auf Jesus Christus. Sie „feiern [...] nicht die Spaltung der Kirche des Westens"[3]. Sie erinnern sich intensiv an das, was die irdische Glaubensgemeinschaft begründet. In hervorragender, dichter Weise und in gemeinschaftlicher Verbundenheit tun sie, was sie sowohl individuell als auch bei ihren regelmäßigen gemeindlichen Zusammenkünften in anderer Weise auch tun. Im Fest feiern sie den Inhalt ihres Lebens im Alltag. Dies ist unter Christen der Sinn des Festes überhaupt.

Nicht nur katholische Christen könnten bewusster und selbstbewusster fragen, was es zu solchem Anlass, der eine weitere Spaltung der Kirche mit sich gebracht hat, überhaupt zu feiern gebe. „[H]istorische Erinnerung" in neuer, einsichtsvollerer konfessionsspezifischer Rücksicht „und identitätsstiftendes Gedächtnis",[4] dessen Kern sich mit dem historischen Protest gegen widrige Verhältnisse innerhalb der „westlichen" Kirche oder der Bekämpfung dieses Protests seitens der römischen Kirche nicht begnügt, böten unabdingbar keinen hinreichenden Anlass zu gemeinsamer Feier. Oder etwa doch?

[3] Vom Konflikt zur Gemeinschaft. Gemeinsames lutherisch-katholisches Reformationsgedenken im Jahr 2017. Bericht der Lutherisch/Römisch-katholischen Kommission für die Einheit, Leipzig/Paderborn 2013, Nr. 224.
[4] *Dorothea Sattler/Volker Leppin* (Hg.): Reformation 1517–2017. Ökumenische Perspektiven, Freiburg/Göttingen 2014, 71.

Feiern Christen 2017 Kirchengemeinschaft in unsichtbarer Einheit, während sie den steinigen Weg zur sichtbaren Einheit im Gehen geduldig praktizieren, wie dies die im Juni 2016 vorgelegte Studie des Ökumenischen Studienausschusses der Vereinigten Evangelisch-Lutherischen Kirche Deutschlands über die sichtbare Einheit der Kirche nahelegt?[5] Oder kommen Christen verschiedener Konfessionen zu einem neuen Pfingsten „am gleichen Ort" (Apg 2,1) zusammen, um „Erinnerung [zu] heilen [und] Jesus Christus [zu] bezeugen", wie das im September 2016 veröffentlichte gemeinsame Wort der Deutschen Bischofskonferenz und der Evangelischen Kirche in Deutschland zum Jahr 2017 tituliert?[6] Gleichwohl ist zu betonen: Das Feiern dieser Art hat nichts gemeinsam mit der in der säkularen Gesellschaft weit verbreiteten Feier- beziehungsweise Party-Stimmung. Das Motiv derartiger Feiern führt nicht an die Reformationsfeier heran.

Katholische Christen sollten sich am Verbum „feiern" nicht stören. Ihren Ohren erschien vor mehr als 50 Jahren ebenso fremd, dass ein Konzil, wie Papst Johannes XXIII. (1958–1963) sprachlich für das Zweite Vatikanische Konzil (1962–1965) ausgegeben hatte, „gefeiert" wird.[7] Mit diesem ungewöhnlichen Tätigkeitswort griff der Papst einen geprägten theologischen *Terminus technicus* aus der Frühzeit der Kirche auf. Der Begriff fand einst seine Legitimation im Kontext des Gottesdienstes und eines kongenialen Lebens aus der Liturgie im Alltag. Die Rede vom Feiern entspricht zutiefst der Intention der Eucharistiefeier, der ganzheitlichen Aneignung der Heiligen Schrift, dem gemeinschaftlichen und persönlichen Gebet und dem diakonischen Engagement über die christliche Gemeinde hinaus.

Zwischen Feiern, Gedenken und Erinnern besteht ein elementarer Sachzusammenhang. Diese Tätigkeitswörter kommen darin überein, dass

---

[5]   Vgl. *Amt der VELKD* (Hg.): Sichtbare Einheit der Kirche in lutherischer Perspektive. Eine Studie des Ökumenischen Studienausschusses (Texte aus der VELKD Nr. 176, Juni 2016), Hannover 2016, 23.

[6]   *Evangelische Kirche in Deutschland/Sekretariat der Deutschen Bischofskonferenz:* Erinnerung heilen – Jesus Christus bezeugen. Ein gemeinsames Wort zum Jahr 2017 (16.09.2016), Gemeinsame Texte Nr. 24, Hannover/Bonn 2016.

[7]   *Johannes XXIII.:* Die Apostolische Konstitution „Humanae salutis" (25.12.1961); dt. in: HerKorr 16 (1961/1962), 225–228, 227; *ders.:* Rundfunkbotschaft vom 11. September 1962; in: HThK Vat.II, Bd. 5, Freiburg i. Br. 2006, 476–481, 480; *ders.:* Ansprache anlässlich der feierlichen Eröffnung des Zweiten Vatikanischen Konzils am 11. Oktober 1962 [„Gaudet Mater Ecclesia"] M; in: HThK Vat.II 5, 482–491, 482. 489f; *ders.:* Ansprache zum Abschluss der ersten Sitzungsperiode des Zweiten Vatikanischen Konzils (8. Dezember 1962); in: HThK Vat.II 5, 494–499, 494, vgl. 499.

in ihnen die Zeiten, die Zeitpunkte verknüpft und zu einem Ganzen verwoben werden. In der Glaubenserkenntnis wird im Gedenken der Menschen der Abstand eines vergangenen Ereignisses insofern übersprungen, als Gott dieses Ereignisses und der anderen Ereignisse immerzu gedenkt, sie sich gegenwärtig setzt und verflicht. Der Mensch indes zieht die Ereignisse auseinander, indem er sie nacheinander, in zeitlicher Abfolge denkt. Im Gedenken Gottes und im Glauben sind das Ereignis von damals und das heutige Gedenken dieses Ereignisses seitens des Menschen in geschichtlichem Abstand gleichzeitig. Gott sind also unsere zeitlich getrennt wahrnehmbaren Ereignisse ständig gleichzeitig und innerlich vereint. Das Fest, das Gott inspiriert und in seinem Geist begleitet, wendet solche geistige Verbundenheit der geschichtlichen Ereignisse auf die Menschen, die es feiern, bewusst zu.

In Hinsicht auf die zu erinnernden Ereignisse im Leben Luthers und deren Folgen geht es 2017 „nicht darum, eine andere Geschichte zu erzählen, sondern darum, diese Geschichte anders zu erzählen"[8]. Dies kann gelingen in gemeinsamem Gedenken der Großtaten Gottes und in kritischer Rechenschaft. Die Rechenschaft umfasst sowohl den Dank für ökumenisches Engagement als auch das Eingeständnis von Schuld.[9] Christen sämtlicher Konfessionen feiern auch im Jahr 2017 das Evangelium Gottes, das in Jesus Christus ein menschliches Antlitz bekommen hat und dem sie selbst Kopf, Hand, Fuß und Herz leihen. Sie feiern (wie Trierer Katholiken bei der Verehrung des Heiligen Rockes) das ungeteilte Evangelium, indem sie sich an ihm mit allen Kräften des Leibes orientieren. Sie feiern „den eschatologischen Charakter der Kirche [...] als der Heilsgemeinde"[10] Gottes. Und sie feiern die diakonische Verantwortung jedes einzelnen Christenmenschen für die Gemeinschaft der Glaubenden sowie für die Mitmenschen und die anderen Mitgeschöpfe. Dies ist der beste Glaubwürdigkeitserweis des Evangeliums. Dies ist dessen beste Würdigung, wenn Christen des Evangeliums Würde, ihre Gotteskindschaft, und des Evangeliums Bürde, ihr Bekenntnis zu ihm im Zeugnis von Tat und Wort, freudig und zuversichtlich, geduldig und wachsam verwirklichen, „bis er kommt" (1Kor 11,26). Sein Advent würzt jedes Motiv des Feierns oder Gedenkens der Reform und Reformation der Kirche.

[8] Vom Konflikt zur Gemeinschaft, Nr. 16.
[9] Vgl. *EKD/DBK*, Erinnerung heilen – Jesus Christus bezeugen, 16.
[10] *Sattler/Leppin*, Reformation 1517–2017, 73.

2. Reform und Reformation

Hinter Reform und Reformation der Kirche steht grundsätzlich das Reformieren beziehungsweise das Sichreformieren. Das Erneuern einer Sache und die Erneuerung seiner selbst, beides Tätigkeiten, gehen miteinander einher. Die „res" namens Kirche gibt es nicht ohne das Volk Gottes, die Menschen, die in der Welt für den dreieinen Gott einstehen. Erneuerung in der Kirche als Resultat des Reformierens beziehungsweise Sichreformierens schlägt sich nieder als Reform der Kirche; sie schlägt sich auch nieder, in einem spezifischen Sinn, als Reformation der Kirche. Hier muss unterschieden werden. Geschichtlich ist Reformation ein gewachsener, mehrschichtiger Begriff, welcher mit den kirchlichen, politischen und sozialen Veränderungen in der europäisch-abendländischen Kirche des 16. Jahrhunderts und über sie hinaus feste evangelische und katholische Konturen erhalten hat.

Die unentwegte Reform der Kirche ist ein Gesamtereignis in geschichtlichen Einzelereignissen, „in denen der Glaube eine Heimsuchung Gottes erblickt"[11]. Dieses Ereignis verdankt sich dem Wirken des Heiligen Geistes, der Jesus Christus zu erkennen gibt (vgl. Joh 16,13 f). Man geht nicht fehl, wenn man der in diesem Sinn verstandenen Reform der Kirche die als Reformation der abendländischen Kirche bezeichnete Reform subsumiert. Diese Einsicht tangiert nicht allein die aus der Reformation hervorgegangenen Kirchen. Sie zeitigt ebenso Wirkung auf die katholische Kirche und erlangte in ihr erst im 20. Jahrhundert mit dem Zweiten Vatikanischen Konzil Durchschlagskraft. Es ist das Zeichen der Tragik dieser Reform, dass die Reformation im 16. Jahrhundert, zunehmend eingegrenzt auf die Zeit von ca. 1517 bis 1555, die binnenwestliche Kirchenspaltung hervorgebracht hat, wenngleich sie als Erneuerungsbewegung in der Kirche angetreten war.[12] Der Verlust der kirchlichen Einheit bahnte sich mit ihr den weiteren Weg. Geist und Buchstabe jeder künftigen Reform der Kirche in der Kirche werden von der Intention geleitet: „Der Lebensgrund der Kirche ist zu erkennen und zurückzugewinnen."[13] Adäquat wird dieser gemeinsame, eine,

---

[11] *Wolfgang Beinert/Ulrich Kühn:* Ökumenische Dogmatik, Leipzig/Regensburg 2013, 39 (*U. Kühn*).

[12] Vgl. Vom Konflikt zur Gemeinschaft, Nr. 29.

[13] *Hans-Joachim Kraus:* Reformation/Reform, B. Aus evangelischer Sicht; in: NHThG (1991) 4, 366–377, 369.

notwendige Grund in „versöhnter Verschiedenheit" benannt, wobei die gegensätzlichen Formulierungen komplementär zu verstehen sind.

3. Gottsuche, Glaube, globale Welt und Kircheneinheit im Jahr 2017

Nach 500 Jahren lässt die Vielzahl der interkonfessionellen Dialoge erkennen, wie die persönliche Gottsuche und der Glaube sowie die individuelle und gemeinschaftliche Beziehung zu Gott menschliche Existenzen habituell prägen, wenngleich auf unterschiedliche Weise. Dies bestätigt zugleich, dass Kirchenspaltungen sich immer auch mentalitätsgeschichtlich auswirken und kulturell niederschlagen.

Den „Bruch zwischen Evangelium und Kultur", den Papst Paul VI. (1963–1978) nicht allein für das 20. Jahrhundert diagnostiziert hat,[14] befördern die Kirchenspaltungen fortwährend, erschweren sie doch die fruchtbare Begegnung des Evangeliums Jesu Christi mit der Welt in ihrem Sosein. Das Defizit, das wie ein Joch wirkt, bekommen Getaufte als Einzelne auf ihrem Glaubensweg zu spüren. Sie können die Diskrepanz im Kleinen allenfalls partiell überwinden.

Der Mangel an sichtbarer Einheit der Kirche beziehungsweise der Kirchen in der Welt wird derzeit von vielen nicht mehr vernommen. Die vielfältig vernetzte Welt und etliche Maßnahmen der Globalisierung lassen dieses Defizit klein dastehen. Oftmals erweckt es den Anschein, als stritten sich die höchsten Vertreter der Kirchen oder die Theologen über dogmatische Spitzfindigkeiten, während an der Basis die geschwisterliche Verbundenheit der Kirchen, oft auch aus der vielfältigen gesellschaftlichen Not heraus, die die Weltreligionen allesamt nicht verschont, als sprechender Ausdruck der Einheit *in praxi* gelebt wird. Die Einheit im Zeugnis der Liebe wird hier in großer Gemeinsamkeit aufrichtig verwirklicht, ohne an Unterschiede, die die Kirchen weiterhin trennen, zu rütteln.[15] Der Grundsatz „Dem Evangelium treu, den Menschen nah, der Zukunft zugewandt"[16] beflügelt viele Christen in ihrem Gesamtverhalten. In der Tat steht jede Kirche gleichermaßen vor den großen Herausforderungen der kapitalisti-

---

[14] *Paul VI.:* Apostolisches Schreiben „Evangelii nuntiandi" über die Evangelisierung in der Welt von heute (08.12.1975), Nr. 20; dt.: VApS 2, Neuaufl. Bonn 2012.
[15] Vgl. Vom Konflikt zur Gemeinschaft, Nr. 34.
[16] *Wolfgang Huber:* Der christliche Glaube. Eine evangelische Orientierung, Gütersloh 2008, 148.

schen Welt, die gemeinsam gemeistert werden müssen und auch nicht anders gemeistert werden können – vor globalen ökologischen Herausforderungen, vor weltweiten Migrationsbewegungen, vor finanziellen und ökonomischen Schieflagen, die soziale Erschütterungen im Schlepptau mit sich führen. Die Turbo-Bewegungen einer mondänen, imperialen Welt, die großen Konflikte von Arm und Reich, die kulturellen Ungleichzeitigkeiten und die terroristischen und kriegerischen Auseinandersetzungen auf unserem Planeten geben die Zerrissenheit der Kirche Jesu Christi nicht mehr zu erkennen, dafür umso mehr die Ungerechtigkeit in der Welt – einer Welt, die auch mit dieser Ungerechtigkeit und mit der Zerrissenheit der Kirche noch immer Gottes Schöpfung ist. Kircheneinheit bleibt bis zuletzt Geschenk und Gabe des kommenden Gottes. Den Weg bereiten die Getauften in ökumenischer Gemeinschaft. Die Einheit in der Spannung von „schon" und „noch nicht" denkerisch auszumessen und voranzutreiben, ruft auch die dogmatische Theologie auf den Plan.

Johannes Schelhas

(Johannes Schelhas ist Ordentlicher Professor für Dogmatik und Dogmengeschichte an der Theologischen Fakultät der Universität Trier.)

Ökumene ist keine Häresie – Symposium zu 500 Jahren Reformation in Thessaloniki[1]

„Ökumene ist keine Häresie." Diese Feststellung des römisch-katholischen Erzbischofs Jannis Spiteris mag in zentral- oder westeuropäischen kirchlichen Kreisen vollkommen unhinterfragbar sein. Im südosteuropäischen orthodoxen Umfeld hingegen ist sie keineswegs eine Selbstverständlichkeit. Der Erzbischof äußert sich in dieser Weise in seinem Grußwort auf einem Symposium über 500 Jahre Reformation. Dieses fand aus Anlass des Reformationsjubiläums unter der Schirmherrschaft des Ökumenischen Patriarchats an der Theologischen Fakultät der Aristoteles-Universität in Thessaloniki statt. In seinem Grußwort stellte der Ökumenische Patriarch die Veranstaltung in den Kontext der Folgen der Großen und Heiligen Synode, die im vergangenen Juni in Kolymvari auf Kreta getagt hatte. In deren Dokument „Beziehungen der orthodoxen Kirche zu der übrigen christlichen Welt" werden ökumenische Aktivitäten wie jenes wissenschaftliche Symposium in Thessaloniki deutlich unterstützt. Solche Veranstaltungen sollen dazu dienen, andere Konfessionskulturen besser kennen und schätzen zu lernen, ohne dabei von vorne herein Unterschiede apologetisch benennen zu müssen.

Bemerkenswert an dem Symposium war nicht nur seine Thematik im orthodoxen Umfeld, sondern auch die Zusammensetzung des Kreises der Mitveranstalter. Verantwortlich zeichnete nicht nur die Theologische Fakultät bzw. das Department für Pastorale und Soziale Theologie. Mitbeteiligt waren auch das Ökumenische Institut und die Evangelische und Katholische Theologische Fakultät aus Strasbourg sowie die Theologische Fakultät der Christian-Albrechts-Universität zu Kiel. Starke Unterstützung fand die Konferenz auch durch das deutsche Generalkonsulat in Thessaloniki und die Evangelisch-Lutherische Kirche in Norddeutschland.

[1] Die Theologische Fakultät der Christian-Albrechts-Universität zu Kiel organisierte gemeinsam mit der Aristoteles-Universität in Thessaloniki und den Theologischen Fakultäten aus Straßburg vom 28. bis 30. März in der griechischen Hafenstadt Thessaloniki einen internationalen Kongress zu 500 Jahren Reformation („1517 – 2017: 500 Years of Reformation").

Bemerkenswert ist, dass im Laufe der über vierzig Beiträge umfassenden Konferenz nicht nur die evangelische Eigenperspektive, sondern auch die Fremdperspektive eingenommen worden ist. Reformation wurde somit auch zu einem Forschungsgegenstand orthodoxer Theologie. Kolleginnen und Kollegen aus Griechenland und Rumänien näherten sich dem Thema mit einem beachtenswerten Maß an Objektivität und wissenschaftlicher Redlichkeit an.

Im Wesentlichen wurden vier Schwerpunkte verfolgt: Ein wichtiger Schwerpunkt des Kongresses war die historische Verortung der Reformation. Reformation ist nicht zu verstehen, wenn ihre konkreten historischen und theologischen Zusammenhänge aus dem Blick verloren gehen. In diesem Sinne erläuterte z. B. der orthodoxe Theologe und Hierarch Metropolit Elpidophoros Lambriniadis Luthers 95 Thesen oder die römisch-katholische Theologin Françoise Vinel die historische Situation am Oberrhein im 14. und 15. Jahrhundert. Einen wichtigen Beitrag aus evangelischer Perspektive stellte der Beitrag des Tübinger Reformationshistorikers Volker Leppin dar, der die Reformation in verschiedene Polaritäten bzw. Diskursfelder im späten Mittelalter einbettete, so z. B. in die Spannung zwischen Zentralisierung und Territorialisierung im Heiligen Römischen Reich. Deutlich wurde dabei, dass Reformation nicht *die einzige* mögliche Form von Christentum darstellt, sondern diejenige, die unter bestimmten soziologischen und geistesgeschichtlichen Voraussetzungen in zahlreichen Territorien West- und Zentraleuropas eine gewisse Plausibilität für sich in Anspruch nehmen konnte. Bereits dort lässt sie sich in einer großen Vielfalt beobachten, wie u. a. ein Beitrag von Marc Vial über Luther und Calvin zum Ausdruck brachte.

Gleichwohl wurde die Reformation in einem zweiten Schwerpunkt dennoch als ein gesamteuropäisches bzw. globales Phänomen angesprochen, das auch Auswirkungen auf Südosteuropa hatte. Sogar auf dem bei Thessaloniki gelegenen Mönchsberg Athos lassen sich (kritische) Reaktionen auf die Reformation beobachten, die Symeon Paschalidis anhand einiger bekannter und auch bisher unbekannter Dokumente vorgestellt hat. Einen hervorragenden Überblick über die Reformation in Rumänien bot darüber hinaus Ion-Marian Croitoru. Europa und seine europäische Kultur sind demnach nicht erst ein Produkt des 20. Jahrhunderts. Vielmehr sind auch im 16. Jahrhundert kulturelle Umwälzungen gesamteuropäisch wahrgenommen und reflektiert worden. In mehreren Beiträgen wurden dementsprechend auch die direkten und indirekten Auswirkungen der Reformation auf die orthodoxe Konfessionskultur reflektiert. So berichtete z. B.

Ioannis Kourebeles über das Wirken von Mitrophanis Kritopoulos während seines Studiums in Helmstedt und Konstantinos Bozinis über die Einflüsse reformatorischen Denkens auf das Werk des Metropoliten von Ioannina Zacharias Gerganos. Bemerkenswert waren in diesem Fall weniger die historischen Ausführungen als vielmehr die Feststellung, dass Reformation bereits in der frühen Neuzeit auch an griechischen Theologen nicht spurlos vorübergegangen ist.

Ein dritter Schwerpunkt des Symposiums bestand in der Behandlung der Dialoge, die reformatorische Kirchen und vor allem der Lutherische Weltbund mit orthodoxen und römisch-katholischen Gesprächspartnern geführt haben. Dabei reflektierten bedeutende Ökumeniker wie Theodor Dieter grundsätzlich die klassischen Methoden des Dialogs. Im Vordergrund stand dabei das Streben nach einem Konsens, und sei es auch in einer differenzierten oder differenzierenden Form. In mehreren Beiträgen wurde allerdings auch deutlich, dass eine solche Form der Konsensökumene sich aktuell in einer Art Umbruch zu befinden scheint. Martin Illert machte in seiner Auswertung der bilateralen Dialoge zwischen orthodoxen und evangelischen Vertretern deutlich, dass Dialoge auch dann von großer Bedeutung sein können, wenn sie nicht zu einem solchen Konsens führen. Eine große Bedeutung von Dialogen besteht nämlich auch grundsätzlich in der Verständigung über Selbst- und Fremdbilder, über Identitäten von Kirchen. Im postmodernen Kontext scheint die besondere Herausforderung auch für die Dialoge gerade darin zu liegen, dass sie in einer Gesellschaft segmentierter Identitätsbereiche geführt werden. Innerhalb dieser Bereiche Identitäten zu stärken ist ein Gebot der Stunde, um religiöse Orientierungslosigkeit, Verunsicherung oder gar Fundamentalismen nicht weiter zu fördern. Beibehaltung und konstruktive Förderung von eigenen Identitäten einerseits und Konvivenz auf der anderen Seiten nötigt geradezu zur Verständigung auch im Sinne der vertieften Reflexion von Selbst- und Fremdbildern. Das Thessalonicher Symposium machte insofern deutlich, dass der Dialog grundsätzlich an einem Wendepunkt steht. Dies unterstrichen Beiträge beginnend mit der Reflexion von Pluralität in der Bibel des Straßburger Theologen Daniel Gerber bis hin zu Ausführungen des Kieler Ethikers André Munzinger, der Reformation im Zeitalter diversivizierter Weltanschauungen reflektierte.

Reformation ist nicht nur ein historisches Geschehen. Sie drängt vielmehr auch gegenwärtig zu aktuellen Formen von Religiosität. In einem letzten Schwerpunkt wurden solche Folgen der Reformation für gegenwärtige und zukünftige Theologie und Kirchlichkeit reflektiert. Dabei wurden nicht nur neue Wege in der Exegese wie die *New Perspective on Paul* durch Christiane Zimmermann kritisch mit dem Schriftverständnis Luthers konfrontiert, sondern u. a. auch die Frage nach der Bedeutung der Diskussion über den freien Willen für die gegenwärtige pastorale Praxis von Maike Schult gestellt. Letztlich wurde auch die Präsentation reformatorischer Kerninhalte in der heutigen Gesellschaft thematisiert: Daniel Mourkojannis, Reformationsbeauftragter der Nordkirche, machte mit einigen Beispielen deutlich, wie im Norden Deutschlands in diesen Monaten Reformation gefeiert und bedacht wird.

Der Kongress stellte nicht nur ein wichtiges wissenschaftliches Ereignis dar. Ein abendlicher Empfang in der deutschsprachigen evangelischen Gemeinde in Thessaloniki, bei dem ein griechisch-orthodoxer Metropolit, ein römisch-katholischer Erzbischof und zwei evangelische Kirchenhierarchen über die Bedeutung der Reformation für ihre Kirchen sprachen, machte vielmehr auch deutlich: Über Reformation wird weit über die deutschen Grenzen hinaus konstruktiv gesprochen. Mitglieder anderer Kirchen vermögen dabei nicht nur die schmerzlichen Wunden einer zunehmenden Ausdifferenzierung von kirchlichen Kulturen im 16. Jahrhundert zu beklagen, sondern vielmehr auch konstruktiv die kulturellen Folgen der Reformation für Kirche, Gesellschaft und Dialog zu benennen. Reformationsgedenken im globalen Kontext hat also durchaus positive Auswirkungen für das Verhältnis von Kirchen zueinander.

Andreas Müller

(Andreas Müller ist ordentlicher Professor für Kirchen- und Religionsgeschichte des 1. Jahrtausends an der Christian-Albrechts-Universität zu Kiel und Dekan an der Theologischen Fakultät.)

Grußwort des Ökumenischen Patriarchen Bartholomaios auf dem Symposium in Thessaloniki zu 500 Jahren Reformation

Dem ehrwürdigsten Erzpriester Herrn Christos Philiotis-Vlachavas, Assistenzprofessor an der Theologischen Fakultät der Aristoteles-Universität, im Herrn geliebtes Kind unserer Mittelmäßigkeit, Gnade und Frieden von Gott.

Auf Ihren Brief vom 10. Februar antwortend geben wir Eurer Ehrwürden bekannt, dass wir das Anliegen des Organisationskomitees des Internationalen Wissenschaftlichen Kongresses „1517–2017: 500 Jahre seit der Reformation", welcher vom 28.–30. März diesen Jahres in Thessaloniki stattfindet, mit Freude entgegengenommen haben, diesen unter die Schirmherrschaft unserer Mittelmäßigkeit zu stellen. Wir bringen unsere Genugtuung über die lobenswerte Initiative der Organisation dieser bedeutenden akademischen und ökumenischen Veranstaltung gegenüber den Beiträgern zum Ausdruck.

2017 wird das 500-jährige Jubiläum seit dem Beginn der Bewegung der Reformation begangen, welche nicht nur das westliche Christentum und die übrige christliche Welt entscheidend beeinflusst hat, sondern auch eine Weichenstellung der kulturellen Entwicklung darstellte. Martin Luther und Johannes Calvin sind nicht nur Reformatoren der westlichen Kirche, sondern zugleich auch zentrale Gestalten der europäischen und der globalen Geschichte.

Die Begegnung und der Dialog des Protestantismus mit der Orthodoxie sind so alt wie die Reformation selbst. Martin Luther berief sich bekanntlich zu Beginn seiner reformatorischen Bemühung auf die Geschichte und das Zeugnis der östlichen Orthodoxen Kirche, um seine Kritik gegenüber der Römischen Kirche zu stützen. Die Tübinger Gelehrten wandten sich an das Ökumenische Patriarchat und legten eine griechische Übersetzung des Augsburger Bekenntnisses vor, um unsere Kirche über die reformatorische Lehre zu informieren und die Meinung der Orthodoxen darüber zu hören. Es ist bemerkenswert, dass der zeitgenössische theologische Dialog zwischen der Orthodoxen Kirche und dem Lutherischen Weltbund als Fortsetzung jener Initiativen des 16. Jahrhunderts verstanden wird.

Wir setzen den Dialog in Liebe und Wahrheit fort, ohne theologischen Minimalismus und mit dem unermüdlich verfolgten Ziel der Einheit und des gemeinsamen christlichen Zeugnisses in der zeitgenössischen Welt. Wie in dem Dokument der Heiligen und Großen Synode „Beziehungen der Orthodoxen Kirche mit der übrigen christlichen Welt" erwähnt, nimmt die Orthodoxe Kirche an dem theologischen Dialog mit den übrigen Christen teil „mit der Überzeugung, dass sie durch den Dialog ein kraftvolles Zeugnis der Fülle der Wahrheit in Christus und ihrer geistlichen Schätze für diejenigen außerhalb ihrer ablegt, verbunden mit dem Endzweck, den Weg zur Einheit hin zu bahnen" (Par. 6). Für ihre Beziehungen zu den übrigen Christen stützt sich die Orthodoxe Kirche „nicht nur auf menschliche Kräfte derjenigen, die die Dialoge durchführen, sondern erhält zuallererst den Beistand des Heiligen Geistes durch die Gnade des Herrn, der darum bittet, ‚dass alle eins seien'" (Joh 17,21) (Par. 8).

Zum ersten Mal seit dem historischen theologischen Seminar „Luther et la Réforme allemande dans une perspective oecuménique" (25. April – 29. Mai 1982) im Orthodoxen Zentrum Chambésy in Genf anlässlich des 500. Geburtstages Luthers, welches dementsprechend als „Weichenstellung bei der orthodoxen Annäherung an Luther" charakterisiert wurde, wird auf dem Gebiet der Orthodoxie ein derart bedeutender wissenschaftlicher Kongress mit dem Thema der Reformation organisiert. Wir sind sicher, dass die Vorträge und die Diskussionen dieses Kongresses einen wertvollen theologischen Beitrag bieten werden und dass sie nützlich sein werden für die offiziellen theologischen Dialoge der Orthodoxen Kirche mit den übrigen Christen. Wir sind zuversichtlich, dass das Reformationsjubiläum einen Auslöser für ein Wiederaufleben des Interesses des Protestantismus für die Orthodoxie bieten wird, für ihre eucharistische Ekklesiologie, ihre synodale Struktur, ihr gottesdienstliches und liturgisches Leben, das asketische Ethos und ihre Spiritualität, die Ausrichtung auf die Kirchenväter.

Wir gratulieren in diesem Sinne den Organisatoren des gegenwärtigen Kongresses und wünschen einen ungehinderten Verlauf und eine reichliche Ernte für die Förderung des Geistes des Dialogs, der zwischenchristlichen Zusammenarbeit und der ökumenischen Perspektive, und gewähren väterliche Gebete und unseren Segen als Patriarch, indem wir die lichtspendende Gnade des Allheiligen Geistes auf Sie alle herabrufen.

4. März 2017

Bartholomaios von Konstantinopel, glühender Beter zu Gott

Übersetzung aus dem Griechischen: Prof. Dr. Andreas Müller

Brief der Orthodoxen Bischofskonferenz in Deutschland (OBKD) an den EKD-Ratsvorsitzenden

Bonn, 9. März 2017

Sehr geehrter Herr Ratsvorsitzender,
lieber Bruder Bedford-Strohm,

die Orthodoxe Bischofskonferenz in Deutschland (OBKD) hat sich in ihrer Sitzung vom 6. März 2017 unter anderem mit dem Reformationsjubiläum beschäftigt und einstimmig beschlossen, Ihnen diesen Brief zu schreiben.

Dieses Jubiläum ist nämlich für uns Orthodoxe ein willkommener Anlass auch auf fünf Jahrhunderte wechselseitiger Beziehungen zurückzuschauen: Bereits in der Reformationszeit erfolgte die Aufnahme von direkten Beziehungen zwischen deutschen reformatorischen Theologen und dem Ökumenischen Patriarchen in Konstantinopel, etwa durch Melanchthon, der sich von Wittenberg aus bemühte, mit Konstantinopel in Verbindung zu treten. Das Resultat war die griechische Fassung der Confessio Augustana sowie der Briefwechsel der Tübinger Theologen mit dem Ökumenischen Patriarchat. Dieser Briefwechsel endete bekanntlich seinerzeit mit den Worten des Patriarchen Jeremias II. „Geht nun euren Weg! Schreibt uns nicht mehr über Dogmen, sondern allein um der Freundschaft willen, wenn ihr das wollt. Lebt wohl!"

Aus diesen Worten spricht zum einen die Unmöglichkeit, die Patriarch Jeremias sieht, Hauptanliegen der Reformation, wie etwa die Rechtfertigungslehre, als mit der orthodoxen Theologie und Glaubenslehre kompatibel zu sehen, zum anderen aber auch der Wunsch nach brüderlichen Beziehungen und Kontakten, eben – in seiner Diktion – nach Freundschaft.

Heute leben im Kernland der Reformation etwa zwei Millionen orthodoxe Gläubige. Sie sind nicht mehr Außenseiter oder Gäste, sondern Kirche Jesu Christi, die „hier lebt" (vgl. Clemens von Rom, 1. Korintherbrief). Sie leben Tür an Tür mit ihren evangelischen Nachbarn und sind ein integrierter Bestandteil der bundesrepublikanischen Gesellschaft. Kirchlich sind sie in neun orthodoxen Diözesen organisiert, die gemeinsam die Orthodoxe Bischofskonferenz in Deutschland (OBKD) bilden. Sie nehmen Anteil an dem, was hierzulande besprochen und diskutiert wird; sie „freuen sich mit den sich Freuenden und weinen mit den Weinenden" (Röm 12,15). So geht auch das diesjährige Jubiläumsjahr der Reformation nicht spurlos an ihnen vorbei, ebenso wenig wie an uns, den orthodoxen Bischöfen in Deutschland.

Wir haben dankbar zur Kenntnis genommen, dass es bei diesem Jubiläum nicht um eine Glorifizierung Martin Luthers oder anderer Gestalten der Reformationszeit gehen soll, sondern dass die Formulierung „Christus-Jahr" gewählt wurde, die auf den Urheber und Vollender unseres Glaubens verweist.

Wir sind nämlich auch der Auffassung, dass eine Spaltung der Kirche Jesu Christi nicht etwas ist, das gefeiert werden kann. Vielmehr hören wir mit Ihnen gemeinsam, liebe Geschwister aus der Reformation, die Worte des hohepriesterlichen Gebets unseres Herrn „dass alle eins seien" (Joh 17,21).

Im Sinne der von Patriarch Jeremias II. beschworenen Freundschaft grüßen wir Sie, den Rat, die Leitung und die Gliedkirchen der EKD, deshalb herzlich aus Anlass des Jubiläumsjahres der Reformation, mit dem alttestamentlichen Wort: „So habt nun acht, dass ihr tut, wie euch der HERR, euer Gott, geboten hat, und weicht nicht, weder zur Rechten noch zur Linken, sondern wandelt in allen Wegen, die euch der HERR, euer Gott, geboten hat, damit ihr leben könnt und es euch wohl geht und ihr lange lebt"(Dtn 5,32 f).

Mit herzlichen Segenswünschen

+ Metropolit Augoustinos von Deutschland
Exarch von Zentraleuropa Vorsitzender
und die übrigen Mitglieder der
Orthodoxen Bischofskonferenz in Deutschland (OBKD)

Antwort des Ratsvorsitzenden der Evangelischen Kirche in Deutschland, Landesbischof Heinrich Bedford-Strohm, auf das Schreiben von Metropolit Augoustinos vom 9. März 2017

Hannover, 29. März 2017

Sehr geehrter Herr Vorsitzender der Orthodoxen Bischofskonferenz,
lieber Bruder Augoustinos,

haben Sie vielen Dank für den Gruß der OBKD zum Reformationsjubiläum, den wir gern dem Rat und der Kirchenkonferenz zur Kenntnis gegeben haben. Beide Gremien freuen sich, Ihnen dieses Schreiben zu senden.

Wir danken Ihnen für die Würdigung der Feierlichkeiten zum 500. Reformationsjubiläum, die wir in der Tat als ein Christusfest verstehen, das wir jenseits konfessioneller Selbstverherrlichung und Polemik in ökumenischer Gemeinschaft mit unseren Schwesterkirchen begehen.

Die Feier unseres Jubiläums als ein Christusfest ist nicht zuletzt dadurch möglich geworden, dass Kirchen, die zum Zeitpunkt der Reformation aus der damaligen Perspektive noch fast ausschließlich in „fremden" Ländern lebten, heute, wie Sie zu Recht mit Blick auf die orthodoxen Christinnen und Christen in Deutschland hervorheben, seit vielen Jahrzehnten in Deutschland beheimatet sind.

Der „Dialog der Liebe", den Sie mit den Worten des Patriarchen Jeremias II beschreiben, und den die Evangelische Kirche in Deutschland und ihre Gliedkirchen seit langer Zeit auf vielen Ebenen mit den Orthodoxen Kirchen pflegen, hat nach unserer Ansicht einen Beitrag zu diesem Heimisch-Werden geleistet. Es freut uns deshalb besonders, dass im kommenden Mai in Tübingen und Stuttgart durch den Besuch seiner Allheiligkeit Patriarch Bartholomaios und die theologische Konferenz „Tübingen II" an die Anfänge der Kontakte zwischen Orthodoxie und Evangelischer Kirche erinnert wird und der Dialog der Liebe zwischen unseren Kirchen fortgesetzt wird.

Persönlich, aber auch im Namen des Rates und der Kirchenkonferenz, grüße ich Sie und die Mitglieder der Orthodoxen Bischofskonferenz in Deutschland in Verbundenheit in Christus.

Mit freundlichem Gruß

Landesbischof Dr. Heinrich Bedford-Strohm
Vorsitzender des Rates der Evangelischen Kirche in Deutschland

Rede des Ökumenischen Patriarchen Bartholomaios bei der Verleihung der Ehrendoktorwürde seitens der Evangelisch-Theologischen Fakultät der Universität Tübingen

30. Mai 2017

Treue und Offenheit

I.

Spektabilität,
verehrte Professorinnen und Professoren,
liebe Studentinnen und Studenten,
sehr geehrte Damen und Herren,

zum ersten Mal in der Geschichte steht ein Nachfolger des Patriarchen von Konstantinopel Jeremias des Zweiten in Tübingen vor den Nachfolgern jener ehrwürdigen Württembergischen Lutherischen Gelehrten, die – 27 Jahre nach dem Tode Luthers – dem Patriarchen eine griechische Version der Confessio Augustana zugesandt haben, um ihm die Hauptlehren der Reformation mitzuteilen oder um gar in guter Absicht dadurch die ausgebliebene Reformation im Osten in Gang zu bringen, ganz eindeutig jedoch, um die Meinung der im Osmanischen Reich dennoch lebendigen griechisch-orthodoxen Kirche über den reformatorischen Glauben zu erfahren.
Sie kennen den Gang der Dinge und den Ausgang des eindrucksvollen Versuchs. Es waren – neben der gegenseitigen Unkenntnis – echte nicht zu schlichtende theologische Differenzen, die zum Abbruch des Dialogs geführt haben. Aus der Perspektive ihrer theologischen Tradition erschien dem Patriarchen und seinen Beratern die Argumentation der Lutheraner als fremd, während die Tübinger die Antworten der Orthodoxen sicherlich vor dem Hintergrund der lutherisch-römischen Auseinandersetzungen auswerteten. Es scheint jedenfalls, dass es den Orthodoxen schnell klar wurde, dass die Reformation keine Rückkehr zu der Lehre der alten Kirche war, eine Einschätzung, welche Schule machte und die Beziehungen zwischen Orthodoxen und Protestanten im Folgenden bestimmte.

Ganz offensichtlich hatte die Orthodoxe Kirche gegenüber den Entwicklungen im Westen nie die Rolle des bloßen Beobachters. Denn, was als Krise der westlichen Christenheit begann, berührte schnell Gebiete mit dichter orthodoxer Bevölkerung. Die schwierigste Zeit in den Beziehungen von orthodoxem und westlichem Christentum war das 17. Jahrhundert. Wir erwähnen bloß den Namen des Patriarchen von Alexandrien und dann von Konstantinopel Kyrillos Loukaris, ohne auf Näheres einzugehen. Es sei nur daran erinnert, dass die Zerwürfnisse anlässlich des kalvinistisch beeinflussten „Östlichen Bekenntnisses des christlichen Glaubens" von Kyrillos (1629) den sogenannten „Loukaris-Komplex" verursacht haben, der die orthodox-protestantischen Beziehungen bis heute belastet.

II.

Es hat einen hohen symbolischen Wert, dass genau 400 Jahre nach dem Abbruch der Korrespondenz zwischen Tübingen und Konstantinopel (1581), eben im Jahr 1981, der offizielle theologische Dialog zwischen der Orthodoxen Kirche als Ganzes und dem Lutherischen Weltbund angelaufen ist.

Dieser Dialog, der sich – trotz der offensichtlichen Unterschiede – als eine Weiterführung der ersten Begegnungen des 16. Jahrhunderts verstand, wurde als ein außerordentlich wichtiges Ereignis im Leben der Orthodoxen Kirche und des Luthertums betrachtet. Als Ziel des Dialogs wurde „die volle Gemeinschaft" festgesetzt. Im ersten Bericht der Orthodox-Lutherischen Gemischten Kommission vom Treffen in Espoo/Finnland (27. August–4. September 1981) heißt es: „Wir betrachten es als ein Ereignis von großer Tragweite im Leben unserer Kirchen, dass zum ersten Mal in der Geschichte offizielle panorthodoxe und panlutherische Delegationen sich zum Dialog trafen, mit dem Endziel der vollen Gemeinschaft... Wir loben Gott, dass er uns zusammengeführt hat zu unserem ersten Treffen, das die Hoffnungen von vielen bedeutenden Lehrern in unseren Kirchen seit dem 16. Jahrhundert erfüllt. Dies überschreitet jede menschliche Erwartung, wenn jemand die Erfahrungen früherer Jahrhunderte in Betracht zieht."

Wie in der Ökumene im allgemeinen, so ging es auch in diesem Dialog nicht um alles oder nichts. Es wurden bedeutende gemeinsame theologische Texte produziert. Wir haben uns näher kennen und schätzen gelernt.

1. Für die Orthodoxen ist es äußerst wichtig, dass das reformatorische Christentum seine Verwurzelung in der altchristlichen Tradition betont und sich als Kontinuum des Urchristentums versteht. „Auch die Kirchen der Reformation haben ihren Ursprung in der Jesusbewegung... Ihr entscheidender Impuls bestand in der erneuten Zuwendung zu den biblischen Schriften, nicht zu den Schriften Martin Luthers oder der anderen Reformatoren", so der frühere Ratsvorsitzende der EKD Wolfgang Huber.[1] Auch die Treue der Orthodoxen zur kirchlichen Tradition und zu den Kirchenvätern ist Treue zu Christus und zu seinem Evangelium.

2. Wir freuen uns darüber, dass die Theosis-Lehre, seit dem Dialog der Lutherischen Kirche Finnlands mit der Russisch-Orthodoxen Kirche, für die lutherische Theologie kein Tabu mehr ist. Georges Florovsky nannte den Begriff Theosis einen „wunderbaren Terminus" der alten Kirchenväter, der „nichts weiter bedeutet als eine innere Gemeinschaft der menschlichen Personen mit dem lebendigen Gott".[2] Gregorios Palamas sprach von der Kirche als einer „Gemeinschaft der Theosis", κοινωνία θεώσεως.[3] Es wurde behauptet, dass solche „patristischen Parolen" keinen Sinn mehr machen für heutige Christen. Martin Luther selbst hatte jedoch „gelegentlich das altkirchliche Motiv der Vergöttlichung zustimmend aufgegriffen und in die Rechtfertigungslehre integriert".[4] Zurückschauen verwandelt nicht immer in eine Salzsäule. Wie John Meyendorff hervorhob, konvergieren die Grundintuitionen der Reformatoren stark mit den „wichtigsten Elementen der patristischen Synthese".[5] Meyendorff erinnerte auch daran, dass die Reformatoren nicht die „katholische Tradition der Kirche", sondern nur ihre „einseitige und entstellte Form" verworfen haben.[6]

---

[1] *Wolfgang Huber:* Glaubensfragen. Eine Evangelische Orientierung, Auszüge in: Reformation 2017: Das Magazin, Ausgabe 2017, 189–193, hier:190.

[2] *Georges Florovsky:* Die Unsterblichkeit der Seele; in: *ders.:* Schöpfung und Erlösung, Thessaloniki 1983, 243–275, hier: 275 (gr).

[3] *Gregorios Palamas:* Λόγος ἀποδεικτικὸς περὶ ἐκπορεύσεως τοῦ Ἁγίου Πνεύματος; in: *Gregorios Palamas:* Werke, hg. v. *Paul Christou,* Bd.1, Thessaloniki 1962, 149.

[4] *Reinhard Flogaus:* Theosis bei Palamas und Luther. Ein Beitrag zum ökumenischen Gespräch, Göttingen 1997, 5.

[5] *John Meyendorff:* Catholicity and the Church, St. Vladimir's Seminary Press, Crestwood 1983, 75.

[6] A. a. O., 76.

3. Wir registrieren es mit Genugtuung, dass durch die Eucharistische Ekklesiologie neue Möglichkeiten für unsere Gespräche über Kirche und Kirchlichkeit eröffnet worden sind. Der Metropolit von Pergamon Ioannis Zizioulas betont zu Recht, dass die Eucharistische Ekklesiologie „auf die Bibel und die frühen Kirchenväter zurückgeht" und, dass sie „das liturgische und kanonische Leben der Orthodoxen Kirche in entscheidender Weise beeinflusst hat".[7] Für die orthodoxe Theologie, ist die Eucharistie „die DNA der Kirche",[8] ihre Identität und ihr Unterscheidungsmerkmal. Nikos Nissiotis schrieb, kurz nach dem Vatikanum II, also in einer Phase üppiger ökumenischer Hoffnungen, dass für die Orthodoxen „die Einheit der Kirche gleichbedeutend ist mit der Abendmahlgemeinschaft, dass sie von ihr abhängt, mit ihr zusammenfällt, sich durch sie manifestiert, sich aus ihr nährt und sich in ihr und durch sie vollendet".[9] Es ist bemerkenswert, dass sich im evangelischen Raum immer stärker „eine Hinwendung zum Gemeinschaftscharakter" der Abendmahlsfeier vollzieht und dass die Abendmahlslehre „zum Feld theologischer und kirchlicher Annäherungen" geworden ist.[10]

4. Es ist auch ein Ertrag der ökumenischen Bewegung, dass in der Orthodoxen Theologie ein wachsendes Interesse für Martin Luther in Erscheinung tritt, obwohl noch nicht von einer echten Wende im orthodoxen Lutherverständnis gesprochen werden darf. Vor allem Luthers Freiheitsbegriff findet zunehmend Beachtung seitens der Orthodoxen, was wir selber sehr begrüßen. Denn kein anderer Grundbegriff in Luthers Theologie führt ins Zentrum seines Anliegens, wie die Freiheit, „der höchste Schatz, den wir haben mögen".[11] Sein „Reformprogramm" war ein „Freiheitsprogramm", wie Volker Leppin notiert.[12] Seine Sorge um das wahre Verständnis der

---

[7] *John Zizioulas:* Eucharistic Ecclesiology in the Orthodox Tradition; in: *Jean-Marie Van Cangh (Hg.):* L'ecclésiologie eucharistique, Bruxelles 2009, 187–202, hier: 201.

[8] *John Zizioulas:* Kirche und Eschata; in: *Metropolie von Demetrias (Hg.): Kirche und Eschatologie,* Athen 2003, 27–45, hier: 35 (gr.).

[9] *Nikos A. Nissiotis:* Die Theologie der Ostkirche im ökumenischen Dialog. Kirche und Welt in orthodoxer Sicht, Stuttgart 1968, 154.

[10] Siehe *Karl-Adolf Bauer:* Gemeinschaft der Heiligen – Kommunismus der Liebe. Leben aus dem Abendmahl bei Martin Luther, Neuendettelsau 2016, 18 f.

[11] *Martin Luther:* In die Purificacionis *Marie* (2. Februar 1521), WA, 9, 570, 24.

[12] *Volker Leppin:* Martin Luther. Vom Mönch zum Feind des Papstes, Darmstadt 2015, 53.

christlichen Freiheit war auch der Grund seines Widerstandes gegen Erasmus. In jeder Beanspruchung von Freiheit *coram Deo* drückt sich die Ursünde des Menschen aus, sich an die Stelle Gottes setzen zu wollen. Das neue Sein, das uns Christus schenkt, konstituiert sich im Glauben als befreite Freiheit, die sich in der Dienstbarkeit der Liebe *coram hominibus* verwirklicht. „Zur Freiheit hat uns Christus befreit" (Gal. 5,1). Er ist der große Befreier. *„Ubi autem Dominus, ibi libertas".*[13] Die Betonung der Freiheit ist das Merkmal, welches das Christentum von allen Religionen unterscheidet. Deswegen ist jede anspruchsvolle christliche Theologie Freiheitstheologie.

Zwischen der christlichen Freiheit und der heute in unserem Kulturkreis weitgehend herrschenden modernen Idee der selbstzentrierten autosoterischen Freiheit klafft ein tiefer Graben. Während für das Christentum die Freiheit ein Geschenk von Gottes Philanthropie ist, gründet die moderne Freiheit in der Idee des autonomen Menschen und hat die Struktur der Selbstverfügung und der Selbstverwirklichung, welche sich auch als Selbstisolierung des Menschen, als *homo clausus,* ausdrücken kann. Da liegt eine Grunddifferenz dieser Freiheit von der *libertas christiana,* zu welcher die Werke der Liebe als „Beweisung des Glaubens" gehören. Eberhard Jüngel spricht von „der sozietären Struktur der *vita christiana".*[14] In der Orthodoxen Theologie wird dieser gemeinschaftliche Charakter durch die Betonung der ekklesialen Dimension der Freiheit hervorgehoben. Die Freiheit in Christus ist „κοινὴ ἐλευθερία",[15] gemeinsame Freiheit, deren „Sitz im Leben" die Kirche ist. In den eindrücklichen Worten von Alexander Schmemann: „Die Kirche selbst *ist* Freiheit und nur die Kirche ist Freiheit."[16]

5. Es wurde behauptet, dass hinter den Entwicklungen, die zur modernen Idee der Freiheit geführt haben, das reformatorische Freiheitsverständnis steht. Zweifelsohne liegen die Keime der neuzeitlichen

[13] *Martin Luther:* In Epistolam S. Pauli ad Galatas Commentarius (1535), WA, 40 I, 535, 26.
[14] *Eberhard Jüngel:* Zur Freiheit eines Christenmenschen. Eine Erinnerung an Luthers Schrift, München 1978, 108.
[15] *Nikolaos Kabasilas:* Περὶ τῆς ἐν Χριστῷ ζωῆς, V, 19, PG 150, 653A.
[16] *Alexander Dmitrijewitsch Schmemann:* Die Mission der Kirche in der Welt von heute, Athen 1983, 225 (gr.).

Kultur auch in der Reformation. Es ist jedoch nicht möglich, die Moderne aus einem Ursprung herzuleiten und sie aus einem Prinzip zu erklären. Die Reformation hat eindeutig die Stellung des Individuums gestärkt. Ohne den Beitrag von Luthers Tat und Lehre wäre die Freiheit des Individuums nicht die Magna Charta Europas geworden. Luthers Freiheitstheologie ist demnach ein Wendepunkt in der Geschichte des „Fortschritts im Bewusstsein der Freiheit", um noch einmal mit den Worten eines großen Tübingers zu sprechen. In diesem Sinne ist Martin Luther ganz gegenwärtig. Sein Freiheitsbegriff ist von zentraler Bedeutung für den Dialog des Christentums mit der modernen Welt. Für diesen Dialog ist es am wenigsten förderlich, wenn viele Ausweglosigkeiten unserer Zeit, auch seitens von Orthodoxen, direkt mit der reformatorischen Tradition der Freiheit in Verbindung gebracht werden, während sie im Wesentlichen ihre Entstellung, ja ihre Negation darstellen.

6. All dies ist für die orthodoxen Christen sehr wichtig, weil bei uns das verspätete Gespräch mit der Moderne voll im Gange ist. In der Enzyklika des Heiligen und Großen Konzils der Orthodoxen Kirche (Kreta, 2016) wird notiert: „In gegenwärtigen säkularisierten Gesellschaften setzt der von Gott abgeschnittene Mensch seine Freiheit und seinen Lebenssinn mit absoluter Autonomie und mit der Preisgabe seiner ewigen Bestimmung gleich: daraus geht eine Reihe von Missverständnissen und bewussten Fehlinterpretationen der christlichen Tradition hervor" (§10). Die moderne Entsakralisierung führt unausweichlich zu einer „Banalisierung des Menschenbildes".[17]

Die Heraufkunft der sogenannten post-säkularen Gesellschaft und die „Rückkehr Gottes" haben auch ein ambivalentes Gesicht. Denn die entscheidende Frage für den Menschen ist nicht „Religion oder keine Religion", sondern „Welche Religion?". Richtigerweise hat das Konzil von Kreta den Fundamentalismus als „Ausdruck einer krankhaften Religiosität" charakterisiert (Enzyklika, §17). Es gibt keine echte Alternative zur „Religion der Freiheit"!

---

[17] Vgl. *Wolfhart Pannenberg:* Der Mensch Ebenbild/Gottes?; in: *ders.:* Glaube und Wirklichkeit. Kleine Beiträge zum christlichen Denken, München 1975, 57–70, hier: 70: „Wo der Sinn für das göttliche Geheimnis schwindet, da ist mit einer Entstellung oder zumindest mit der Banalisierung des Menschenbildes zu rechnen."

III.

Das Ökumenische Patriarchat hat mit Interesse und großer Aufmerksamkeit die Debatten und die Publikationen während der Lutherdekade (2008–2017) verfolgt und hat die interessanten Versuche registriert, sich der Person und dem Werk des Protagonisten der Reformation aus der heutigen Perspektive anzunähern. Es wird den theologischen Ertrag des Reformationsjubiläums, besonders für den ökumenischen Dialog, auswerten.

Wir meinen, dass das Reformationsjubiläum ein guter Anlass ist, dass der Protestantismus einen neuen Zugang findet zur orthodoxen Theologie, sowohl zu den Kirchenvätern, wie auch zu den großen Gestalten zeitgenössischer orthodoxer Theologie, wie Vladimir Lossky, Georges Florovsky und der Metropolit von Pergamon Ioannis Zizioulas, die gewiss nicht nur der Orthodoxie gehören, sondern theologische Klassiker der ganzen Christenheit sind. Übrigens, die Orthodoxie ist kein einheitlicher Block. Sie ist auch nicht gleichbedeutend mit Ethnozentrismus, Orthodoxismus, Liturgismus, Eschatologismus, mit weltabgewandter, ja weltflüchtiger Spiritualität.

Die Orthodoxen Kirchen sind keine – willkommenen oder unangenehmen – Gäste in der Ökumenischen Bewegung, sondern Mitgründer und Mitgestalter des ökumenischen Prozesses und seiner Institutionen und haben einen gewichtigen Beitrag zur Ökumene geleistet.

Auch das erwähnte Konzil der Orthodoxen Kirche, dessen lange Vorbereitung parallel lief zum Gang unserer ökumenischen Kontakte mit der westlichen Christenheit, hat den Willen der Orthodoxen Kirche bekräftigt, den ökumenischen Dialog fortzusetzen und seiner ursprünglichen Zielsetzung treu zu bleiben. Im Beschluss über die Beziehungen der orthodoxen Kirche zu der übrigen christlichen Welt heißt es: „Selbstverständlich ist in den theologischen Dialogen das gemeinsame Ziel aller, die endgültige Wiederherstellung der Einheit im wahren Glauben und in der wahren Liebe" (§ 12).

Wir persönlich haben uns unser ganzes Leben lang für den Dialog eingesetzt und für die Stärkung des ökumenischen Geistes gearbeitet. Offenheit und Dialog führen nicht zum Synkretismus und zur „Pseudomorphose", sondern zur schöpferischen beiderseitigen Transformation, zur „Metamorphose", zur Bereicherung und Vertiefung der Identität der Partner. In der Begegnung mit den anderen, lernen wir auch uns selbst tiefer kennen. „Einen wirklichen Dialog können nur Menschen führen, die je ihren Standpunkt haben, die aber bereit sind, aufeinander zu hören und voneinander zu lernen", so Walter Kardinal Kasper, auch ein Tübinger.[18] Was unsere Identität gefährdet ist nicht die Offenheit, sondern die unfruchtbare Introversion und die Verschlossenheit.

Stagnation oder gar Ablehnung des Dialogs sind also auch Folge einer falschen Einschätzung der eigenen Identität und der Bedeutung des Austausches mit den anderen für ihre Formung und ihren Bestand. Sie führen schnell zur Idealisierung der eigenen Besonderheit und zu allerlei Verzerrungen.

Spectabilis,

sehr geehrte Damen und Herren,

es ist eine besondere Ehre, den Titel des Ehrendoktors der Evangelisch-Theologischen Fakultät der altehrwürdigen Universität Tübingen zum 500. Jahrestag des Anbruchs der Reformation und 540 Jahre nach der Gründung der Tübinger Alma Mater zu erhalten. Wir sind der Universität und der Fakultät zutiefst dankbar.

Wir betrachten diese hohe Ehrung unserer Person als eine Anerkennung des Beitrags des Ökumenischen Patriarchats zum interkirchlichen und interreligiösen Dialog, zur Kultur des Friedens, der Versöhnung und der Solidarität und auch zur Stärkung des ökologischen Bewusstseins auf der Basis christlicher Prinzipien und vor allem der Wahrnehmung der kosmologischen Dimension der Sünde, der Theologie der Eucharistie und der orthodoxen Spiritualität. Im „eucharistischen Gebrauch der Welt" und in der asketischen Haltung sehen wir den Schlüssel zur Überwindung der Instrumentalisierung und der Ausbeutung der Schöpfung.

Wir haben immer das Licht „auf den Leuchter" gesetzt (Mt 5,15). Die Treue zur orthodoxen Tradition hat uns nie daran gehindert, uns für Mensch und Welt einzusetzen. Der christliche Glaube war für uns auch ein Ansporn zur Friedensarbeit zwischen den Religionen und den Kulturen.

Trotz der Hemmnisse bleiben wir zuversichtlich. Christliches Zeugnis zu geben, bedeutet für uns heute teilzunehmen am Diskurs über die großen Themen und Probleme der Zeit. Wir sind überzeugt, dass der Dialog der christlichen Kirchen und Konfessionen auch die Begegnung mit den anderen Religionen erleichtert und allgemeiner den Geist des Dialogs

---

[18] *Walter Kasper:* Martin Luther. Eine ökumenische Perspektive, Ostfildern 2017, 61.

stärkt. Wir wollen es nicht zulassen, dass unser interchristlicher Dialog provinziell wirkt angesichts der zunehmenden heutigen Herausforderungen.

Als Katholiken, Orthodoxe und Protestanten führen wir unsere Gespräche weiter mit theologischem Ernst und theologischer Phantasie, mit Wahrheitssinn und Offenheit, im Geiste der φιλία und der Solidarität, mit dem unverrückbaren Ziel der Einheit und des gemeinsamen christlichen Zeugnisses in der Welt.

Unsere theologischen Fakultäten müssen Orte ökumenischen Lernens und Begegnung werden. Kommilitoninnen und Kommilitonen, wir brauchen junge Theologinnen und Theologen, wahre Dekathleten des Geistes und des Engagements, mit ökumenischer Orientierung und echtem Interesse für Begegnung und Dialog. Das unschätzbar Positive, das in der zeitgenössischen ökumenischen Bewegung erreicht wurde, muss unbedingt von der neuen Theologengeneration weitergetragen werden.

Wir alle müssen uns für die Rezeption des Ertrags unserer Dialoge einsetzen, dafür arbeiten, dass das Kirchenvolk über die Ergebnisse der ökumenischen Bewegung informiert wird, dass es sich der existentiellen, kulturellen und sozialen Tragweite der interchristlichen Ökumene, sowie ihres Beitrags zur Versöhnung und zum Frieden, zur Verständigung und Kooperation, bewusst wird.

Was die Beziehungen von orthodoxen und evangelischen Christen angeht, fahren wir fort mit unseren Kontakten und Gesprächen, mit Bedacht auch über die aufgekommenen heiklen anthropologischen und ethischen Probleme. Der Dialog der Orthodoxen Kirche mit dem Lutherischen Weltbund, die bilateralen theologischen Dialoge zwischen den autokephalen orthodoxen Kirchen und lokalen evangelischen Kirchen, die lange Zusammenarbeit im Ökumenischen Rat der Kirchen und in der Konferenz Europäischer Kirchen, der tägliche „Dialog des Lebens" der Christen in vielen Teilen der Welt sind Zeichen der Hoffnung.

Die beste Art des Reformationsjubiläums zu gedenken, ist auf dem Weg der ökumenischen Verständigung fortzuschreiten und effektives Zeugnis der befreiten christlichen Freiheit zu geben, welche Freiheit, wie Ernst Käsemann hier in Tübingen schrieb, „von uns irdisch bewährt werden will, ehe sie himmlisch vollendet wird".[19]

---

[19]   *Ernst Käsemann:* Der Ruf der Freiheit, Tübingen 1972, 260.

Wir wagen es weiter zu machen, *attemptamus,* um mit dem Motto des Gründers der Eberhard-Karls-Universität Tübingen zu reden. Unsere Kraft und unsere Hoffnung schöpfen wir nicht aus unseren Werken, sondern aus dem Glauben an den menschgewordenen Gott, der ein „Gott mit uns" ist und versprochen hat, bei uns zu sein „alle Tage bis an der Welt Ende" (Mt 28, 20).

Herzlichen Dank für ihre Geduld!

Patriarch Bartholomaios
Ökumenischer Patriarch von Konstantinopel,
Ehrenoberhaut aller orthodoxen Christen

Botschaft

Zwölfte Vollversammlung des Lutherischen Weltbundes
10. bis 16. Mai 2017, Windhuk (Namibia)

Einleitung

1) Wir, die 309 Delegierten der Zwölften Vollversammlung des Lutherischen Weltbundes, die unter dem Thema „Befreit durch Gottes Gnade" stand, haben uns vom 10. bis 16. Mai 2017 in Windhuk (Namibia) versammelt, um zu beten, uns zu beraten und das Brot miteinander zu brechen. Wir sind aus unterschiedlichen Weltregionen, aus großen Kirchen und kleinen Kirchen zusammengekommen und vertreten 145 Mitgliedskirchen aus 98 Ländern, denen mehr als 75 Millionen lutherische Glaubende angehören.

2) Im Jahr 2017 begehen wir das 500. Reformationsjubiläum. Unser Weg hat uns von 1517 bis 2017 geführt mit „hier stehen wir" und „hier gehen wir". Wir haben die Freude, Liebe und Gastfreundschaft des Vereinten Kirchenrates der namibischen evangelisch-lutherischen Kirchen erlebt und erfahren, und wir haben den auferstandenen Christus gefeiert, der in unserer Mitte wohnt.

3) Auch bei dieser Vollversammlung ist uns aufs Neue die in der heutigen Welt gegenwärtige Sünde begegnet, von der Menschen und Schöpfung weiterhin gefangen sind, und wir haben mit ihr gerungen. Der Apostel Paulus schreibt: „Zur Freiheit hat uns Christus befreit! So steht nun fest und lasst euch nicht wieder das Joch der Knechtschaft auflegen!" (Gal 5,1) Befreit durch Gottes Gnade werden wir von der Sünde frei gemacht, uns nach außen zu wenden, um dankbar und froh unsere Nächsten zu lieben und ihnen zu dienen (Freiheit eines Christenmenschen, 1520). Wir rufen aus unseren vielfältigen Kontexten: Erlösung ist für Geld nicht zu haben, Menschen sind für Geld nicht zu haben und Schöpfung ist für Geld nicht zu haben.

Befreit durch Gottes Gnade

4) In der heutigen Welt stellen viele soziale und ökonomische Faktoren die „Freiheit" auf die Probe. Die Erzeugung von Reichtum wird

höher geschätzt als alles andere und es gilt als normal, dass Menschen und Schöpfung als Waren behandelt werden. Es gibt keinen Ort, der Sicherheit vor Gewalt bietet. Wenn wir diese Ideen kritiklos übernehmen, verweigern wir dem Leib Christi seine Ganzheit.

5) In Christus wird uns Gottes Liebe ohne Vorleistung und Bedingungen geschenkt. Sie befähigt uns, unsere Dankbarkeit zum Ausdruck zu bringen durch den fürsorglichen Umgang mit der ganzen Schöpfung. „Denn aus Gnade seid ihr gerettet durch Glauben, und das nicht aus euch: Gottes Gabe ist es" (Epheser 2,8). Dieses Verständnis von der befreienden Gnade beeinflusst auch weiterhin alle Dimensionen des Lebens und Selbstverständnisses unserer Kirchengemeinschaft. Uns sind drei zentrale Bereiche bewusst, die uns Gabe und Aufgabe sind:

Versöhnung und Gedenken

6) Der Gott Israels wirkt weiterhin unsere Versöhnung mit ihm, miteinander und mit der ganzen Schöpfung. Wir würdigen und danken für die Partner*innen, die dem LWB im ökumenischen und interreligiösen Dialog verbunden sind.

7) Wir freuen uns an den Früchten der ökumenischen Dialoge, spüren aber weiter den Schmerz der Spaltung. Wir danken Gott für den his-torischen, 2010 im Rahmen des lutherisch-mennonitischen Dialogs gefassten Beschluss der Buße und Versöhnung und die weiteren positiven Schritte, die seither unternommen wurden. Durch Dokumente wie die „Gemeinsame Erklärung zur Rechtfertigungslehre" (1999) und „Vom Konflikt zur Gemeinschaft: Gemeinsames lutherisch-katholisches Reformationsgedenken im Jahr 2017" (2013) haben wir gelernt, unsere gemeinsame Geschichte nicht aus dem Blickwinkel der Unterschiede, sondern der Einheit zu betrachten. Wir haben Zeugnis gegeben von der Macht der befreienden Gnade Gottes im Rahmen von Ereignissen, bei denen wir gemeinsam gebetet und öffentlich Zeugnis gegeben haben, wie etwa dem historischen gemeinsamen ökumenischen Reformationsgedenken am 31. Oktober 2016 in Lund und Malmö (Schweden). Solche Erfahrungen erquicken uns zu dem Dienst der Versöhnung, der uns anvertraut ist.

8) Das 500. Reformationsjubiläum ist zudem ein Anlass für die Kirchengemeinschaft, darüber nachzudenken, was es in der heutigen, multireligiösen Welt bedeutet, Lutheraner*in zu sein. Es

wird daran gearbeitet, Brücken über religiöse Gräben zu schlagen und zum Wohl aller zusammenzuarbeiten. Interreligiöse Kompetenz, Seelsorge für interreligiöse Familien sowie kontinuierlicher interreligiöser Dialog und kontinuierliche interreligiöse Zusammenarbeit werden von entscheidender Bedeutung sein für die fortgesetzte Befreiung und Versöhnung aller Menschen.

9) Auch innerhalb der Gesellschaft gibt es Situationen, die nach Gottes befreiender Gnade rufen. Zwei konkrete Beispiele, wo diese Art Versöhnung erforderlich ist, sind die leidvollen Erinnerungen, die die Beziehungen unseres Gastgeberlandes Namibia mit Deutschland trüben, sowie der fortdauernde Konflikt im Heiligen Land.[1] Wir bekräftigen unseren Ruf und unser Sehnen nach Versöhnung überall dort, wo Gottes Befreiung nötig ist.

Communio und Kontext

10) Das LWB-Dokument „Das Selbstverständnis der lutherischen Kirchengemeinschaft" beschreibt den LWB als Kirchengemeinschaft, die von „Einheit in versöhnter Verschiedenheit" geprägt ist. (S. 5) Jede Mitgliedskirche ist geprägt von ihrem Kontext und in die Einheit in Christus hineingerufen. Keine Kirche ist zu groß oder zu klein – jede trägt ihren einmaligen Ton zum Chor der Kirchengemeinschaft bei.

11) Wir bleiben offen für die Gegenwart Christi und die Gastfreundschaft unseres Gegenübers. Wir sind bestrebt, eine Gemeinschaft von Kirchen zu sein, die sich weiterhin zu dem dreieinigen Gott bekennen und in der Verkündigung des Wortes Gottes übereinstimmen. Wir sind in Kanzel- und Abendmahlsgemeinschaft verbunden (LWB-Verfassung, 3.1). In einer zunehmend polarisierten Welt ist es für die Kirchengemeinschaft wichtiger denn je die Kirchen zu begleiten, die sich durch die Realitäten ihres Kontexts hindurch ihren Weg suchen und dabei versuchen, sich durch das kontexttranszendierende Evangelium leiten zu lassen. Wie auf der Sitzung des LWB-Rats 2012 in Bogota besprochen, führen wir die Emmaus-Konversation über Ehe, Familie und Sexualität fort und stehen im Dialog über weitere wichtige Themen wie Kolonisie-

[1] Während der Vollversammlung billigte der LWB die öffentliche Erklärung „Zur Versöhnung im Zusammenhang mit dem Völkermord in Namibia" und die Resolution zu Israel-Palästina.

rung, Kommerzialisierung, Rassismus, Frauen im ordinierten Amt, biblische Hermeneutik und Gender. Zu Füßen des Kreuzes finden wir unsere Einheit in Christus. Rechte Beziehungen der Rechenschaft und Autonomie werden die nächste Phase des Weiterbaus an unserer Gemeinschaft vertiefen und wir hoffen auf die Weisheit, in diese Zukunft hinein zu folgen und zu führen.

Prophetische Diakonie

12) Als Akt des Widerstands gegen die ökonomische und monastische Kultur seiner Zeit führte Martin Luther den „Gemeinen Kasten" ein – Mittel, die für die Versorgung der Armen eingesetzt wurden. Zum fünften Gebot schreibt Luther: „Wir sollen Gott fürchten und lieben, dass wir unserm Nächsten an seinem Leibe keinen Schaden noch Leid tun, sondern ihm helfen und fördern in allen Leibesnöten" (Kleiner Katechismus). Die christliche Freiheit verpflichtet uns dazu, Sorge zu tragen für die Bedürfnisse unserer Nächsten.

13) Wir danken Gott für das fortdauernde Wirken und den diakonischen Dienst der LWB-Abteilung für Weltdienst, des ACT-Bündnisses, dessen Gründungsmitglied der LWB ist, und anderer ökumenischer Partner. Wir danken Gott für neue Partnerschaften in der humanitären Arbeit mit Organisationen wie Islamic Relief Worldwide und Caritas Internationalis. Unser Selbstverständnis als Kirchengemeinschaft wird gestärkt durch unsere Zusammenarbeit in der liebenden Hinwendung zu den Geringsten.

14) Die Weltgemeinschaft strebt nach der Verwirklichung der Ziele für nachhaltige Entwicklung 2030. Vor diesem Hintergrund verpflichten sich Kirchen in allen Ländern erstmals oder neuerlich, ihren Teil dazu beizutragen, dass für jene gesorgt wird, die häufig vergessen und ausgeschlossen werden. Für jene, die diesen langen Weg beschreiten, sei es über weite Entfernungen oder schlicht von einem Tag zum nächsten, mögen unsere Akte des diakonischen Dienstes auch weiterhin unser Zeugnis in einer Welt und Schöpfung lebendig machen, die verzweifelt nach Befreiung und Gerechtigkeit ruft.

Erlösung – für Geld nicht zu haben

15) Die Erlösung stellt die Leben spendende Beziehung zwischen Gott und seiner Schöpfung wieder her. Sie rettet, befreit, heilt, verwan-

delt, erhebt, bevollmächtigt, versöhnt und *rechtfertigt.* Die Erlösung wird uns ohne Vorleistung geschenkt. Sie kann nicht verdient werden, denn Gott schenkt sie bedingungslos in Christus. Wir müssen diese frohe Botschaft von der Befreiung ohne Vorbedingungen weitergeben, wie sie uns zuerst in Christus geschenkt wurde. Erlösung kann nicht für Geld angeboten werden, denn man kann sie nicht besitzen. Die Erlösung ist für Geld nicht zu haben!

16) Genau wie zur Zeit Martin Luthers wird auch heute auf manipulative, nötigende, falsche Hoffnung weckende und gar tödliche Weise die Erlösung zur Ware herabgewürdigt. Wieder sind falsche Auslegungen von Erlösung, einschließlich der weiten Verbreitung des Wohlstandsevangeliums, auf dem Markt für Geld zu haben.

17) Wir sind uns bewusst, dass die bedingungslose Gabe der Erlösung *sowohl* persönlich *als auch* kollektiv geschenkt wird. Diese Gabe befreit uns von Bindungen, damit wir Erlösung erfahren und uns an ihr beteiligen durch Solidarität. Die Erneuerung der Kirche und die vollumfängliche Verwirklichung der ganzheitlichen Mission in unseren Häusern, unserer Kirche und Gesellschaft sind abhängig von der wahren Freiheit aller Menschen.

18) In ganzheitlicher Mission müssen die Verkündigung des befreienden Evangeliums sowie Advocacy-Arbeit und Diakonie auf kreative Art bewerkstelligt und miteinander geteilt werden.

Menschen – für Geld nicht zu haben

19) „Und Gott schuf den Menschen zu seinem Bilde, (...)" (1 Mose 1,27). Jedem Menschen wohnen derselbe Wert und dieselbe Würde inne. Die Allgemeine Erklärung der Menschenrechte skizziert zwar viele dieser Prinzipien, Glaubende aber wissen, dass zum Bilde Gottes *(imago Dei)* geschaffene Wesen nicht zum blanken Überleben befreit sind, sondern um in der Fülle des Lebens zu gedeihen.

20) In der Taufe werden wir berufen und bevollmächtigt, als Jünger*innen Jesu an Gottes Mission *(missio Dei)* mitzuwirken und uns gemeinsam mit ihm für Gerechtigkeit, Frieden und Versöhnung einzusetzen. Ökonomische und politische Ideologien wollen zwar die Gaben des menschlichen Lebens als Ware behandeln, wir aber verkünden, dass Menschen für Geld nicht zu haben sind!

21) Die Kirche sollte Ausgrenzungsmechanismen widerstehen und danach streben, in unserer Gemeinschaft, unserem Gottesdienst und

unserem diakonischen Wirken versöhnende Integrationsmechanismen zu verkörpern. Der gleichberechtigte Zugang zu Gemeingut und Prozessen der Entscheidungsfindung, zu Sicherheit, insbesondere für Schwache, zu sinnvoller Teilhabe und Interaktion aller Gruppen sind grundlegend für diese Aufgabe. Wir empfehlen das LWB-Dokument „Die Kirche im öffentlichen Raum" (2016) zur Verwendung und zur vertieften Auseinandersetzung in den Mitgliedskirchen.

Volle Teilhabe aller Menschen

22) Im Jahr 1984 machte sich der LWB auf den Weg in Richtung der 40/40/20-Quotenverpflichtung für eine integrative Vertretung von Frauen, Männern und jungen Menschen. Wir würdigen, dass die Zwölfte LWB-Vollversammlung diese Quote im Großen und Ganzen erfüllt hat. Im lokalen Kontext sind viele – insbesondere Frauen und junge Menschen – vielfach nicht vollumfänglich vertreten.

23) Wir sind Gott dankbar für das Zeugnis und die Arbeit in den 55 Projekten junger LWB-Reformator*innen, die 25.000 Menschen erreicht haben. Die junge Generation weist uns den Weg bei Fragestellungen, die für unsere Kirchengemeinschaft von entscheidender Bedeutung sind, und sie strebt nach vollumfänglicher Partizipation durch generationenübergreifende Gespräche und die gemeinsame Übernahme von Führungsverantwortung.

24) Seit 1984 bekräftigt der LWB die Teilhabe von Frauen am ordinierten Amt. Wir würdigen die 119 Mitgliedskirchen, die aktuell alle, die berufen sind, egal ob Männer oder Frauen, ordinieren. Die Kirchengemeinschaft begleitet weiter jene, die noch unterwegs sind, und wir rufen die Mitgliedskirche, die Abstand von der Frauenordination genommen hat, dringend auf, einen Prozess und einen Zeitplan für eine Überprüfung dieser Entscheidung zu entwickeln. Mit dem inzwischen in 23 Sprachen vorliegenden „Grundsatzpapier: Gendergerechtigkeit im LWB" sollten sich alle Mitgliedskirchen vertieft auseinandersetzen und es dann umsetzen.

Geschlechtsbezogene Gewalt und Gewalt gegen Frauen in Kirche und Gesellschaft

25) Wir leben in einer Welt, in der mindestens jede dritte Frau irgendwann von geschlechtsbezogener Gewalt betroffen ist. Für viel zu viele ist das Kriegsverbrechen Vergewaltigung leidvolle Realität.

Wir sind Ebenbilder Gottes, dementsprechend ist Gewalt aufgrund des Geschlechts unannehmbar. Kirchen haben die Verantwortung, den Machtungleichgewichten in patriarchalen Gesellschaften entgegenzutreten und durch eine angemessene und umfassende Sexualerziehung gegen Stigmatisierung und Tabuisierung vorzugehen. Gespräche über Genderinklusivität, Geschlechterrollen, das Männlichkeitsbild und umgestaltende Partnerschaft sind ein wesentlicher Bestandteil dieser Aufgabe.

26) Schweigen und Scham, Fehlinformationen und Manipulationen können sich im kirchlichen Kontext häufig noch verstärken. Die Kirche muss allen einen sicheren Raum bieten, und Täter*innen müssen zur Verantwortung gezogen werden. Schulungen, Richtlinien und Studien im Sinne eines entsprechenden Verhaltenskodex, wie etwa „Kirchen sagen ‚Nein' zur Gewalt gegen Frauen" (2002), sind hilfreiche Ausgangspunkte für alle Kirchen und Organisationen.

Wachsende Ungleichheit

27) Es sind erhebliche Fortschritte bei der Linderung extremer Armut zu verzeichnen. Trotzdem leben wir in einer Zeit, in der die acht reichsten Menschen über ebenso viel Reichtum verfügen wie das untere Drittel der Weltbevölkerung.[2] Eine Verteilung und ein Zugang zu Ressourcen sowie eine Ressourcenpolitik, die eine extreme Anhäufung von Reichtum zulassen, müssen thematisiert werden. Vielfach verschärfen Rassismus, Kastenwesen und Stammesdenken diese Faktoren. Wir würdigen sämtliche, im Bereich von Kirchen und Religionen geleistete, diakonische Arbeit und Advocacy, die hier ansetzt. Wir rufen Kirchen und kirchennahe Organisationen auf der ganzen Welt dazu auf, sich aus Gründen der Gerechtigkeit und der Menschenrechte für alle mit klaren Worten für eine faire Umverteilung von Reichtum und Sozialschutz einzusetzen.

Berufung und sinnvolle Arbeit

28) Nach Luthers Auffassung ist jeder Mensch frei, das eigene Lebenswerk als Berufung zu verstehen, mit der die Liebe Gottes weitergegeben werden kann. Zu oft reduziert die heutige neoliberale

---

[2]   Oxfam.

Marktwirtschaft den Menschen zur Ware. Das beraubt uns unserer Menschenwürde und einer sinnvollen Arbeit. Menschenhandel, Zwangsarbeit, Lohnwucher und unlautere Kredite verhindern die volle Integration und Teilhabe am öffentlichen Raum. Arbeitsüberlastung sowie Unterbeschäftigung und Arbeitslosigkeit entwerten nach wie vor die Zukunft einer ganzen Generation und unserer Welt. Faktoren wie ein starkes Lohngefälle und sich stark unterscheidende Chancen auf dem Arbeitsmarkt führen zu einer Migration von gebildeten Arbeitnehmenden und Fachkräften, mit dem Effekt, dass vielerorts die Folgen des Brain-Drains zu spüren sind.

Bildung
29) Die Bildung bietet einen möglichen Mechanismus für Integration. Lutheraner*innen fördern seit 500 Jahren Bildungsarbeit und müssen Verantwortung dafür übernehmen, dass dieses Erbe fortgesetzt wird. Wir treten ein für eine kostenlose, frei zugängliche, qualitativ hochwertige Bildung für alle Menschen auf allen Ebenen, in der jeweiligen Muttersprache. Eine gendersensible, intersektionale theologische Ausbildung, Austauschprogramme und Dialogmöglichkeiten zwischen lutherischen Kirchen und interreligiösen Gemeinschaften können zudem als positive Mechanismen für Integration und Wandel wirken.

Flüchtlinge und Vertriebene
30) Weltweit sind zurzeit 65 Millionen Menschen entwurzelt. Wir danken Gott für das Geschenk des LWB-Weltdienstes, der 2,5 Millionen Flüchtlinge und Vertriebene in 24 Ländern willkommen heißt. Wir beauftragen das Büro der LWB-Kirchengemeinschaft, weiterhin für Flüchtlinge und Migrant*innen einzutreten und die Mitgliedskirchen bei der Entwicklung ihrer Kapazitäten zur Aufnahme von Flüchtlingen und zur Leistung langfristiger Entwicklungsarbeit zu unterstützen, die sie in ihrer Eigenständigkeit fördert. Wir unterstützen lokalisierte Ausbildungsmaßnahmen und die Nutzung von LWB-Materialien wie „Fremde willkommen heißen – Selbstverpflichtungen von Religionsführerinnen und Religionsführern".

Advocacy

31) Die Advocacy-Arbeit ist integraler Bestandteil des öffentlichen Zeugnisses unserer Kirchengemeinschaft. Entscheidungs- und Amtsträger*innen innerhalb und außerhalb der Kirche in die Verantwortung zu nehmen, ist von entscheidender Bedeutung. Wir stellen uns dem zunehmenden Einfluss von Polarisierung, Populismus, Protektionismus und dem Postfaktischen entgegen und ermutigen die Lutheraner*innen, sich auch weiterhin schwerpunktmäßig für die Schaffung einer wirksamen Gesetzgebung einzusetzen, die Freiheit, Gleichheit, Rechte und Würde für alle Menschen gewährleistet.

Schöpfung – für Geld nicht zu haben

32) Gott hat Himmel und Erde geschaffen, und jeder Teil der Schöpfung ist inhärent gut. Als Menschen, die an den dreieinigen Gott glauben, bekennen wir, dass Gott relational ist. Gott ist Schöpfer und Lebensspender der Schöpfung als Quelle allen Seins, nicht als außenstehender Beobachter. Für die ganze Schöpfung starb Christus schließlich und stand auf vom Tod. Heute stöhnt die ganze Schöpfung unter der Last von Ungleichgewicht, Übernutzung und Missbrauch. Viele genießen den Überfluss, während es anderen sogar am täglichen Brot gebricht. Als Weltgemeinschaft verbrauchen wir 1,6 Planeten im Jahr – und unser Verbrauch wächst weiter.

33) Der Mensch ist Geschöpf Gottes und sein Mitschöpfer. Wir müssen der Versuchung und Fehlinterpretation widerstehen, als Meister*innen zu handeln, die die Schöpfung beherrschen. Vielmehr sind wir Haushalter*innen, die dafür Verantwortung tragen, in Koexistenz mit der Schöpfung diese zu bebauen und zu bewahren. Das endlose Streben nach Wachstum und der Anhäufung von Reichtum wird häufig als letztes Ziel gesehen, aber wir glauben, dass das Wohl der Schöpfung Gottes Absicht und Ziel ist. Die Schöpfung ist für Geld nicht zu haben! Der Klimawandel wirkt sich an jedem Ort anders aus. Aber im Gewebe der Schöpfung erkennen wir, dass die Lösungen für den Klimawandel gleichzeitig global und lokal sind.

Bildung und alternative Wirtschaftsmodelle

34) Wir müssen die Wahrheit sagen über das vorherrschende Wirtschaftsmodell unserer Tage. Im Streben nach Wirtschaftswachs-

tum sind Land, Meer und alle Geschöpfe zu Waren herabgewürdigt worden. Das ist Unrecht! Wir suchen nach alternativen Wirtschaftsmodellen, die dem Wohl der gesamten Schöpfung dienen. Durch allgemeine und theologische Bildung kann die Kirche lokale und globale Anstrengungen fördern, die heutige Generation für positiven Wandel zuzurüsten. Der LWB kann die Mitgliedskirchen dabei unterstützen, theologisch fundierte Umweltschutzprogramme, umweltbewusste Entscheidungen zum Lebensstil und Advocacy zu entwickeln.

Austauschprogramme, Erfahrungsaustausch und Advocacy
35) Wir unterstützen die Arbeit des LWB im Bereich Bewahrung der Schöpfung, insbesondere das Engagement des Jugendreferats bei den Gipfeln der Konferenz der Vertragsparteien des Rahmenübereinkommens der Vereinten Nationen über Klimaänderungen. Wir verweisen auf die vielfältige bereits geleistete Arbeit im lokalen Kontext und ermutigen den LWB, Maßnahmen zur Weiterbildung und zum Kapazitätsaufbau anzubieten, insbesondere im Blick auf Austauschprogramme und Erfahrungsaustausch. Dieses weltweite Zeugnis wird die Mitgliedskirchen dazu stärken, ihre jeweilige, einmalige Stimme zu erheben. Die Existenz multinationaler Konzerne kompliziert die Advocacy-Arbeit auf der nationalen Ebene, aber kreative Partnerschaften zwischen den Kirchen sowie mit zivilgesellschaftlichen und privatwirtschaftlichen Partnern können unsere Bemühungen ebenfalls stärken.

Befreiende Gnade: unsere gemeinsame Aufgabe
36) Gottes befreiende Gnade erfüllt uns mit Glauben, Hoffnung und Liebe für die Teilnahme an Gottes Mission in dieser Welt. Im Jahr des 500. Reformationsjubiläums verkünden wir eine Botschaft, die die Welt heute genauso dringend braucht wie von jeher: Erlösung – für Geld nicht zu haben, Menschen – für Geld nicht zu haben, Schöpfung – für Geld nicht zu haben! Befreit durch den Dreieinigen Gott beten wir um die Klarheit und den Mut, erquickt durch Gottes Wandel wirkende, versöhnende und stärkende Gegenwart hinauszugehen in unsere Beziehungen, unsere Kirche und unsere Gesellschaft.
37) Die Kirchengemeinschaft (*koinonia*) ist eine kostbare Gabe, die uns Gottes Gnade schenkt, und sie ist uns auch Aufgabe. Die Pro-

bleme unserer Zeit müssen uns nicht bestimmen. Irdische Strukturen und Formen mögen fallen, aber in Christus Jesus haben Sünde und Tod keine Macht über uns. Wir sind durch die Gnade im Glauben befreit dazu, Kirche zu sein im Dienst mit den Nächsten.

38) Nehmen wir in vollem Umfang Anteil an Freud und Leid der je anderen Glieder der Gemeinschaft, beten wir füreinander und teilen wir, wo immer möglich, unsere spirituellen wie materiellen Ressourcen miteinander. Widerstehen wir der Versuchung, uns in Sünde in uns selbst zu verkrümmen. Jesus Christus hat gesagt: „Ein Dieb kommt nur, um zu stehlen, zu schlachten und umzubringen. Ich bin gekommen, damit sie das Leben haben und volle Genüge" (Johannes 10,10). Wir sind befreit durch Gottes Gnade und gehen voller Freude hinaus, diese Aufgabe wahrzunehmen.

„Hermeneutik und Hermeneuten": Symposium anlässlich des 100. Geburtstags von Fairy von Lilienfeld

Das Symposium unter dem Titel „Hermeneutik und Hermeneuten" fand in ehrendem Gedenken an Fairy von Lilienfeld (1917–2009) zwischen dem 21. bis 23. April 2017 statt, ausgerichtet von der Evangelischen Kirche in Deutschland (EKD) und der Philosophischen Fakultät und dem Fachbereich Theologie der Friedrich-Alexander-Universität (FAU), Erlangen-Nürnberg. Seitens der FAU wirkten das Institut für Theologie und Geschichte des Christlichen Ostens mit sowie die Abteilung Christliche Publizistik, die sowohl institutionelle Verbindungen mit orthodoxen Fakultäten pflegt als auch Ostkirche als einen Forschungsschwerpunkt hat. Als gemeinsame Veranstaltung von Kirche und Wissenschaft wurde das Symposium liturgisch gerahmt: die Eröffnungsandacht gestaltete Regionalbischöfin Elisabeth Hann von Weyhern, zum Schluss nahmen die Symposiumteilnehmer an der Göttlichen Liturgie teil, die vom serbischen Bischof Sergije (Karanović) geleitet wurde. Zu Ehren der bedeutenden Hermeneutin der interkulturellen und interkonfessionellen Beziehungen versammelten sich posthum ihre Schüler, Mitstreiter, geistliche Nachfolger aus allen relevanten Orten in Deutschland mit dem Schwerpunkt christliche Orthodoxie und aus ganz Europa: Armenien, Bosnien und Herzegowina, Griechenland, Russland, Rumänien, Serbien und der Schweiz.

Das Symposium wurde so konzipiert, dass in einem ersten thematischen Schwerpunkt Person und Wirkung von Lilienfelds gewürdigt wurden.[1] Fairy von Lilienfeld war eine Slawistin, Philosophin, Germanistin und Theologin und leistete als Frau in zahlreichen Feldern eine Pionierarbeit in einer ehemals theologischen Männergesellschaft. So wurde sie im Jahr 1962 in Magdeburg zur Pfarrerin ordiniert, zur Zeit ihrer Berufung an der FAU (1966) war sie bundesweit die erste weibliche Professorin auf ei-

---

[1] Die folgende inhaltliche Darstellung ist durch eine Auswahl der Referenten*innen verkürzt, eine vollständige Sammlung der Texte soll voraussichtlich Ende des Jahres als Sammelband erscheinen.

nem theologischen Lehrstuhl, und drei Jahre später, ebenfalls bundesweit, auch erste Dekanin einer Theologischen Fakultät. Ihre nachhaltige ökumenische Wirkung als Professorin für Theologie und Geschichte des Christlichen Ostens (1966–1984) und die Faszination über sie veranschaulicht die gleichauf intensive Ehrung ihrer Person und ihres Werkes sowohl aus evangelischer als auch aus orthodoxer Perspektive. *Ruth Albrecht* schilderte rückblickend die biografischen Stationen von Lilienfelds anhand bisher unveröffentlichter Dokumente. *Johanna Haberer,* die Leiterin der Abteilung Christliche Publizistik, veranschaulichte die aufmerksame Berichterstattung der Presse über die Pionier-Theologin, die als eine der ersten ordinierten Frauen der bayerischen Landeskirche und als Kulturhermeneutin der evangelisch-orthodoxen Begegnungen als Sensation galt. *Vladimir Fedorov,* St. Petersburg, würdigte die „herausragende Kennerin der Orthodoxie und russischen Kultur", die durch die „Gabe der Liebe" Vorurteile abbaute und als „Apostelin der Ökumene" und als „spirituelle Lehrerin" wirkte.

Das zweite Themenfeld des Symposiums widmete sich von Lilienfelds zeitgenössischen Hermeneuten*innen des Dialogs mit der Orthodoxie sowie den thematischen Facetten der interkonfessionellen Hermeneutik. *Gisa Bauer* würdigte eine andere Pionier-Theologin, Hildegard Schaeder, die ab 1948 als Orthodoxiereferentin im Kirchlichen Außenamt der neu gebildeten EKD fungierte und ebenfalls die evangelisch-orthodoxe Zusammenarbeit über Jahrzehnte durch institutionalisierte Dialoge, an denen auch Fairy von Lilienfeld teilnahm, prägte. *Andreas Müller* stellte den Heidelberger Konfessionskundler Friedrich Heyer vor, der zwar durch kontroverse Tätigkeit als Geheimagent im Zweiten Weltkrieg Zugang zur Orthodoxie gewonnen hatte, doch gleichzeitig durch „eine tiefe Liebe zur Orthodoxie" geprägt war und stets unter der hermeneutischen Haltung des „emphatischen Hinschauens und verstehenden Wahrnehmens" handelte. Der Nachfolger von Lilienfelds an dem Institut für Theologie und Geschichte des Christlichen Ostens, *Hacik Rafi Gazer,* widmete sich den hermeneutischen Prinzipien zweier Hallenser Konfessionskundler. Konrad Onasch, bei dessen Schriftenreihe von Lilienfeld ihre Dissertation veröffentlichte, sprach von der orthodoxen Kirche „als einer real anderen, in diesem Anderssein nicht negierbaren" und nahm ihre Tradition dementsprechend ernst, ohne vorschnell die Analogien und Komplementaritäten hochzustilisieren. Sein Schüler und Nachfolger, Hermann Goltz, verfolgte ebenfalls dieses Anliegen, indem er als hermeneutisches Prinzip „unähnliche Ähnlichkeit" der Theologien betonte. Der Moskauer Theologe *Evgeny Morozov* berichtete über den russischen Ökumeniker Metropolit Nikodim

(Rotov), der als Dialogpartner von Lilienfeld u. a. auch in den „Arnoldshainer Dialogen" begegnete, sowie über ihre gegenseitige Schätzung. So sagte von Lilienfeld: "Metropolitan Nikodim was not particulary good-looking, but when he spoke and became emotional, he looked very special – his eyes were sparkling, you definitely wanted to agree with what he was saying." *Karl Pinggéra* entfaltete die unterschiedlichen theologischen Voraussetzungen und wissenschaftlichen Interessen, mit denen sich drei Marburger Theologen dem Christlichen Osten zuwandten. Für den hochkirchlich gesinnten Religionshistoriker Friedrich Heiler stand die Wertschätzung der apostolischen Überlieferung und des liturgischen Erbes im Vordergrund, während der Kirchenhistoriker Ernst Benz in kulturhistorischer Absicht die abendländische Sendung des orthodoxen, namentlich des russischen Christentums in den Vordergrund stellte. Peter Kawerau, der erste Inhaber des 1961 errichteten Lehrstuhls für Ostkirchengeschichte, konzentrierte sich dagegen hauptsächlich auf die philologische Erschließung der syrischen und christlich-arabischen Überlieferung und stand der ökumenischen Bewegung insgesamt skeptisch gegenüber. Seine energische Forderung, den üblichen eurozentrischen Standpunkt in der Kirchengeschichte zu überwinden, könnte in der von postkolonialen Diskursen bestimmten Gegenwart neue Aktualität erfahren. *Karl Christian Felmy,* der zwischen 1985–2003 als direkter Nachfolger an von Lilienfelds Lehrstuhl war, sprach über Starec Amvrosij vom Optina-Kloster, der durch seine „Verbindung von Wissenschaft, kulturellem Leben und tiefer Verwurzelung in seiner Kirche" Gemeinsamkeiten mit von Lilienfeld hatte. Sie verband auch das Interesse an asketischer Vätertheologie mit wissenschaftlicher Edition ihrer Schriften. So wurde die Spiritualität der asketischen Kirchenväter bereits das Thema der Dissertationsschrift *„Nil Sorskij und seine Schriften. Die Krise der Tradition im Rußland Ivans III."* von Lilienfelds, die nach Felmy als „ein Musterbeispiel west-östlicher Hermeneutik" gilt. Neben der ostkirchlichen Spiritualität zählte auch die liturgische Tradition zu von Lilienfelds Spezialgebieten, weshalb *Ionut Paun* ihre Deutung der Darstellung der Gottesmutter in Hymnen und Gebeten der Ostkirche thematisierte.

Im dritten thematischen Schwerpunkt wurde über die historischen, aktuellen und zukunftsorientierten Reflexionen der interkonfessionellen und interkulturellen Hermeneutik des Dialogs diskutiert. *Martin Illert* schilderte die Leitmotive der geschichtlichen Paradigmen im Dialog mit der Orthodoxie, die stark geprägt von dem jeweiligen gesellschaftspolitischen Umfeld sind. So stand das Handeln der Deutschen Evangelischen Kirche in den vierziger Jahren „im Schatten nationalsozialistischer Gewaltpoli-

tik" und die Beschäftigung mit der Orthodoxie wurde als Erziehungsauf-
trag, indem „das Leben des [russischen] Volkes zu korrigieren" sei, verstanden. Mit der Einrichtung des Referats für die orthodoxen Kirchen im
Jahr 1948 stand als Leitvorstellung im Dialog die „eigene Verkirchli-
chung" im Vordergrund. Ab den sechziger Jahren nahm auch von Lilienfeld an den institutionalisierten Dialogen mit der Orthodoxen Kirche teil,
und übernahm die Rolle einer interkulturell und interkonfessionell ver-
mittelnden Hermeneutin ein. Nach ihr kam es in dem „Nachwende-Para-
digma" zur „Abkühlung der Dialogbeziehungen" geprägt von dem Leitmotiv der „Modernisierung orthodoxer Kirchen durch die Einbindung in
den rechtlichen und kulturellen Diskurs der europäischen Union". Heute,
so Illert, werden die Gespräche als „ein ekklesiales Beziehungsgesche-
hen", als ein „gemeinsamer Erfahrungsraum der Selbst- und Fremdwahr-
nehmung der Kirchen" begriffen. *Irena Zeltner Pavlović* thematisierte
die problematische Repräsentation der öffentlichen Orthodoxie, die im
Rahmen der *Othering*-Diskurse konstruiert wird und eigentlich zur eige-
nen/positiven bzw. fremden/negativen Identitätsbildung diene. Die
„epistemologische Gewalt", die durch derartige Wissensordnungen aus-
geübt wird, erzeugt im interkonfessionellen Dialog antagonistische Positionen, die den einen den „aufklärerischen, modernen Habitus", den anderen einen „apologetischen, antimodernen Habitus" aufdrängen. Die
„Cultural Turns" der Kultur- und Sozialwissenschaften, die in der jüngsten Zeit auch die Südosteuropa-Forschung erreicht haben, bieten sich, so
Zeltner Pavlović, als fruchtbare theoretische Reflexionsfläche der Dialoge
an, um die Irritation zu korrigieren. Denn „verblüffend ähnlich" ist das
postkoloniale Konzept des „Dritten Raumes" (Homi Bhabha), als „ein Er-
fahrungsbereich, ein Ort des Aushandelns der Identität und Differenz" zu
der heutigen Konzeptualisierung des Dialoges von Illert. Nach einer historischen Darstellung und inhaltlichen Aspekten der Lutherisch-Orthodo-
xen Kommission, in der auch von Lilienfeld wirkte, widmete sich der
Belgrader *Rade Kisić* den heutigen Herausforderungen und Zukunftsper-
spektiven. So kritisierte er den Duktus der ökumenischen Texte, die um
den Konsens willen, „interpretationsoffen" bleiben, und in den jeweiligen Kirchen anders gelesen werden. Für die Zukunft forderte er mehr
Auseinandersetzung mit „sozial-ethischen, anthropologischen Fragen",
„damit man nicht ermüdet die Reise aufgibt". Das Dokument „Beziehungen der orthodoxen Kirche zu der übrigen christlichen Welt" der orthodoxen Synode auf Kreta (2016) deutete *Reinhard Thöle* nicht als „eine
Abwertung der theologischen Dialoge", sondern als eine „Aufwertung

der Kontexte der Dialoge", die den theologischen Ansatz verfolgen, wonach die Übereinstimmung der Kirchen letztlich „das Geschehen der Gottesoffenbarung" ist. Ein Ansatz, der auch im Rahmen der evangelischen Kirche geteilt wurde (Edmund Schlink) und wird (Martin Illert). Wenn die Dialoge abgelöst von der „gnadenhaften und sakramentalen Verknüpfung mit dem Offenbarungsgeschehen" betrachtet werden, bleiben sie, so Thöle, „allen Versuchungen von Macht, Verdrehung, Show und falscher Frömmigkeit unterworfen". Wenn sie aber als eingebettet in derartiger Hermeneutik betrachtet werden, werden die Dialoge „der Ort einer genuin ökumenischen Theologie", der pilgernden irdischen Ökumene sein.

Im Rahmen des Symposiums wurde der christlich-orthodoxe Theologe, Erzpriester und Theologe *Viorel Ionita* (Genf/Bukarest), nach verlesenen Worten der Bischöfin Petra Bosse-Huber, für seine „langjährige, vertrauensvolle und hervorragende Zusammenarbeit" im Dialog zwischen Rumänisch-Orthodoxer Kirche und EKD mit einer Luthertafel ausgezeichnet. In seiner Laudatio drückte Martin Illert, „Dank, Hochachtung und Anerkennung" für seine sprachlich-theologischen Kompetenzen aus, die er nicht als selbstverständliches Entgegenkommen des Dialogpartners sieht. Auch seine Achtung gegenüber dem Dialogpartner sowie die Fähigkeit in dieser Grundhaltung die kirchenspezifischen Differenzen auszudrücken wurden gewürdigt.

Das Erlanger Symposium veranschaulichte, dass Dialog und Gespräch nicht nur durch die Suche nach Analogien und Komplementarität, sondern auch durch Anerkennung und Akzeptanz der Differenzen ein fruchtbarer Boden zum ökumenischen Handeln gleichberechtigter Dialogpartner sind. Somit lässt er sich in das neue *Paradigma* der Hermeneutik der Dialoge einbetten, in dem gilt „[d]ie besondere Prägung anderer Welten zur Kenntnis zu nehmen, ist eine der entscheidenden Hilfen, um voranzukommen in einer richtigen Selbsterkenntnis und um gemeinsam mit anderen am Aufbau einer gerechten Gesellschaft arbeiten zu können".[2] Ein Paradigma, in dem das Handeln von Lilienfelds, vorbildhaft wirkt. Doch viele auf dem Symposium aufgestellten Fragen blieben offen, wie etwa: inwiefern die Differenzen erst durch Dialog mit den „Anderen" konstruiert werden? Sind die Dialoge die Orte der simplifizierten Gegenüberstellung der stabilen

[2] *Thierry-Marie Courau/Carlos Mendoza-Alverez:* Kulturen und Religionen im Gespräch; in: Concilium, 53 (2017), Heft 1, 1–8.

konfessionellen Identitäten oder sind sie die Orte ihrer Hybridisierung? Ist es überhaupt angemessen, über stabile Identitäten zu reden, oder sind sie ständig den Prozessen der Binnendifferenzierung und der kontextuellen Aushandlung ausgeliefert? Gibt es überhaupt *eine* konfessionelle Identität? Diese und andere Fragen bedürfen weiterer Reflexionen.

Irena Zeltner Pavlović

(Dr. Irena Zeltner Pavlović ist wissenschaftliche Mitarbeiterin in der Abteilung Christliche Publizistik am Fachbereich Theologie der Philosophischen Fakultät der Friedrich-Alexander Universität Erlangen-Nürnberg.)

Ökumene in den zwanziger Jahren – Adolf Deißmann und sein Umfeld

Zum Gedenken an den Todestag von Adolf Deißmann vor 80 Jahren[1]

Prof. Dr. Adolf Deißmann (1866–1937) war, nach einer ersten Professur in Heidelberg, von 1909 bis zu seiner Emeritierung/Entpflichtung im Jahr 1935 Professor für Neues Testament an der damaligen Friedrich-Wilhelm-Universität in Berlin. Gegen Ende seines akademischen Wirkens wurde er 1930 zum Rektor der Universität gewählt. Mit großer Würde und Umsicht übte er dieses Amt sowie das nachfolgende Prorektorat und im Anschluss daran auch noch das Dekanat seiner Fakultät aus, unter den Bedingungen wachsender Unruhe und politischer Polarisierung in der Studentenschaft und dem Lehrkörper. Er starb in Berlin 1937. Auf Grund der Umbrüche in den folgenden Jahrzehnten ist Deißmann weitgehend in Vergessenheit geraten.

I.

Adolf Deißmann war ein hoch angesehener akademischer Lehrer, dessen wissenschaftliche Leistung durch acht Ehrendoktorate europäischer und amerikanischer Universitäten gewürdigt wurde. In seiner wissenschaftlichen Arbeit widmete er sich vor allem der philologischen und lexikographischen Untersuchung der Sprache des Neuen Testaments auf dem Hintergrund der damals lebhaft betriebenen religionswissenschaftlichen und sozialgeschichtlichen Erforschung des hellenistischen Umfeldes. Sein ungewöhnlich weites Netzwerk von internationalen akademischen Kontakten führte dazu, dass er schon im ersten Jahr seiner Lehrtätigkeit in Berlin in die beginnenden ökumenischen Bemühungen zur Vertiefung der Zusammenarbeit zwischen Christen und Kirchen hineingezogen wurde, insbesondere in der Situation zunehmender politischer Spannungen zwischen

---

[1] Dieser Aufsatz geht zurück auf einen Vortrag am 21. November 2012 auf Einladung der Zentral- und Landesbibliothek Berlin (ZLB), die mir großzügig Zugang zum wissenschaftlichen Nachlass von Adolf Deißmann gewährte.

Deutschland und England. Zusammen mit anderen Kollegen seiner Berliner Fakultät wurde er dann in den folgenden 25 Jahren zu einem entscheidenden *Impulsgeber für die frühe ökumenische Bewegung*. Sein Nachlass ist daher eine Fundgrube für die Erforschung der Frühzeit der ökumenischen Bewegung und der besonderen Rolle von Theologie und Kirche in Deutschland in diesem Zusammenhang.

Als Folge der radikalen politischen, kirchlichen und theologischen Umbrüche, die sich schon am Ende seines Lebens abzeichneten, ist Adolf Deißmann lange Zeit in Vergessenheit geraten. Seine wissenschaftliche Arbeit am Neuen Testament verlor an Bedeutung, seit sich die historisch-kritische Methode durchsetzte und seine auf Vermittlung ausgerichteten ökumenisch-theologischen Überzeugungen und Impulse durch die radikaleren Positionen der dialektischen Theologie verdrängt wurden. Als er 1937 starb, musste er mit ansehen, wie sein Lebenswerk begann, sich unter dem Druck der politischen und kirchlichen Verhältnisse aufzulösen.

In den letzten Jahrzehnten ist die Frühgeschichte der ökumenischen Bewegung zunehmend zum Gegenstand wissenschaftlicher Forschung geworden. In diesem Zusammenhang taucht natürlich auch der Name von Adolf Deißmann auf, da er an den meisten wichtigen Konferenzen und Prozessen persönlich beteiligt war, oft als Mitglied oder Vorsitzender von Leitungsgremien oder Studienkommissionen. Nur selten freilich ist er durch eindrucksvolle Reden oder konzeptionelle Vorschläge und Impulse hervorgetreten. Sein ökumenisches Wirken vollzog sich vor allem in der intensiven und unermüdlichen Pflege von Beziehungen und in der Bemühung um Verständigung zwischen oft schwer vereinbaren theologischen, kirchlichen und politischen Positionen und Interessen. Die offiziellen Protokolle und Berichtsbände der ökumenischen Tagungen und Konferenzen lassen diese wichtige Arbeit im Hintergrund nur schwer erkennen. Deißmann hat sich zwar seit der Veröffentlichung des von ihm bearbeiteten und herausgegebenen amtlichen Berichts über die Stockholmer Weltkirchenkonferenz für Praktisches Christentum 1925 mehrfach in Aufsätzen oder kleineren Schriften zu seinem Wirken in der ökumenischen Bewegung geäußert, aber diese Selbstzeugnisse gerieten schnell in Vergessenheit und wurden überlagert durch theologisch oder kirchenpolitisch einflussreichere Stimmen aus dem ökumenischen Umfeld.

Erst in neuerer Zeit ist Adolf Deißmann als Wissenschaftler und als eine der deutschen Schlüsselpersonen in der Frühgeschichte der ökumenischen Bewegung wieder in das Blickfeld der Forschung geraten. Dies hängt unmittelbar zusammen mit dem Umstand, dass sein in der Zentral- und

Landesbibliothek Berlin (ZLB) verwahrter Nachlass inzwischen soweit chronologisch aufgenommen und geordnet ist, dass er für die Forschung zugänglich ist. Der umfangreiche Nachlass – neben den Nachlässen von Adolf von Harnack und Reinhold Seeberg einer der größten eines Theologen seiner Zeit – gelangte bereits 1937 in den Besitz der Berliner Stadtbibliothek. Im Krieg wurde die Bibliothek teilweise zerstört und durch weitere Um- und Auslagerungen nach 1945 gingen Teile des Nachlasses verloren. Die professionelle archivalische Erfassung der 1406 nummerierten Einheiten mit 937 Mappen, die in 123 Kartons gelagert sind, hat erst begonnen und wird noch geraume Zeit in Anspruch nehmen. Schon jetzt aber haben Forscher mit der Auswertung des Nachlasses begonnen.

Einer der ersten war der Berliner Kollege Christoph Markschies. Er hat seine im Rahmen einer Heidelberger Ringvorlesung vorgetragene Studie über „Adolf Deißmann – ein Heidelberger Pionier der Ökumene" für den Druck 2005 durch wichtige Verweise auf bisher unveröffentlichte Texte aus dem Nachlass von Deißmann ergänzt.[2] Dann legte 2008 der australische Gräzist Albrecht Gerber eine Dissertation vor unter dem Titel „G.A. Deissmann (1866–1937). An analysis of an academic and theological outsider in Wilhelmine und Weimar Germany and his diverse, pioneering contributions".[3] Die Dissertation konzentriert sich in ihren ersten beiden Teilen auf die philologischen und lexikographischen Untersuchungen Deißmanns sowie auf seine maßgebliche Beteiligung an insgesamt sieben Ausgrabungsexpeditionen in Ephesus in den Jahren 1926–1933. Der dritte Teil, in dem Gerber ausführlich den Berliner Nachlass heranzieht, ist den sozialpolitischen, friedenspolitischen und ökumenischen Aktivitäten von Deißmann gewidmet.

Inzwischen liegt auch eine deutsche Studie zu Deißmann aus dem Jahr 2009 vor in Gestalt der Hamburger theologischen Dissertation von Ernst-Otto Meinhardt unter dem Titel: „Adolf Deissmann. Ein Wegbereiter der Weltchristenheit. Die vergessene Dimension im Lebenswerk eines Hochschullehrers."[4] Die beiden ergänzenden Angaben auf der Titelseite präzi-

---

[2] *Christoph Markschies:* Adolf Deißmann – ein Heidelberger Pionier der Ökumene; in: Zeitschrift für Neuere Theologiegeschichte, Bd. 12/1, 2005, 47–88.

[3] *Albrecht Gerber:* G.A. Deissmann (1866–1937). An analysis of an academic and theological outsider in Wilhelmine and Weimar Germany and his diverse, pioneering contributions. Siehe: http://e-publications.une.edu.au/vital/access/manager/Repository/une: 6652 (aufgerufen am 02.05.2017).

[4] *Ernst Otto Meinhardt:* Adolf Deissmann. Ein Wegbereiter der Weltchristenheit. Die vergessene Dimension im Lebenswerk eines Hochschullehrers. Siehe: http://ediss.

sieren das leitende Interesse des Verfassers: Es geht ihm einerseits um die Mitwirkung Deißmanns „bei der Formulierung der sozialen Frage an der Wende des 19. und 20. Jahrhunderts und das Ringen um die Gestaltung von Kirche und Gesellschaft nach dem Ersten Weltkrieg" und andererseits um seine „Bemühung um die Verständigung der Völker und die Arbeit für die Einigung der Christen vor dem Hintergrund der Spannungen in Europa zu Beginn des 20. Jahrhunderts". Die Arbeit von Meinhardt bietet die bisher umfangreichste Auswertung des Deißmann Nachlasses und enthält im Literaturverzeichnis einen detaillierten Auszug aus der Inventarliste sowie im Anhang (s. 466–474) 23 Kurzbiographien der wichtigsten Persönlichkeiten der frühen ökumenischen Bewegung, mit denen Deißmann in z. T. engem Austausch stand.

Das beginnende wissenschaftliche Interesse am Deißmann-Nachlass ist der Hintergrund für diesen Aufsatz. Im Unterschied zu den oben erwähnten Autoren kann ich freilich für mich nicht in Anspruch nehmen, mit dem Nachlass von Deißmann schon wirklich vertraut zu sein. Meine begrenzte wissenschaftliche Kompetenz betrifft die allgemeine Geschichte der ökumenischen Bewegung. Ich werde daher mit einigen groben Strichen versuchen, die ökumenischen Prozesse in den ersten drei Jahrzehnten des vergangenen Jahrhunderts nachzuzeichnen und Adolf Deißmanns Wirken in diesem Umfeld anzudeuten. Dabei werde ich dankbar die in den erwähnten Studien bereits begonnene Auswertung seines Nachlasses nutzen.

II.

Die „ökumenische Bewegung" verdankt ihre Ursprünge einerseits den Erweckungsbewegungen im 19. Jahrhundert, vor allem in England und den USA, und den dadurch geprägten weltweiten Missionsinitiativen. Ihr Beginn wird daher meist mit der großen Weltmissionskonferenz in Edinburgh 1910 und den Namen des amerikanischen ökumenischen Pioniers John R. Mott und seines britischen Partners J. H. Oldham verbunden. Zu den Teilnehmern der Konferenz in Edinburgh gehörte auch der amerikanische Missionsbischof Charles Brent. Durch seine Teilnahme gewann er die Überzeugung, dass es um der Glaubwürdigkeit des gemeinsamen mis-

sub.uni-hamburg.de/volltexte/2009/4287/pdf/Deissm_EndfassungAug.09.pdf (aufgerufen am 02.05.2017).

sionarischen Zeugnisses der Kirchen willen notwendig sei, die zwischen den Kirchen stehenden Unterschiede der Glaubenslehre und der kirchlichen Ordnung zu untersuchen und nach Möglichkeit zu klären. So legte er im Anschluss an die Edinburgher Konferenz der Generalsynode seiner Kirche, der Protestant Episcopal Church, den Vorschlag vor, die christlichen Kirchen der Welt zu einer Konferenz über die Fragen von Glauben und Kirchenverfassung einzuladen, um so den Weg zur sichtbaren Einheit der Kirche zu bahnen.

Andererseits kristallisierte sich in der ökumenischen Bewegung das Ringen der Kirchen in Europa und den USA um eine Antwort auf die gesellschaftlichen und machtpolitischen Auswirkungen der Industrialisierung an der Wende vom 19. zum 20. Jahrhundert. Die krisenhafte Vorgeschichte des Ersten Weltkrieges und seine dramatischen Folgen stellen den Rahmen dar, in dem christliche Persönlichkeiten aus protestantischen Kirchen Initiativen für eine neue, gerechte Friedensordnung ergriffen. Die christliche Ökumene, d. h. die Gemeinschaft der im Glauben an das Evangelium von Jesus Christus untereinander verbundenen Kirchen, wurde dabei auf Grund ihres internationalen Charakters verstanden als Vorbild und Impulsgeber für eine neue internationale Ordnung des Zusammenlebens der Völker, in der die nationalen Macht- und Interessengegensätze überwunden werden können.

Der wichtigste Repräsentant und Vorkämpfer für die Verwirklichung dieser ökumenischen Vision war Nathan Søderblom, Professor für Religionsgeschichte in Uppsala und Leipzig und von 1914 bis zu seinem Tod 1931 Erzbischof der Kirche von Schweden in Uppsala. Deißmann lernte den gleichaltrigen Søderblom schon 1908 kennen. Zwischen ihnen entwickelte sich in den folgenden beiden Jahrzehnten eine vertrauensvolle und freundschaftliche Beziehung. Beiden waren gemeinsam eine undogmatische, erfahrungsbezogene Frömmigkeit, die liberale theologische Grundorientierung und die stark empfundene ethische Verpflichtung im Eintreten für Gerechtigkeit und Versöhnung zwischen den Völkern. Die Beziehung zu Søderblom wurde prägend für das ökumenische Wirken von Deißmann.[5]

Die wichtigste Initiative für die Anfänge der ökumenischen Bewegung war die Gründung des „Weltbundes für internationale Freundschaftsarbeit

---

[5] Für Søderblom siehe die Biographie von *Bengt Sundkler:* Nathan Söderblom. His Life and Work, Lund und Uppsala 1968 und neuerdings auch die Biographie von *Jonas Jonson:* Nathan Söderblom. Called to Serve, Grand Rapids 2016.

der Kirchen" im Jahr 1914, in den ersten Tagen nach Ausbruch des Ersten Weltkriegs.[6] Der Weltbund hatte einen Vorläufer in den bereits erwähnten kirchlichen Bemühungen um freundschaftliche Beziehungen zwischen Deutschland und Großbritannien, an denen Deißmann zusammen mit dem Berliner Pfarrer und späteren Kollegen Friedrich Siegmund-Schultze beteiligt war. Siegmund-Schultze, der als Potsdamer Pfarrer 1911 die „Soziale Arbeitsgemeinschaft Berlin-Ost" ins Leben gerufen hatte und als Sekretär die Arbeit des deutschen kirchlichen Komitees für die deutsch-britischen Beziehungen koordinierte, war einer der Hauptinitiatoren der Gründung des Weltbundes und dann langjähriger Sekretär seiner deutschen Sektion. Die von ihm 1913 begründete und bis 1933 herausgegebene Zeitschrift „Die Eiche" wurde zum wichtigsten deutschsprachigen Instrument für ökumenische Kommunikation in den Zwischenkriegsjahren. Die enge aber auch spannungsreiche Beziehung und Zusammenarbeit zwischen Deißmann und Siegmund-Schultze als den beiden Schlüsselpersonen für die deutsche Beteiligung an der frühen ökumenischen Bewegung würde eine eigene eingehende Studie verdienen.[7]

Damit sind die wichtigsten personellen und strukturellen Bezugspunkte für das anfängliche ökumenische Umfeld von Adolf Deißmann benannt. Bevor wir den Blick auf die ökumenischen Entwicklungen in den zwanziger Jahren richten, muss jedoch noch eine besondere Initiative erwähnt werden, mit der Deißmann seinen Ort im internationalen ökumenischen Umfeld markiert hat: die Evangelischen Wochenbriefe, in denen er in den Kriegsjahren und der unmittelbaren Nachkriegszeit von Dezember 1914 bis Ende 1921 versuchte, zur Stärkung der internationalen christlichen Solidarität und zur Verständigung unter den Völkern beizutragen. Diese von Deißmann selbst verfassten und dann ins Englische übersetzten Briefe gingen in den Jahren bis zum Kriegseintritt der USA 1917 an ca. 300 Adressen, vor allem in den USA, d.h. an ehemalige Schüler, Kollegen und ihm bekannte Persönlichkeiten in Kirche und Öffentlichkeit, darunter auch Verantwortliche für kirchliche Zeitschriften. Sie vermittelten Nach-

---

6 Vgl. hierzu: *Harmjan Dahm:* Der Weltbund für Freundschaftsarbeit der Kirchen 1914–1948. Eine ökumenische Friedensorganisation, Frankfurt a. M. 2001.

7 Für die wichtige Rolle von Friedrich Siegmund-Schultze vgl. *Stefan Grotefeld:* Friedrich Siegmund-Schultze. Ein deutscher Ökumeniker und christlicher Pazifist, Gütersloh 1995, sowie *Friedrich Siegmund-Schultze:* Friedenskirche, Kaffeeklappe und die ökumenische Vision. Texte 1910–1969, hg. v. *Wolfgang Grünberg* u.a., München 1990. Beide Veröffentlichungen gehen allerdings kaum auf die Beziehung zu Deißmann ein.

richten aus den Kirchen in Deutschland und suchten den Austausch anzuregen über das ethische Dilemma, vor das der Krieg die Christen nicht zuletzt aus den protestantischen Kirchen stellte. Eine zweite Folge richtete sich in den Jahren bis zur Ratifizierung des Versailler Vertrages vor allem an Partner in den neutralen Ländern. In der letzten Folge von Anfang 1920 bis Ende 1921 konnte Deißmann nach Aufhebung der Zensurbestimmungen auch innerhalb Deutschlands seine Überzeugungen, z. B. über die Unrechtmäßigkeit der Verletzung der Neutralität Belgiens durch Deutschland, deutlicher zum Ausdruck bringen.

Die insgesamt mehr als 360 Ausgaben der Wochenbriefe sind ein eindrückliches Zeugnis für den Ernst, mit dem Deißmann als Christ und Patriot den Weg gegangen ist von der anfänglichen Begeisterung über die vermeintliche religiöse Erweckung als Folge eines Krieges zur Verteidigung des Vaterlandes und seiner Kultur, dann dem Erschrecken über die konkrete Erfahrung des Krieges und seiner physischen und seelischen Zerstörungen, und schließlich durch die Begegnung mit dem gewaltfreien Ethos der Quäker zur klaren Abkehr von der Kriegstheologie seiner Kirche, mit der er sich zunächst identifiziert hatte. Er setzte sich mit seinen Wochenbriefen unvermeidlicher Kritik von innen und von außen aus, besonders heftig von Leonard Ragaz aus der Schweiz und später auch von befreundeten Partnern aus den USA. Aber die große Mehrzahl seiner Briefpartner, mit denen er auch neben den Wochenbriefen direkt korrespondierte, war offen und dankbar für seine aufrichtige Bemühung um Verständigung zwischen Christenmenschen unter den Bedingungen des Krieges, und sie sahen darin einen wichtigen Beitrag zur Stärkung ökumenischer Solidarität.

Er selbst hat nach dem Ende des Krieges in zwei Vorlesungen in Uppsala 1918 über „Die deutsche Theologie und die Einheit der Kirche" seinen Erkenntnisgewinn der Kriegsjahre so formuliert: „Wenn ich irgendetwas gelernt habe für meinen inwendigen Menschen in den Wettern dieser vier Jahre, so ist es dies, dass das Christentum steht und fällt mit der Einheit der Kirche. Der urchristliche Einheitsgedanke ist mir gerade durch den Krieg in seiner ganzen göttlichen Wucht und Größe deutlicher geworden als jemals zuvor. Eine Kirche, die ihn aufgeben würde, würde sich selbst aufgeben."[8] Seine Wochenbriefe sind damit gleichsam ein vorweggenommenes Echo der ökumenischen Überzeugung, welche zwanzig Jahre später die Botschaft der zweiten Weltkonferenz für Praktisches Christen-

[8] Zitiert nach *Markschies*, a. a. O., 68.

tum in Oxford 1937 mit den folgenden Worten ausdrückte: „Wenn Krieg ausbricht, muss die Kirche erst recht und in unverkennbarer Weise Kirche sein, dann erst recht muss sie eins bleiben als der eine Leib des Christus, …. Ebenso muss die Kirche ihre Glieder in der Einheit christlicher Bruderschaft zusammenhalten, wenn sie verschiedener Ansicht darüber sind, was im Kriegsfalle ihre Pflicht als christliche Staatbürger ist."[9]

III.

Der *Überblick über die Ökumene in den zwanziger Jahren* muss bereits im Jahr 1919 einsetzen, und zwar mit der Tagung des Weltbundes für internationale Freundschaftsarbeit der Kirchen, denn hier wurden entscheidende Weichen gestellt. Es war die erste Zusammenkunft der Vertreter des Weltbundes nach dem Ende des Krieges und der Unterzeichnung des Versailler Friedensvertrages. Die mehrfachen Initiativen von Søderblom während der letzten Kriegsjahre zur Einberufung einer christlichen Friedenskonferenz waren fehlgeschlagen. Auf der Versammlung, die Ende September/Anfang Oktober 1919 im Schloss Oud-Wassenaar bei Den Haag stattfand, lag freilich der Schatten der Erbitterung in Deutschland – auch bei den Weltbundfreunden – über die Bedingungen des Friedensvertrags und die harte Forderung der französischen Mitglieder des Weltbundes, die deutsche Seite müsse zunächst ihre Alleinschuld am Krieg anerkennen und die Verletzung der belgischen Neutralität als moralisches Unrecht „desavouieren", bevor die Beziehungen wieder aufgenommen werden könnten.

Trotz dieser Hindernisse kam die Konferenz mit deutscher Beteiligung zustande. Sie bot außerhalb der Tagesordnung Gelegenheit zu einer ernsten, persönlichen Aussprache zwischen den fünf deutschen Delegierten, darunter Deißmann und Siegmund-Schultze, und der nur kleinen Gruppe von französischen und belgischen Vertretern. Die deutschen Delegierten weigerten sich zwar, die ganze Schuld für den Krieg auf sich zu nehmen und bestanden auf der Notwendigkeit einer Revision des „Unrechtsfriedens" von Versailles. Sie waren aber bereit, die Verletzung der belgischen

---

[9] Die Botschaft von Oxford an die christlichen Kirchen ist abgedruckt in: *Wolfram Weiße:* Praktisches Christentum und Reich Gottes, Göttingen 1991, Anhang Nr. 12, 548 ff, Zitat 550.

Neutralität als „moralisch unrechtmäßig" zu verurteilen. Diese begrenzte „politische" Konzession vermochte jedoch das Eis noch nicht zu brechen. In dieser Situation nahm Deißmann seine Bibel und las das erste Kapitel des 1. Johannesbriefes über Versöhnung und Liebe unter den Brüdern. Dann wollte er das Treffen mit einem Gebet schließen; aber die Schriftlesung hatte die Atmosphäre verändert. Nun trafen sich alle Beteiligten in der Überzeugung, dass Krieg kein Mittel sei, um Konflikte zu lösen und dass Rache im Widerspruch stehe zum Geist des Evangeliums. So konnten sie sich gegenseitig in die Hand versichern: „Wir verdammen den Krieg, wir verdammen den Gedanken an Rache."[10]

Diese „geistliche" Intervention von Deißmann, der auf die stille Versöhnungskraft des biblischen Zeugnisses vertraute, stellte die Gemeinschaft innerhalb des Weltbundes vorerst wieder her, auch wenn die Kriegsschuldfrage und die Folgen des Versailler Vertrages die Zusammenarbeit noch bis 1926 belasteten. Vor allem machte sie den Weg frei für die Beratung über Söderbloms erneuten Vorschlag, eine allgemeine Kirchenkonferenz einzuberufen, um Versöhnung und Bruderschaft zwischen den Völkern zu befördern. Er hoffte schon damals, dass es gelingen könne, einen Rat von Kirchen zu bilden, der mit „geistlicher Vollmacht" für die christlichen Kirchen zu den brennenden religiösen, ethischen und sozialen Fragen sprechen könne. Der Weltbund war freilich kein Organ der Kirchen und so gab es erhebliche Vorbehalte gegenüber den Vorschlägen von Söderblom. Schließlich einigte man sich darauf, dass Söderblom zusammen mit zwei weiteren Mitgliedern aus den USA und aus der Schweiz den Plan einer „ökumenischen Kirchenkonferenz" weiter verfolgen sollte. In gewisser Weise ist daher die Konferenz in Oud-Wassenaar der Anfang des Weges, der schließlich zur Bildung des Ökumenischen Rates der Kirchen führte.

Diese Vision wurde im folgenden Jahr nachdrücklich unterstützt durch zwei weitere Initiativen, nämlich einerseits die Enzyklika des Ökumenischen Patriarchats in Konstantinopel „An die Kirchen Christi überall" mit dem Vorschlag, in Analogie zum „Völkerbund" einen „Kirchenbund" aller Konfessionen zu gründen; und andererseits den „Aufruf an alle Christen" der Lambeth Konferenz der Anglikanischen Bischöfe, in dem sie die Christen und Kirchen dazu aufriefen, sich zusammen zu finden in dem Bestreben, die Einheit des Leibes Christi, für die er gebetet hat, wieder herzustellen und vor der Welt sichtbar zu machen.

---

[10] Zitiert nach *Dahm*, a. a. O., 130.

Die so eröffnete Periode der zwanziger Jahre war daher geprägt durch die Bemühungen, die Realisierbarkeit der unterschiedlichen ökumenischen Impulse zu prüfen und ihnen konkrete Gestalt zu geben. Es waren vor allem die mit den Namen von Søderblom und Brent verbundenen Vorschläge für ökumenische Konferenzen für „Praktisches Christentum" einerseits und für „Glauben und Kirchenverfassung" andererseits. Schon im August 1920 fanden in Genf zwei eng miteinander verbundene Treffen statt, bei denen die unterschiedlichen Vorschläge von Brent und Søderblom beraten und erste vorbereitende Schritte für die geplanten Konferenzen beschlossen wurden. Deißmann hat an diesen vorbereitenden Treffen nicht teilgenommen.

Im ersten Fall einigte man sich in Genf darauf, dass in zwei bis drei Jahren, oder notfalls später, eine Kirchenkonferenz stattfinden solle, deren Teilnehmer von den entsprechenden kirchlichen Gremien als Delegierte bestimmt werden sollten. Zur Vorbereitung wurde ein Exekutivausschuss gebildet, in den ein Jahr später aus Deutschland neben F. Siegmund-Schultze, auch A. Deißmann, der Missionsdirektor A.W. Schreiber und Generalsuperintendent Th. Kaftan berufen wurden. Auch die Beratungen über den Vorschlag einer Weltkonferenz für Glauben und Kirchenverfassung verliefen erfolgreich. Es wurde ein Fortsetzungsausschuss unter dem Vorsitz von Bischof Brent gebildet, der eine Themenkommission und einen geschäftsführenden Ausschuss einsetzte. In der Vorbereitungsphase sollte es zunächst darum gehen, genauer zu erörtern, worin die Kirchen untereinander uneins sind und worin sie übereinstimmen, mit einer Konzentration auf das Verständnis der Einheit der Kirche und das kirchliche Bekenntnis. Im Blick auf die geplante Konferenz selbst wurde festgelegt, dass es nicht ihre Aufgabe sein solle, offizielle Schritte zur Einigung der Kirchen zu unternehmen, aber sie sollte dazu ermutigen und den Weg dorthin bereiten.

Die folgenden Jahre waren daher geprägt von den genaueren Planungen und Vorbereitungen für die beiden Konferenzen. Der Sekretär der Bewegung für Glauben und Kirchenverfassung, Robert H. Gardiner, hatte den Vorschlag gemacht, die beiden geplanten Konferenzen zur gleichen Zeit am gleichen Ort abzuhalten, um es kirchlichen Delegierten zu ermöglichen, an beiden Tagungen teilzunehmen. Der Exekutivausschuss der allgemeinen Konferenz für Praktisches Christentum sprach sich jedoch wegen der unterschiedlichen Zielsetzung der beiden Konferenzpläne dagegen aus. Der Antwortbrief an Gardiner zitiert ausdrücklich den Ausspruch von D. Hermann Kapler: „Die Lehre trennt, aber das Dienen vereint."

IV.

Der weitere Gang der Vorbereitungen sowie die Durchführung der beiden Konferenzen ist inzwischen in mehreren gründlichen Untersuchungen aufgearbeitet worden, und es ist nicht notwendig, darauf an dieser Stelle weiter einzugehen.[11] Für das hier leitende Interesse an A. Deißmann und seinem Umfeld legt es sich jedoch nahe, der *deutschen Beteiligung* an diesen Prozessen genauere Aufmerksamkeit zu schenken. Das für zwischenkirchliche Beziehungen zuständige Organ der evangelischen Landeskirchen in Deutschland war der Deutsche Evangelische Kirchenausschuss (DEKA) unter dem Vorsitz des jeweiligen Präsidenten des preußischen Oberkirchenrates. Die einhellige Ablehnung der Bestimmungen des Versailler Vertrages und seiner Folgen für Deutschland, verbunden mit tief verwurzelten national-kirchlichen Traditionen nährten jedenfalls in den Jahren bis 1925 Misstrauen gegenüber den ökumenischen Initiativen, das sich auch übertrug auf die Aktivitäten von F. Siegmund-Schultze und seiner Mitstreiter in der deutschen Sektion des Weltbundes, die ohne ausdrückliches kirchliches Mandat agierten. Bei den beiden vorbereitenden Konferenzen in Genf waren daher die evangelischen Kirchen in Deutschland nicht offiziell vertreten.

Gegenüber der Bewegung für Glauben und Kirchenverfassung blieben außerdem grundsätzliche politische und theologische Vorbehalte bestehen, sodass schließlich ein von der deutschen Sektion des Weltbundes gebildeter „Deutscher Ausschuss für die Weltkonferenz für Glauben und Kirchenverfassung in Lausanne" unter dem Vorsitz des Moderators des Reformierten Bundes, Prof. A. Lang, die konkrete Vorbereitung für die deutsche Beteiligung an der Konferenz übernahm. Das lag umso mehr nahe, als Siegmund-Schultze sich von Anfang an durch die von ihm herausgegebene Zeitschrift „Die Eiche" für die Verbreitung der Ideen der Bewegung für Glauben und Kirchenverfassung eingesetzt hatte. Deißmann gehörte dem deutschen Ausschuss an, nahm jedoch in diesem Zusammenhang eine gewisse Sonderrolle ein. Als Mitglied der preußischen Generalsynode und ge-

---

[11] Vgl. für Stockholm die Untersuchung von *Wolfram Weiße:* Praktisches Christentum und Reich Gottes. Die ökumenische Bewegung Life and Work 1919–1937, Göttingen 1991; für Lausanne die Arbeiten von *Reinhard Frieling:* Die Bewegung für Glauben und Kirchenverfassung 1910–1937, Göttingen 1970, sowie *Günther Gaßmann:* Konzeptionen der Einheit in der Bewegung für Glauben und Kirchenverfassung 1910–1937, Göttingen 1979. Die folgende Darstellung bezieht sich weitgehend auf diese Vorarbeiten.

heimer Oberkonsistorialrat war er, anders als Siegmund-Schultze und die meisten anderen Mitglieder des Ausschusses, kirchlich-institutionell legitimiert und suchte die Verbindung zu den offiziellen kirchlichen Stellen zu halten. Außerdem war er nachträglich durch Bischof Brent in den Fortsetzungsausschuss der Konferenz für Glauben und Kirchenverfassung berufen worden. So wurde er auch in Lausanne zu einem der Vizepräsidenten der Konferenz gewählt und als Vorsitzender einer der thematischen Sektionen berufen.

Im Fall der Bewegung für Praktisches Christentum änderte sich die anfängliche Zurückhaltung, nicht zuletzt, weil Søderblom sich zusammen mit dem schwedischen Episkopat 1923 entschieden gegen die harte französische Politik im Zusammenhang mit der Besetzung des Ruhrgebiets gewandt hatte. Schon bei der Sitzung des Exekutivausschusses in Hälsingborg 1922 war daher der DEKA offiziell vertreten, u. a. durch seinen Vizepräsidenten Kapler. Das hatte freilich zur Folge, dass Siegmund-Schultze sein Mandat im Exekutivausschuss verlor; er wurde dann von Søderblom an der deutschen Delegation vorbei direkt zur Konferenz nach Stockholm eingeladen. Deißmann andererseits wurde in seiner Rolle als Mitglied des nunmehr in „Internationales Komitee" umbenannten Vorbereitungsausschusses gestärkt.

Die erste der geplanten Konferenzen, die „Allgemeine Christliche Konferenz für Praktisches Christentum" fand dann vom 19. –30. August 1925 in Stockholm statt. Das Programm sah sechs Themenbereiche vor. Die mitarbeitenden Kirchen waren in vier geographische Sektionen eingeteilt (amerikanische, britische, kontinental-europäische sowie die orthodoxen Kirchen), in welchen die Themen vorberaten wurden. Das Internationale Komitee fasste diese Vorarbeiten vor Beginn der Konferenz in Kommissionsberichten zusammen, die bei der Konferenz selbst als Grundlage für die Beratungen dienten. Außerdem kam zu jedem der Themen und Unterthemen eine große Zahl von Delegierten mit Kurzbeiträgen zu Wort. Die abschließenden Berichte der Kommissionen wurden von der Konferenz ohne ausführliche Beratung entgegengenommen. Der einzige von der Konferenz beschlossene Text ist die Botschaft.

Für jede der Sektionen war vom Internationalen Komitee eine sorgfältig bestimmte Anzahl von Konferenzdelegierten festgelegt worden. Der kontinental-europäischen Sektion wurden 175 Delegiertenplätze zugewiesen, von denen fast die Hälfte (77) allein aus Deutschland kam. Unter den deutschen Teilnehmern, die vom DEKA ausgewählt worden waren, überwogen die Theologen, d. h. leitende Geistliche und Professoren, darunter

Deißmann und sein Berliner Kollege, der Missionswissenschaftler Julius Richter, der bereits an der Missionskonferenz in Edinburgh 1910, sowie als Mitglied des Internationalen Ausschusses des Weltbundes auch an der Tagung in Oud-Wassenaar teilgenommen hatte. Siegmund-Schultze war vom DEKA nicht in die deutsche Delegation aufgenommen, aber von Søderblom persönlich eingeladen worden.

Ein weiteres wichtiges Mitglied der deutschen Delegation war auch der Jurist Dr. Walter Simons. Er war 1918 für kurze Zeit Chef der Reichskanzlei und dann Generalkommissar der deutschen Verhandlungsdelegation in Versailles gewesen; da er den Versailler Vertrag ablehnte, war er jedoch von diesem Amt zurückgetreten. Danach war er 1920/1 Außenminister und von 1922–29 Präsident des Reichsgerichts. In dieser Funktion hatte er 1925 für kurze Zeit nach dem Tode Eberts das Amt des Reichspräsidenten vertreten. Simons gehörte seit 1921 zum Internationalen Komitee des Weltbundes und war von 1925–1935 Präsident des Evangelisch-Sozialen Kongresses. Mit Søderblom, den er 1920 kennen gelernt hatte, verband ihn eine freundschaftliche Beziehung, gegründet in einem breiten Einverständnis über die Zielsetzung und die geistliche Grundlage der Konferenz.

Deißmann hatte als Mitglied des Internationalen Komitees zusammen mit Bischof Brent in der Kommission zum vierten Thema „Die Kirche und die Beziehungen der Völker untereinander" gearbeitet. Er war auch an der redaktionellen Bearbeitung der Botschaft beteiligt und wurde vom Fortsetzungsausschuss nach Abschluss der Konferenz mit der Herausgabe des amtlichen deutschen Berichts betraut. Zusätzlich zu der von ihm verfassten Einleitung zum Konferenzbericht hat er 1927 eine rückblickende Interpretation und Rechenschaft veröffentlicht unter dem Titel „Die Stockholmer Bewegung ... von innen betrachtet". Wir sind daher von Deißmann selbst relativ detailliert informiert über die thematischen Beratungen und Auseinandersetzungen bei der Konferenz, sowie über seine Bemühungen um Vermittlung und Verständigung zwischen schwer vereinbaren theologischen und politischen Positionen.

Die deutsche Delegation, in der national-konservative Positionen überwogen, spielte bei der Konferenz eine problematische Rolle. Die Konflikte, die auch innerhalb der Delegation ausgetragen wurden, kamen vor allem im Themenbereich IV, der sich mit den Beziehungen der Völker untereinander befasste, zum Ausdruck. Die große Untersuchung von Wolfram Weiße „Praktisches Christentum und Reich Gottes" (1991) zeichnet die Konflikte detailliert nach, die sich vor allem auf die Haltung zum Völkerbund und seiner theologisch-ethischen Einschätzung sowie auf das Staatsverständnis und die von vielen geforderte Ächtung des Krieges bezogen. Im Hintergrund stand nach wie vor die unbewältigte Kontroverse um die Kriegsschuld. Deißmann hatte sich schon 1921 in seiner Predigt bei der Sitzung des Exekutivausschusses in Hälsingborg deutlich abgesetzt von der in den deutschen Kirchen vorherrschenden Interpretation der Zwei-Reiche-Lehre und der daraus abgeleiteten Vorstellung von der „Eigengesetzlichkeit" politischen und wirtschaftlichen Handelns. Er stand seinen Kollegen, die wie er dem Weltbund verbunden waren und die eine Minorität in der deutschen Delegation bildeten, nahe, versuchte aber in seinen Beiträgen zur Formulierung des Berichts der Kommission zum IV. Thema sowie zur Botschaft die Positionen der Mehrheit der Delegation einzubinden.

Walter Simons, über den Horst Gründer schon 1974 eine sorgfältige Studie vorgelegt hat,[12] war in seinen Beiträgen als Jurist und Politiker von ähnlichen Interessen geleitet. Julius Richter, der in seinem Beitrag die Hoffnung aussprach, dass durch den möglichen Beitritt Deutschlands und der USA der Völkerbund endlich zu einem „Werkzeug göttlicher Gerechtigkeit" werden möge, wurde für seine Äußerungen in der deutschen Delegation so stark angegriffen, dass er sich zur vorzeitigen Abreise aus Stockholm genötigt sah. F. Siegmund-Schultze schließlich verzichtete auf Grund der kritischen Haltung der Mehrheit der deutschen Delegation darauf, seinen für den V. Themenbereich vorbereiteten Vortrag über „Erziehung zur brüderlichen Gesinnung im eigenen Volke und unter den Völkern" vorzutragen. Er veröffentlichte dafür nach der Konferenz eine „kritische Würdigung" der Bedeutung der Konferenz in seiner Zeitschrift „Die Eiche" und ging darin mit dem Verhalten der deutschen Delegation hart ins Gericht.

Diese Stellungnahme von Siegmund-Schultze löste eine heftige innerdeutsche Kontroverse aus und führte zum Bruch zwischen der deutschen Sektion des Weltbundes und dem DEKA. Aber auch Freunde im Weltbund, denen er seinen Aufsatz vor der Veröffentlichung zur Stellungnahme zugesandt hatte, rückten von seiner Kritik ab. Von besonderem Interesse ist die Auseinandersetzung zwischen Siegmund-Schultze und Deißmann, der 1926 ebenfalls in der „Eiche" einen offenen Brief an Siegmund-Schultze veröffentlichte, auf den dieser an der gleichen Stelle antwortete. Ernst-Otto Meinhardt hat in seiner eingangs erwähnten Dissertation die Kontroverse

---

12 *Horst Gründer:* Walter Simons, die Ökumene und der Evangelisch-Soziale Kongreß. Ein Beitrag zur Geschichte des politischen Protestantismus im 20. Jahrhundert, Soest 1974.

zwischen den beiden, durch ihre langjährige Zusammenarbeit freund-
schaftlich verbundenen Ökumenikern nachgezeichnet. Deißmann ganzes
Wirken war bestimmt von dem Versuch, zwischen schwer zu vereinbaren-
den Positionen zu vermitteln und Kompromissformulierungen zu finden,
die dem evangelischen Geist der brüderlichen Verständigung und der apostolischen Mahnung, die Wahrheit in Liebe festzuhalten, entsprachen. Dadurch wurden freilich die tatsächlichen Gegensätze oft verdeckt oder in ihrer Tragweite abgemildert. Siegmund-Schultze andererseits bestand darauf,
dass die Gegensätze zunächst klar benannt werden müssten, um dann an
ihrer Überwindung arbeiten zu können. In seiner Antwort an Deißmann
sagt er: „Aber unmöglich ist es, die Wahrheit zu sagen, dass sie allen gefällt
… Kurz: ein wesentliches Kriterium der Wahrheit ist auch, dass sie be-
kehrt."[13]

Christoph Markschies weist am Ende seines ebenfalls zu Beginn erwähnten Aufsatzes auf eine ähnliche Kontroverse zwischen Deißmann und
dem jungen Bonhoeffer 1932 hin, in der es ebenfalls um die Frage konkur-
rierender Wahrheitsansprüche ging.[14] Mit seiner letztlich „geistlich" und
weniger politisch motivierten Bemühung um Kompromisse und Konsens-
findung wusste Deißmann sich im Einverständnis mit vielen seiner internationalen ökumenischen Freunde, und er wurde zum Repräsentanten einer „Methode", welche die weitere ökumenische Bewegung noch lange
geprägt hat. Das damals von Siegmund-Schultze und später von Bonhoeffer
vertretene „prophetische" Verständnis der Wahrheit, die zur Buße und
Umkehr ruft, ist freilich lebendig geblieben und hat die ökumenische
Bewegung immer von neuem herausgefordert. Um des grundsätzlichen Interesses dieser Kontroverse willen ist zu hoffen, dass die genauere Auswertung des Deißmannschen Nachlasses und insbesondere seiner Beziehungen zu Søderblom und anderen führenden Persönlichkeiten der Bewegung
für Praktisches Christentum, sowie zu den deutschen Partnern in der Welt-
bundarbeit wie Siegmund-Schultze, Richter, Simons u. a. seine Rolle in der
Bewegung und die ihm leitenden Überzeugungen klarer hervortreten lässt.

[13] Zitiert nach *Meinhardt,* a. a. O., 280.
[14] Siehe *Markschies,* a. a. O., 85 ff.

V.

Die Mitarbeit und Mitverantwortung für die Konferenz in Stockholm war der Höhepunkt in Deißmanns ökumenischem Wirken. Er wurde zwar nach der Konferenz in den Fortsetzungsausschuss gewählt, zum Vorsitzenden der Theologenkommission berufen und hat auch an den Sitzungen des Fortsetzungsausschusses bis 1937 teilgenommen. Auch wirkte er federführend mit an der Vorbereitung und Durchführung von zwei britisch-deutschen Theologenkonferenzen 1927/8, deren erste dem Thema „Das Wesen des Reiches Gottes und seine Beziehung zur menschlichen Gemeinschaft" gewidmet war. Aber gleichzeitig wandte sich Deißmann wieder stärker seiner wissenschaftlichen Arbeit, insbesondere den Ausgrabungen in Ephesus zu.

Daher kann sich der abschließende Blick auf seine Mitwirkung an der nachfolgenden Weltkonferenz für Glauben und Kirchenverfassung, die vom 3.–21. August 1927 in Lausanne stattfand, auf relativ wenige Beobachtungen beschränken. Auf die grundsätzliche Zurückhaltung des DEKA gegenüber dem Vorhaben dieser Konferenz wurde bereits hingewiesen. Die deutsche Delegation war zusammengestellt worden durch den auf Initiative der deutschen Sektion des Weltbundes gebildeten „Deutschen Ausschuss für die Weltkonferenz für Glauben und Kirchenverfassung in Lausanne". Die Hälfte der 41 Delegierten aus Deutschland waren Professoren oder Dozenten der Theologie, darunter Deißmann und seine Berliner systematischen Kollegen Arthur Titius und Cajus Fabricius. Deißmann hatte auf Grund seines Vorsitzes in der Theologenkommission der Stockholmer Bewegung eine besondere Stellung: er wurde zu einem der Vizepräsidenten der Konferenz gewählt und gehörte auch dem geschäftsführenden Ausschuss an. Das Programm der Konferenz war wie in Stockholm in (sieben) Themenbereiche gegliedert, die im Verlauf der zweieinhalb Wochen sowohl in Plenarvorträgen wie in Sektionen bearbeitet wurden. Deißmann war Einberufer und Versammlungsleiter der Sektion zum zweiten Themenbereich über „Die Botschaft der Kirche an die Welt: Das Evangelium". Zum ersten Themenbereich „Der Ruf zur Einheit" verzichtete man allerdings auf die Einsetzung einer Sektion. Die vier Ansprachen im Plenum zu diesem Thema wurden anschließend unter Federführung von Bischof Brent zu einer Erklärung der Konferenz verarbeitet, die zusammen mit einer Präambel als einziger Text von der Konferenz einstimmig angenommen wurde. Alle übrigen Sektionsberichte wurden „*nemine contradicente*" entgegengenommen.

Das Thema der von Deißmann geleiteten 2. Sektion war auf Betreiben der deutschen Theologen in das Programm der Konferenz aufgenommen worden. Angesichts der auf anglikanischer Seite vorherrschenden Konzentration auf die christologischen und ekklesiologischen Grundlagen der Einheit der Kirche, sollte durch die Ausrichtung auf das gemeinsame Verständnis des Evangeliums das reformatorische Schriftprinzip und die Betonung der Rechtfertigungslehre zur Geltung gebracht werden. Deißmann hielt selbst den Einführungsvortrag für die Arbeit der Sektion, und der von der Konferenz entgegen genommene Bericht verrät ebenfalls deutlich seine Handschrift. Anstelle der von den Systematikern in der deutschen Delegation erhofften Analyse der Grundprobleme zwischen angelsächsisch-anglikanischer und reformatorischer Theologie bietet der Bericht eine konzentrierte Zusammenfassung der Botschaft des Neuen Testaments. Er bemüht sich, das allen kirchlichen Traditionen Gemeinsame herauszustellen und verzichtet bewusst auf die Benennung von Unterschieden.

Die Grundaussagen des Berichts sind auch in der Tat so formuliert, dass sie kaum Anstoß erregen konnten und in der Plenardebatte ohne nennenswerte Änderungen aufgenommen wurden. Der Text beginnt mit der grundlegenden Affirmation im ersten Absatz: „Das Evangelium ist die Freudenbotschaft von der Erlösung, die Gott der sündigen Menschheit in Jesus Christus für Zeit und Ewigkeit schenkt." Jesus Christus als der Gekreuzigte und Lebendige steht selbst im Mittelpunkt des Evangeliums, „das seine Apostel und seine Kirche der Welt verkündigen". Daher ist das Evangelium „mehr als eine philosophische Theorie, mehr als ein theologisches System, mehr als ein Programm für besseres materielles Ergehen. Das Evangelium ist vielmehr die Gabe der neuen Welt Gottes an diese alte Welt der Sünde und des Todes". Die folgenden Sätze sprechen von der Wirkung des Evangeliums: es ist der prophetische Ruf zur Umkehr, es ist die Freudenbotschaft der Rechtfertigung und Heiligung; es bringt Frieden und Freude in die Herzen und wirkt die Bereitschaft zu brüderlichem Dienst und barmherziger Liebe; es ist zugleich die sichere Quelle sozialer Erneuerung und die gnadenreiche Einladung an die nicht-christliche Welt in Ost und West „einzugehen in die Freude des lebendigen Herrn".[15]

Deißmann, der wegen seiner Verpflichtungen bei den Ausgrabungen in Ephesus die Konferenz vorzeitig verlassen musste, hatte gehofft, dass die

---

[15] Der Bericht ist abgedruckt in: *Lukas Vischer* (Hg.): Die Einheit der Kirche. Material der ökumenischen Bewegung, München 1965, 31 ff; Zitate 31 und 32.

Konferenz diesen Text als eine gemeinsame Entschließung und Botschaft annehmen würde und war enttäuscht darüber, dass er, wie die anderen Sektionsberichte nur „nemine contradicente" entgegengenommen wurde. Auch wenn der Bericht in Deutschland z. T. heftig kritisiert wurde, bedeutete die Bemühung von Deißmann, dem schwierigen Vorhaben der Bewegung von Glauben und Kirchenverfassung durch die Ausrichtung am biblischen Zeugnis vom Evangelium Jesu Christi eine gemeinsame Grundlage zu geben, einen wichtigen ersten Schritt in dem langwierigen Prozess ökumenischer Verständigung. Der Internationale Missionsrat hat sich in seiner wichtigen Erklärung über die christliche Botschaft in Jerusalem 1928 den Text des Berichtes von Lausanne zu Eigen gemacht und ihn weitgehend wörtlich in die eigene Erklärung eingefügt.[16] So erhielt der Bericht eine willkommene Bestätigung.

*

Hier endet dieser Überblick über die Ökumene in den zwanziger Jahren und den besonderen Beitrag von Adolf Deißmann. Es war sein Ziel, Interesse zu wecken an der Person und dem ökumenischen Wirken Deißmanns, die bisher in der Erforschung der Frühgeschichte der ökumenischen Bewegung noch nicht angemessen gewürdigt wurden. Der inzwischen zugängliche Nachlass mit der umfangreichen Korrespondenz könnte dazu anregen, das besondere deutsche und internationale Umfeld sichtbar zu machen, das für Deißmanns wissenschaftliches, kirchliches, ökumenisches und öffentliches Wirken bestimmend war und das ihn unter seinen Zeitgenossen heraushob. Es bleibt zu hoffen, dass es eines Tages eine biographische Gesamtdarstellung geben wird, die seiner Bedeutung für die Ökumene gerecht wird.

Konrad Raiser

(Prof. Dr. Konrad Raiser war von 1993 bis 2003 Generalsekretär des Ökumenischen Rates der Kirchen.)

---

16 Der Text der Erklärung ist abgedruckt in: *Hans-Jochen Margull* (Hg.): Zur Sendung der Kirche. Material der ökumenischen Bewegung; München 1963, 17 ff; s. bes. in Abschnitt 2 „Unsere Botschaft", 19 f.

Gestern – heute – morgen

In einem feierlichen Gottesdienst im Dom zu Magdeburg am 29. März hat die Mitgliederversammlung der Arbeitsgemeinschaft Christlicher Kirchen in Deutschland (ACK) an *zehn Jahre Taufanerkennung* erinnert. 2007 hatten elf Mitgliedskirchen der ACK die *Erklärung der wechselseitigen Taufanerkennung* unterzeichnet. Die Predigt hielt der Vorsitzende der ACK, Bischof Karl-Heinz Wiesemann (Speyer), der darauf hinwies, dass die vor zehn Jahren unterschriebene Erklärung für alle Mitgliedskirchen die Taufe wieder in die Mitte gerückt habe, auch für die Kirchen, die die Anerkennung nicht unterzeichneten. In einem Festakt ermutigten die katholische Professorin Dorothea Sattler (Universität Münster) und der freikirchliche Professor Markus Iff (Theologische Hochschule Ewersbach) dazu, eine auf die Taufe gründende Ökumene zu stärken und für alle Kirchen fruchtbar zu machen. Die Theologen erinnerten an die Ergebnisse der ökumenischen Dialoge auf weltweiter Ebene, die zwar teilweise sehr weitreichend, aber noch nicht ausreichend in den Kirchen rezipiert worden seien. Im Blick auf das Taufverständnis der täuferischen Kirchen sei es für alle Kirchen wichtig, den Zusammenhang von Glaube und Taufe stärker in der eigenen Taufpraxis aufzunehmen.

Der Nationale Kirchenrat in Korea und der Koreanische Christenbund haben das *„Gemeinsame Nord-Süd-Ostergebet 2017"* vorbereitet. Das Gebet drückt die Freude über die Auferstehung aus, aber auch das Leid, das 70 Jahre der Trennung zwischen Süd- und Nordkorea gebracht haben. Menschen aus der ganzen Welt waren eingeladen, sich dem Gebet anzuschließen, das zu einem Leben in Harmonie und Frieden auf der koreanischen Halbinsel aufruft.

Die *„Woche für das Leben"* ist seit mehr als 20 Jahren die ökumenische Aktion der evangelischen und katholischen Kirche für den Schutz und die Würde des Menschen vom Lebensanfang bis zum Lebensende. Unter dem Motto: *„Kinderwunsch – Wunschkind – Designerbaby"* setzte sich die diesjährige Woche für das Leben mit den Wünschen nach einer sorgenfreien Schwangerschaft, einer glücklichen Geburt, einem gesunden Kind und einem guten Heranwachsen des Kindes auseinander. Das Jahresthema umfasst Geburt und Zeugung und die damit zusammenhängenden Fragen der reproduktionsmedizinischen Techniken und der diagnostischen Verfahren zum Erkennen genetischer Defekte und Krankheiten vor Implantation oder Geburt sowie um die neueren Diskussionen zu Genome Editing und Social Egg Freezing. Die „Woche für das Leben" wurde am 29. April in Kassel eröffnet und dauerte bis zum 6. Mai.

Etwa 40 Teilnehmende, die weitgehend aus lateinamerikanischen Ländern stammten, kamen vom 30. April bis 4. Mai in Rosario (Argentinien) zu einer vom Ökumenischen Rat der Kirchen (ÖRK) geförderten *Konsultation zum Thema „Gemeinsam für das Leben: Mission im 21. Jahrhundert"* zusammen. Das Abschlussdokument der Konsultation ist weniger eine fertige Erklärung als vielmehr eine Motivation und eine Anleitung für weitere Überlegungen in unterschiedlichen Kontexten, Ortsgemeinden und Thinktanks, um auf diese Weise Material für die Weltmissionskonferenz 2018 zu haben. Die *Weltmissionskonferenz* wird vom 8. bis 13. März 2018 in Arusha (Tansania) unter dem Motto *„Bewegung im Geist: Zu verändernder Nachfolge berufen"* stattfinden.

Die *Zwölfte Vollversammlung des Lutherischen Weltbundes* (LWB), die vom 10. bis 16. Mai in Windhoek (Namibia) abgehalten wurde, stand unter dem Thema „Befreit durch Gottes Gnade". Es wurde ergänzt durch die drei Unterthemen „Erlösung – für Geld nicht zu haben", „Menschen – für Geld nicht zu haben" und „Schöpfung – für Geld nicht zu haben". In einer Abschlussbotschaft riefen die rund 400 Delegierten zu mehr sozialer Gerechtigkeit auf und kritisierten Menschenhandel, Zwangsarbeit, Lohnwucher und unlautere Kredite und wiesen auf die Herausforderungen durch den Klimawandel hin (s. S. 415–425 i. d. H.)

Vom 20. Mai bis 10. September findet in Wittenberg die *„Weltausstellung" zum Reformationsjubiläum* statt. Rund 100 Aussteller aus aller Welt präsentieren ihre Arbeit und laden dazu ein, gemeinsam Impulse aus der Reformation aufzunehmen und für die Zukunft fruchtbar zu machen. Im Christuszelt lädt die Arbeitsgemeinschaft Christlicher Kirchen in Deutschland (ACK) täglich von 12.30 bis 12.45 Uhr zu einem Gebet für die Einheit der Christen ein (weitere Infos auf der Website der ACK). Der Deutsche Ökumenische Studienausschuss (DÖSTA) gestaltete in der Themenwoche „Ökumene" (7.–12. Juni) am 9. Juni einen Thementag zum „Priestertum aller Getauften". Die AG Pilgerweg der ACK führte am 12. Juni einen Thementag zum „Pilgerweg der Gerechtigkeit und des Friedens" durch.

Da heutzutage mehr Menschen von Hungersnöten bedroht sind als jemals zuvor in den letzten Jahrzehnten, hatte der Ökumenische Rat der Kirchen (ÖRK) für den 21. Mai zu einem *weltweiten Gebetstag zur Beendigung der Hungersnot* aufgerufen. Um Menschen und Gemeinden in der ganzen Welt zu motivieren, sich am weltweiten Gebetstag am 21. Mai zu beteiligen, stellte der

ÖRK verschiedene Materialien für Gottesdienste, Gebete, Fotos und Lieder zur Verfügung, die in den Gemeinden genutzt werden konnten.

Der *36. Deutsche Evangelische Kirchentag in Berlin und Wittenberg* fand vom 24. bis 28. Mai statt und war ein Höhepunkt der Feiern zum 500. Reformationsjubiläum. Unter der Losung *„Du siehst mich"* wurde der Kirchentag ein Forum von Dialog, Gespräch und Begegnung. Die Arbeitsgemeinschaft Christlicher Kirchen in Deutschland (ACK) war gemeinsam mit dem Ökumenischen Rat Berlin-Brandenburg (ÖRBB) beim Kirchentag vertreten. Unter dem Motto *„Wir sind zum Gespräch geboren"* (Philipp Melanchthon) kamen am Stand u. a. Vertreter verschiedener Konfessionen über die Ökumene ins Gespräch.

Papst Franziskus und der koptische Patriarch Tawadros II. haben in Kairo eine *ökumenische Erklärung* unterzeichnet. Darin wird das *Leiden verfolgter Christen aller Konfessionen* als „Zeichen und Werkzeug der Einheit" bezeichnet. Weiter bekräftigen Franziskus und Tawadros II., dass Gläubige bei einem Übertritt in die jeweils andere Kirche nicht erneut getauft werden sollen. Das Dokument erinnert an die Übereinstimmungen in der Glaubenslehre, beginnend mit dem Konzil von Nizäa 325, und würdigt besonders die Gemeinsame Erklärung vom 10. Mai 1973, mit der Papst Paul VI. (1963–78) und der kopti-

sche Patriarch Schenuda III. (1971–2012) nach jahrhundertelanger Trennung einen theologischen Dialog zwischen den beiden Kirchen eröffneten. Die Erklärung hält fest, dass es bis zur Kircheneinheit noch ein weiter Weg sei. Tiefster Ausdruck der gegenseitigen Zuneigung sei das gemeinsame Gebet. Mit Blick darauf vereinbarten beide Kirchen ein gemeinsames Gebet für alle Christen in Ägypten und im Nahen Osten. Dabei heißt es: „Die tragischen Erfahrungen und das vergossene Blut der Gläubigen, die allein wegen ihres Christseins verfolgt und getötet wurden, erinnern uns mehr denn je, dass die Ökumene des Martyriums uns eint und uns auf dem Weg zu Frieden und Versöhnung ermutigt. Denn, wie der heilige Paulus schreibt: ,Wenn ein Glied leidet, leiden alle Glieder mit'" (1 Kor 12,26).

Vom 5. bis 8. Juni fand in Cardiff (Wales) das jährliche Treffen der *Generalsekretärinnen und Generalsekretäre der nationalen Kirchenräte Europas* statt. Das Programm war stark durch den Ort und die politische Situation bestimmt (Stichworte Brexit, Flüchtlingskrise), diente aber auch dem Erfahrungsaustausch und der gegenseitigen Information. Zusammen mit dem Generalsekretär der Konferenz Europäischer Kirchen (KEK), Heikki Huttunen, wurde zudem beraten, welchen Beitrag die nationalen Kirchenräte zur Arbeit der KEK und zu deren Vollversammlung im nächsten Jahr leisten können.

„*So weit Himmel und Erde ist*" lautet das Motto des *ökumenischen Tags der Schöpfung 2017,* dessen bundesweite Feier am 1. September in Lübeck stattfindet. Der Gottesdienst beginnt um 17 Uhr im Dom zu Lübeck, anschließend führt eine Prozession zum Mühlenteich. Um 18:30 Uhr wird in der Herz Jesu-Kirche Prof. Dr. Nicole Karafyllis (Universität Braunschweig) den Festvortrag halten. Das Gottesdienst- und Materialheft für den Schöpfungstag kann im Shop der Arbeitsgemeinschaft Christlicher Kirchen in Deutschland (http://shop.oekumene-ack.de/) bestellt werden.

„*Streit*", so lautet das Jahresmotto der Ökumenischen Friedens-Dekade vom 12. bis 22. November. Die Schirmherrschaft hat die Ministerpräsidentin von Rheinland-Pfalz, Malu Dreyer, übernommen. Die ausgewählten Bibelstellen zum Motto stehen in Matthäus 20,20–28 (Streit

unter den Jüngern) und in Jeremia 22,1–5 (Sorge für Gerechtigkeit).

Das *Global Ecumenical Theological Institute* (GETI), ein ökumenisches Kurzzeit-Studienprogramm, findet vom 5. bis 13. März 2018 in Arusha (Tansania) im Zusammenhang mit der Weltmissionskonferenz statt. Unter dem Thema „*Das Wort übersetzen, die Welt verändern*" will GETI Lebendigkeit vermitteln und junge Erwachsene ermutigen, auf globaler Ebene und in ihrem jeweiligen lokalen und regionalen Kontext zu überzeugten Botschaftern der Ökumene zu werden. GETI 2018 ist auf ca. 120 fortgeschrittene Studierende der Theologie und ähnlicher Studienfächer ausgelegt, die ein Interesse an aktuellen ökumenischen Debatten zum Verständnis und zur Praxis der Mission in unterschiedlichen Weltregionen mitbringen.

453

Von Personen

Hans Leyendecker, bis 2016 Redakteur bei der „Süddeutschen Zeitung", wird neuer Präsident des Deutschen Evangelischen Kirchentags (DEKT). An Stelle von *Frank-Walter Steinmeier,* der nach der Wahl zum Bundespräsidenten aus dem DEKT-Präsidium ausschied, wird er im Oktober die amtierende Präsidentin *Christina Aus der Au* ablösen und den Kirchentag 2019 in Dortmund leiten. Leyendecker gehörte beim Kirchentag in Berlin und Wittenberg dem erweiterten Präsidium an.

Emmanuelle Seyboldt, reformierte Pastorin im ostfranzösischen Besancon (Region Franche-Comte) ist von der Synode der Vereinigten Protestantischen Kirche Frankreichs (VPKF) zur neuen Ratspräsidentin gewählt worden. Als erste Frau in diesem Amt folgt sie auf Pfarrer *Laurent Schlumberger,* der den 2013 entstandenen Zusammenschluss der evangelisch-lutherischen Kirche und der reformierten Kirche in Frankreich bislang leitete.

Michael Noss, Präsident des Bundes Evangelisch-Freikirchlicher Gemeinden (BEFG), ist vom Bundesrat der Freikirche für eine zweite Amtszeit wiedergewählt worden. Als Stellvertreterin wurde *Corinna Zeschky* bestätigt. Der Bundesrat wählte zudem zwei neue Mitglieder in das Präsidium. Dem BEFG gehören nach eigenen Angaben 797 Baptisten- und Brüdergemeinden mit insgesamt 82.330 Mitgliedern an.

Peter Dabrock, Professor für systematische Theologie an der Universität Erlangen-Nürnberg, wurde zum Vorsitzenden des Deutschen Ethikrats gewählt. Stellvertretende Vorsitzende wurden die Neurowissenschaftlerin *Katrin Amunts,* der Heidelberger Psychologe und Gerontologe *Andreas Kruse* sowie die Medizinethikerin *Claudia Wiesemann.* Dabrock bezeichnete seine Wahl als „Ehre und Herausforderung zugleich". Die Mitglieder werden je zur Hälfte von den Fraktionen im Bundestag und der Bundesregierung benannt und von Bundestagspräsident Lammert berufen. Neben Dabrock vertritt Bischof Martin Hein die evangelische Kirche. Die Theologen *Andreas Lob-Hüdepohl* und *Franz-Josef Bormann* sind als Vertreter der katholischen Kirche in diesem Gremium. Dem Ethikrat gehören Vertreter aus Medizin, Recht, Naturwissenschaften, Ethik und Kirchen an. Das Gremium berät ethisch umstrittene Fragen und legt der Politik Empfehlungen vor.

Lydia Funck, Mitglied der Mennonitengemeinde Bad Königshofen, ist neue Generalsekretärin des europäischen ökumenischen Netzwerks Church and Peace. Seit November 2015 vertritt sie die Arbeitsgemeinschaft Mennonitischer Gemeinden in Deutschland (AMG) in der Arbeitsgruppe „Evangelium und gesellschaftliche Verantwortung" der Vereinigung Evangelischer Freikirchen (VEF) und ist seit September 2012 Mitglied von MEET (More Ecumenical Empowerment Together), einem ökumenischen Netzwerk junger Menschen in Deutschland.

Musa Panti Filibus, Erzbischof der Lutherischen Kirche Christi in Nigeria, wurde während der Vollversammlung des Lutherischen Weltbundes (LWB) als Nachfolger von *Munib Younan* zum Präsidenten des LWB gewählt.

Annette Kurschus, Präses der Evangelischen Kirche von Westfalen, ist neue Vorsitzende des Aufsichtsrats der Deutschen Bibelgesellschaft (DBG). Die 37. DBG-Vollversammlung wählte sie zur Nachfolgerin des ehemaligen bayrischen Landesbischofs *Johannes Friedrich.*

Zum neuen Vorsitzenden der Arbeitsgemeinschaft Christlicher Kirchen in Niedersachsen wurde *Matthias Blümel,* Propst i.R., gewählt, zu stellvertretenden Vorsitzenden die Pastoren *Woldemar Flake* und *Holger Kelbert.* Die Geschäftsführung hat *Dagmar Stolte-Lukas,* Bischöfliches Generalvikariat Hildesheim übernommen.

Bartholomaios, Ökumenischer Patriarch von Konstantinopel, erhielt am 30. Mai die Ehrendoktorwürde der Universität Tübingen.

Bartholomaios rief in seiner Festrede dazu auf, den ökumenischen Dialog zwischen den Konfessionen zu stärken und die Ergebnisse der bisher geführten Dialoge auf allen Ebenen der Kirchen aufzugreifen und zu studieren (s. S. 405–414 i.d.H.).

Es vollendeten

das 85. Lebenjahr:

Klaus Engelhardt, Landesbischof i.R. der Evangelischen Kirche in Baden, erster Vorsitzender des Rates der Evangelischen Kirche in Deutschland nach der Wiedervereinigung, am 11. Mai;

Eberhard Natho, Kirchenpräsident i.R. der Evangelischen Landeskirche Anhalts (1970–1994), von 1979 bis 1982 Vorsitzender des Rates der Evangelischen Kirche der Union in der DDR, von 1981–1990 Vorsitzender der Arbeitsgemeinschaft Christlicher Kirchen in der DDR, am 24. Juni.

Verstorben ist:

Immanuel Jacobs, früherer Prior des Benediktinerklosters Dormitio in Jerusalem und Prior des Klosters an der Brotvermehrungskirche in Tabgha am See Genezareth, im Alter von 67 Jahren, am 25. April.

Zeitschriften und Dokumentationen

I. Aus der Ökumene

Martin Bräuer, Pope Francis and Ecumenism, EcRev 1/17, 4–14;

Marguerite Léna, Paths of Recognition, ebd., 15–21;

Beate Bengard, Reception, Recognition, and Utopia. The Ecumenical Vision of Paul Ricoeur, ebd., 22–33;

Stephen G. Brown, Ecumenical Utopia. An Impossible Dream?, ebd., 34–44;

Nicolás Panotto, Otherness, Paradox, and Utopia. Theological Imagination and the Deconstruction of Power, ebd., 45–59;

John Uzuh, Transforming Education in Contexts of Migration and Multicultural Diversity, EcRev 1/17, 60–66;

Agnes Abuom, On a Pilgrimage toward a Just Peace Church in Ecumenical Diversity, EcRev 1/17, 80–89;

Wolfgang Huber, Unverzichtbare Gemeinschaft. Überlegungen zu einer Ökumene des Indikativs, KNA-ÖKI 20/17, V–VIII;

Patriarch Bartholomaios I., Der Dialog als Schlüssel. Aufgaben der Theologie, KNA-ÖKI 18/17, Dokumentation I–X.

II. Reformationsjubiläum

Hans-Richard Reuter, Protestantische Weichensteller. Die Reformation hat die Entwicklung des Sozialstaats mit beeinflusst, Zeitzeichen 5/17, 32–34;

Wolfram Stierle, Vielfach von Marx zitiert. Martin Luther verstand nicht mehr von Wirtschaft, als oft behauptet wird, ebd., 35–37;

Wolfgang Huber, Innere Affinität. Die Demokratie passt zum reformatorischen Menschenbild, ebd., 41–43;

Karl Kardinal Lehmann, Martin Luther zwischen Bruch und Kontinuität. Das Reformationsgedenken 2017 aus katholischer Perspektive, Catholica 1/17, 1–17;

Karl Kardinal Lehmann, Für verbindliche Entscheidungen. 500. Reformationsgedenken (1517–2017) – und was dann?, KNA-ÖKI 20/17, I–IV;

Wolfgang Huber, Reformation und Katholizität. Grenzüberschreitende Einheit gehört zum Wesen der Kirche, ebd. 22–23/17, Dokumentation I–V;

Johanna Rahner, Kirche, die aus sich herausgeht. Reformation und Katholizität. Was ist das Gemeinsame?, ebd., Dokumentation VI–X;

Werner Löser SJ, Johannes Cochlaeus und die Reformationsgeschichte, Catholica 4/16, 266–277.

III. Aus der Orthodoxie

Johannes Hofmann, Autorität und Wandel der Bestimmungen der ersten vier ökumenischen Synoden.

Zum Vorrang der alten Hauptkirchen des Römischen Reiches und zum Aufstieg Konstantinopels und Jerusalems, OrthForum 2/16, 163–179;

Stefan Barbu, Liviu Stan and the Question of Laity in the Orthodox Church, ebd., 193–218;

Vasilios N. Makrides, Le concile panorthodoxe de 2016. Quelques réflexions sur les défis auxquels le monde orthodoxe doit faire face, Istina 1/17, 5–26;

Reinhard Thöle, Le saint et grand Concile de l'Église orthodoxe (Crète, 2016) entre épreuve et promesse. Un écho luthérien, ebd., 27–38;

Christopher Lockwood, Hagiasmos: Water Symbolism in Orthodox Christianity, St Vladimir's Theological Quarterly 1/17, 5–38;

Barbara Hallensleben, Im Geist von Chalki. Patriarch Bartholomaios ermutigt zum Dialog, KNA-ÖKI 18/17, 7–8;

Vasilios N. Makrides, Zwischen Tradition und Erneuerung. Die Sendung der Orthodoxen Kirche in der heutigen Welt, Cath(M) 1/17, 18–32;

Athanasios Vletsis, Fragmentierung oder ökumenische Öffnung der Orthodoxie? Plädoyer für eine neue Beziehung zwischen Universalität und Lokalität der Kirche, ebd., 44–51;

Viorel Ionita, Der lange Weg zur Heiligen und Großen Synode der Orthodoxen Kirche und seine Perspektiven, ebd., 64–71;

Vladimir Khulap, Die Orthodoxe Kirche zwischen Universalität und Ethnizität. Autokephalie, Diaspora und die Beziehungen zwischen Konstantinopel und Moskau, Cath(M) 1/17, 38–43;

Pantelis Kalaitzidis, Les rapports de l'Église et de l'État dans le monde orthodoxe et la discussion sur la place de la religion dans l'espace public. Avec une note sur l'enseigement religieux dans l'école publique, Irénikon, 2–4/16, 181–219;

Antoine Lambrechts, Perle précieuse ou fruit de l'orgueil? La réception de l'Imitation du Christ dans l'Église orthodoxe russe, ebd., 276–362;

Wort an Menschen guten Willens. Schlussbotschaft des V. Europäischen Katholisch-Orthodoxen Forums, KNA-ÖKI 7/17, Dokumentation I–IV.

IV. Weitere interessante Beiträge

Ralf Dziewas, Oliver Pilnei, Michael Kißkalt, Andrea Klimt, Volker Spangenberg, Joachim Gnep, Faktoren des Gemeindewachstums. Ergebnisse einer qualitativen und einer quantitativen Befragung von Gemeindeleitungen im Bund Evangelisch-Freikirchlicher Gemeinden, ThGespr 2/17, 55–94;

Bogdan G. Bucur, Anti-Jewish Rhetoric in Byzantine Hymnography: Exegetical and Theological Contextualization, St Vladimir's Theological Quarterly 1/17, 39–60;

Henry Shea, Reality in Symbol: Schmemann and Rahner in Dialogue, ebd., 61–90;

Dietmar Winkler, Mythos des ersten Jahrtausends. Pluralismus und Kirchentrennung im antiken Christentum, KNA-ÖKI 19/17, Dokumentation, I–VIII;

Jürgen Kampmann, Sanftes Joch. Das Staatskirchenrecht fördert die Verrechtlichung in der Kirche, Zeitzeichen 5/17, 38–40;

„Auf das Kreuz schauen." Predigt im Buß- und Versöhnungsgottesdienst in Hildesheim von Kardinal *Reinhard Marx* und Landesbischof *Heinrich Bedford-Strohm,* KNA-ÖKI 11/17, Dokumentation I–II.

V. Dokumentationen

Themenheft: Neue Forschungsbeiträge zum armenischen Schisma (1871–1879/1881) mit Beiträgen von *Klaus Unterburger, Hermann H. Schwedt; Mariam Kartashyan, Jakub Osiecki* und *Hacik Gazer,* IKZ 106 (2016), 225–328;

„Das Reformationsjubiläum 2017 feiern", eine 36-seitige Broschüre der Evangelischen Kirche in Deutschland (EKD), die sich an alle Menschen richtet, die mehr über die Reformation und ihre Bedeutung für das Leben in Kirche und Gesellschaft erfahren möchten. Sie steht auf Deutsch und Englisch zur Verfügung und kann kostenlos beim Kirchenamt der EKD (Herrenhäuser Straße 12, 30419 Hannover) bestellt oder auf www.ekd.de heruntergeladen werden.

Das Wort der Arbeitsgemeinschaft Christlicher Kirchen in *Deutschland (ACK) „Versöhnt miteinander"* zu 500 Jahre Reformation ist nun auch als zweisprachige Ausgabe (deutsch und englisch) erschienen. Die Broschüre ist für 0,60 Euro bei der ACK erhältlich. Die Broschüre „Discover Anew the Bible's Treasures" („Die Bibel neu als Schatz entdecken") ist ebenfalls ins Englische übersetzt worden und kann zum Preis von 3,00 Euro im Shop der ACK (http://shop.oekumene-ack.de/) bestellt werden.

Die Publikation *„Für dich gegeben"* bildet den Auftakt einer Reihe von fünf Texten im Booklet-Format, die die VELKD im Kontext von *„Luther 2017 – 500 Jahre Reformation"* herausgibt. Die weiteren Titel widmen sich den Themen Gemeinde, Gottesdienst, Recht und Ökumene. Sie setzen bei aktuellen Fragestellungen an und sind sowohl für Ehrenamtliche in den Gemeinden, Multiplikatoren als auch für alle am Thema Interessierten gedacht. Das Booklet kann im Amt der VELKD unter der E-Mail: versand@velkd.de gegen eine Schutzgebühr von 2,00 Euro pro Exemplar (zzgl. Versandkosten) bestellt werden.

Neue Bücher

500 JAHRE REFORMATION

Hans-Georg Link, Die un-vollendete Reformation. Zur konziliaren Gemeinschaft von Kirchen und Gemeinden. Evangelische Verlagsanstalt/Bonifatius, Leipzig/Paderborn 2016. 311 Seiten. Kt. 22,90 EUR.

Zu der kaum noch überschaubaren Fülle von Veröffentlichungen im Rahmen des Reformationsjubiläums hat Hans-Georg Link einen sehr originellen Beitrag hinzugefügt. Schon der Titel, der von der „un-vollendeten Reformation" spricht, lässt angesichts der Lobpreisungen der Reformation und ihrer „welthistorischen" Auswirkungen aufhorchen. Link stellt seiner Untersuchung eine knappe Zusammenfassung der positiven und der negativen Auswirkungen der Reformation voran (30 f) und kommt dann zu der These, dass die Reformation unter drei Gesichtspunkten unvollendet geblieben ist: 1. wegen des Verlustes der von Luther und seinen Mitstreitern betonten konziliaren Dimension im Protestantismus; 2. wegen des weitgehenden Fehlens einer eigenständigen Konzeption einer evangelischen Kirchenverfassung; und 3. wegen des Ausbleibens der von Luther erhofften Erneuerung der Gesamtkirche (32–34). Alle drei Gesichtspunkte bleiben im Buch im Blick, aber das Interesse richtet sich vor allem auf die Wiederaufnahme der konziliaren Dimension.

Link beginnt sein Buch mit einer „Meditation" über die erste konziliare Versammlung in der Geschichte der Kirche: das so genannte Apostelkonzil, von dem die Apostelgeschichte berichtet. Auf diesem Hintergrund stellt er die „konziliare Gemeinschaft" als das vom Ökumenischen Rat schon 1975 vorgeschlagene Modell kirchlicher Einheit vor, das „in der Lage ist, die bisherigen Vorstellungen von kirchlicher Gemeinschaft zu einer zukunftsorientierten Sicht zusammenzuführen" (42). Das Konzept ist geeignet, „sowohl eine repräsentative ökumenische Zusammenkunft als auch die Strukturen gemeinsamer Beratung zum Ausdruck zu bringen" (43). Er unterscheidet daher drei Dimensionen von „konziliarer Gemeinschaft: 1. Gemeinsame Strukturen und Formen von Synodalität auf allen Ebenen des Zusammenlebens; 2. inhaltliche Themen der Beratung; und 3. die gemeinsamen Wege in Gestalt konziliarer Prozesse. „Konziliare Gemeinschaft von Kirchen und Gemeinden ist also zugleich eine gegenwärtige Erfahrung in unterschiedlicher Ausprägung, ein gemeinsamer Weg in thematischer Auseinandersetzung und gemein-

460

schaftlichem Handeln, und eine Zielvorstellung eines wahrhaft ökumenischen Konzils" (44).

Der vermutlich für viele Leser interessanteste Teil des Buches ist der Abschnitt, in dem Link der Auseinandersetzung Martin Luthers mit der Konzilsfrage nachgeht, ein Thema, das in den meisten aktuellen Darstellungen nur am Rande berührt wird. Die Frage hat Luther von Beginn seines Prozesses mit der römische Kurie 1518 bis an sein Lebensende begleitet. „Im Anfang seiner Auseinandersetzung mit Rom hat er an ein künftiges Konzil appelliert, 20 Jahre später wurde er nach mehrfachen Verschiebungen dieses Konzils immer skeptischer im Blick auf dessen Zustandekommen und seinen Erfolg. Aber losgelassen hat ihn die Konzilsfrage zeitlebens so wenig wie seine Auseinandersetzung mit dem Papsttum" (49). Link zeichnet die Entwicklung der Position Luthers detailliert nach: von seiner Appellationsschrift an Papst Leo X. (1518), die Leipziger Disputation (1519) und die reformatorische Schrift „An den christlichen Adel deutscher Nation" (1520) bis zu seiner Schrift „Von den Konziliis und Kirchen" (1539). Angesichts der enttäuschten Hoffnungen auf ein großes Konzil, rät Luther hier dazu, die Pfarrgemeinden und Schulen als kleine, aber nützliche „Konzilia" zu würdigen und zu stärken.

Link arbeitet in der weiteren Darstellung heraus, dass nicht nur Melanchthon und Calvin in der Hochschätzung von Konzilen Luther gefolgt sind, sondern dass die Bedeutung des Konzils auch in vier der grundlegenden lutherischen Bekenntnischriften unterstrichen wird. Er weist zu Recht darauf hin, dass die „eigentliche konziliare Leistung der Reformation" darin liege, „das synodale Prinzip in den reformatorischen Kirchen in der einen oder anderen Form fest verankert zu haben" (82). Dies geschah freilich nicht in den lutherischen Kirchen, sondern zunächst in der ersten reformierten, d. h. calvinistischen Nationalsynode in Paris 1559 und blieb auch in den folgenden Jahrhunderten ein Kennzeichen der vom Calvinismus geprägten Kirchen und Gemeinschaften in West-Europa und in Amerika. Dieses Grundelement einer evangelischen Kirchengestalt ist im Luthertum erst spät aufgenommen worden. Eine kritische Einschätzung zum weitgehenden Fehlen des synodalen Elements in der Geschichte der lutherischen Kirchen vermisst man freilich bei Link. Er schlägt dafür gleich den großen Bogen zur Wiederbelebung der konziliaren Dimension in der ersten Bekenntnissynode in Barmen 1934 und dem Plädoyer Dietrich Bonhoeffers für ein ökumenisches Konzil in Fanø im gleichen Jahr.

Die folgenden Kapitel III und IV bieten eine knappe aber kenntnisreiche Darstellung der weithin bekannten Diskussionen zur Konziliarität im Ökumenischen Rat der Kirchen verbunden mit der Initiative eines „konziliaren Prozesses für Gerechtigkeit, Frieden und Bewahrung der Schöpfung" (98–131) und zur Wiederentdeckung konziliarer Gemeinschaft im Horizont des II. Vatikanischen Konzils und seinen Auswirkungen für den Dialog mit den lutherischen Kirchen sowie für die Zusammenarbeit mit dem Ökumenischen Rat der Kirchen (132–182). Von besonderem Interesse dagegen ist das V. Kapitel, in dem Link aus der Perspektive eines teilnehmenden Beobachters über das Panorthodoxe Konzil in Kreta 2016 berichtet, mit dem nach langem Vorlauf die konziliare Tradition der Orthodoxie erneuert wurde (183–224). Link hält es für möglich, dass „das Panorthodoxe Konzil von Kreta 2016 als Wasserscheide in die Geschichte der orthodoxen Kirche und der ökumenischen Bewegung eingehen" wird. „Unsere westlichen Kirchen sind jedenfalls gut beraten, jetzt und in Zukunft sorgfältiger auf die prophetische und apostolische Stimme der orthodoxen Kirchen zu hören, als sie es in der Vergangenheit für nötig erachtet haben" (221).

Im Rückblick auf die Darstellungen in den drei Kapiteln III–V kommt Link zu dem Ergebnis: „Alle drei Formen von konziliaren Zusammenkünften ... haben im 20. Jahrhundert zu einer überraschenden *Renaissance der Konzilsidee* beigetragen: Kreta mit dem lange nicht für möglich gehaltenen Zustandekommen orthodoxer Einheit; Rom mit der Ekklesiologie der Gemeinschaft und die ökumenischen Vollversammlungen mit dem Entfalten demokratischer Strukturen der Konziliarität. Auf diese Weise haben alle drei konziliaren Ereignisse ihren Anteil an dem ökumenischen Leitgedanken der konziliaren Gemeinschaft zwischen Christen und Kirchen. ... In einer Zeit, in der die ökumenische Bewegung ihre Zielorientierung zu verlieren droht, scheint es mir angebracht, sie an die *große Zielperspektive konziliarer Gemeinschaft* zu erinnern, die schon vor Jahrzehnten entwickelt worden ist, aber m. E. nichts an ihrer Orientierungskraft eingebüßt hat. ... Es bleibt dabei die Hauptaufgabe der ökumenischen Bewegung, zu Inhalten und Formen konziliarer Gemeinschaft zu finden, die auch der Gerechtigkeit, dem Frieden und der Heilung der Schöpfung zugutekommen. Darin besteht die *ökumenische Reformation,* die wir größtenteils noch vor uns haben" (228 f).

Die abschließenden beiden Kapitel VI und VII befassen sich mit konkreten Vorschlägen zur Verwirklichung konziliarer Gemeinschaft innerhalb und zwischen den Kirchen auf allen Ebenen ihres Lebens und Handelns. Hier schlägt sich neben der Vertrautheit mit den theologischen und kirchenpolitischen Voraussetzungen die langjährige Praxiserfahrung des Autors nieder.

Pfarrer und Gemeindeleiter, aber auch die Träger ökumenischer Initiativgruppen werden hier vielfältige Anregungen finden zu unterschiedlichen Formen konziliarer Gemeinschaft, zu den anstehenden Themen konziliarer Beratungen sowie zu den Herausforderungen für konziliares Handeln in der weltweiten Gesellschaft. Für das Jubiläumsjahr der Reformation schlägt Link konziliare Bundesschlüsse auf der Ebene von Gemeinden, von Regionen und zwischen Landeskirchen und katholischen Diözesen, sowie zwischen der EKD und der Deutschen Bischofskonferenz auf Bundesebene vor. Er nimmt dabei Bezug auf den Vorschlag, gemeinsame *Christusfeste* zu feiern und schlägt vor, das Fest der Kreuzeserhöhung am 14. September mit einer *Erklärung zur Kirchenpartnerschaft* zwischen der EKD und der Deutschen Bischofskonferenz zu begehen und so einen konziliaren Kirchenbund miteinander zu begründen. Er sieht die Kirchen im Ursprungsland der Reformation in der Verantwortung, „das Ihre zur Erneuerung des gemeinsamen Christusglaubens und zur Überwindung der Trennung zwischen den Konfessionen beizutragen" (281).

Aber die Vision des Autors geht über das Jahr 2017 hinaus. Im letzten, VII. Kapitel skizziert er Vorschläge für „drei notwendige konziliare Versammlungen", nämlich 1. eine „deutsche ökumenische Provinzialsynode im Jahr 2021 [d. h.

500 Jahre nach dem Reichstag in Worms] zur Exkommunikation Martin Luthers und den gegenseitigen Lehrverurteilungen" (287 f); 2. „eine europäische konziliare Versammlung im Jahr 2030 [d. h. 500 Jahre nach dem Reichstag in Augsburg] zum gemeinsamen Glaubenszeugnis" (293 f); und 3. „ein Konzil der Versöhnung zwischen Ost- und Westkirche im Jahr 2054" (297 f), [d. h. 1000 Jahre nach der Trennung]. Ein solches Konzil der Versöhnung ist freilich nur unter drei Voraussetzungen denkbar:

„1. Die *Kirchen der Reformation* wenden sich grundsätzlich ihren orthodoxen Schwesterkirchen und damit zugleich altkirchlichen Strukturen von Konziliarität zu.

2. Die *Römisch-katholische Kirche* begrenzt den Jurisdiktionsprimat des Papstes auf ihren eigenen Bereich, sodass der Papst wieder zum „Patriarchen des Westens" wird, mit dem die anderen Patriarchen des Ostens auf Augenhöhe kommunizieren.

3. Die *orthodoxen Kirchen* gehen über ihre ökumenische Position von Kreta 2016 hinaus und anerkennen, dass auch katholische und reformatorische Kirchen Glieder der einen, heiligen, katholischen und apostolischen Kirche sind" (305).

Er schließt mit der Mahnung: „Wenn *Martin Luthers* Programm der Erneuerung der ganzen Kirche an Haupt und Gliedern doch noch eine Chance erhalten soll, dann tun alle Kirchen, und insbesondere die von ihm angestoßene evangelische, gut daran, das Gedenkjahr an den Beginn der Reformation vor 500 Jahren dazu zu nutzen, sich auf den Weg zu *konziliarer Gemeinschaft* miteinander zu begeben" (305 f).

Das Buch von Hans-Georg Link ist ein willkommener Aufruf zur ökumenischen Öffnung des Gedenkens an den Beginn der Reformation vor 500 Jahren. Zugleich weist es über das Gedenkjahr hinaus und vermittelt eine überzeugende Zielperspektive für die ökumenische Bewegung im Ganzen. Man wünscht ihm deshalb viele Leser, die sich von seinen wichtigen Rückblenden und Anregungen in ihrem ökumenischen Engagement inspirieren lassen.

Konrad Raiser

Peter Neuner, Martin Luthers Reformation. Eine katholische Würdigung. Verlag Herder, Freiburg i. Br. 2017. 344 Seiten. Gb. 24,99 EUR.

Ökumenische Wende mit Martin Luther? Regelrecht überflutet wird der diesjährige Büchermarkt mit Publikationen zu Martin Luther. „Der Mensch Luther", „Der rebellische Mönch", „Luther zum Vergnügen": Kaum ein Verlag, der keinen Luthertitel aufgelegt hat. Neben den biographischen Titeln und den vielfältigen historischen Darstellungen der Reformationszeit ragen einige wenige Bücher heraus, da sie nicht nur bei der Historie verweilen, sondern ausgehend von Martin Luthers Reformation danach fragen, wie es in unserer Zeit weitergehen kann.

Peter Neuner, ehemaliger Ordinarius für katholische Dogmatik an der Universität München, hat einen solchen Versuch unternommen und eine katholische Würdigung von Martin Luthers Reformation vorgelegt. Ihm geht es nicht nur darum, die katholischen Wurzeln oder das katholische Denken Martin Luthers aufzuzeigen, sondern einen konstruktiven Beitrag zur Ökumene zu leisten „und die Kontroverspunkte, die sich heute zwischen lutherischer und katholischer Theologie, dem Glaubensbewusstsein in den Gemeinden und den kirchenamtlichen Aussagen stellen, im Blick auf den Reformator zu bedenken" (28).

Neuner geht dabei zunächst von den Bildern aus, die man sich auf evangelischer und katholischer Seite von Luther gemacht hat, und wie sich diese im Lauf der Jahrhunderte veränderten. Besonders interessant ist dabei seine Darstellung der katholischen Lutherrezeption (66–106), in der Neuner auch die wenigen katholischen Stimmen darstellt, die für Luther beispielsweise schon in Zeiten der Aufklärung anerkennende Worte fanden. Der Aufbruch nach dem Zweiten Vatikanischen Konzil habe schließlich auch im katholischen Lutherbild zu einer differenzierteren Wahrnehmung geführt, wobei Neuner zeigt, wie sich erst allmählich das Interesse an Luthers Theologie auf katholischer Seite durchsetzen konnte. Während durch wegweisende Arbeiten wie „Die Theologie der Rechtfertigung von Martin Luther und Thomas von Aquin" von Otto Hermann Pesch Luthers Theologie auch im katholischen Raum möglich und legitim geworden sei (93), habe das kirchenamtliche Urteil über Luther die Entwicklung der katholischen Lutherforschung in Historie und Theologie nicht mitvollzogen (105). Schließlich habe das Lutherjahr 1983 eine Wende markiert, indem selbst Papst Johannes Paul II. vorschlug, das „Luthergedenkjahr in echt ökumenischem Geist zu gestalten" (105). Dies habe letztlich auch dazu geführt, Luther nicht als Gestalt der Vergangenheit zu betrachten, sondern sein theologisches Erbe erneut gemeinsam zu lesen (106). Doch habe es dennoch einige Zeit gedauert, bis Benedikt XVI. bei seinem Besuch im Augustinerkloster in Erfurt im Jahr 2011 Luthers Frage nach Gott als ein Leitmotiv für unsere Zeit bezeichnet habe. Der Papst habe Luther damit zumindest indirekt als Lehrer im Glauben benannt (107). Neuner beschließt den ersten Teil, indem anhand der Interpretation von Luthers Rechtfertigungslehre in den ökumenischen Dialogen, die die römisch-katholische Kirche nach dem Zweiten Vatikanischen Konzil begann, aufzeigt, wie eine gemeinsame Lektüre von Luthers Botschaft ökumenisch fruchtbar gemacht werden konnte.

Vor diesem Hintergrund macht sich Neuner in dem zweiten Teil des Buches daran, für weitere Kontroverspunkte des ökumenischen Dialogs die Relevanz der Botschaft Luthers zu verdeutlichen. Dazu gehören für ihn die Themen Autorität der Schrift (156–176), das Verständnis der Kirche (177–196), das kirchliche Amt (197–229), das Papsttum (230–246) sowie die Lehre der Sakramente, unter denen er dann die Taufe (252–260), die Eucharistie (261–280) und die Ehe (281–290) behandelt. Schließlich untersucht er die verschiedenen ökumenischen Zielvorstellungen (291–313) und gelangt zu dem Ergebnis, dass keines der Probleme die „Kraft hat, die gegenseitige Verwerfung zu rechtfertigen" (314). Der Kontroverstheologie seien die wichtigsten Argumente zwischen den Fingern zerronnen, indem man von einem „differenzierten Konsens" der lutherischen und der katholischen Theologie ausgehen könne. Neuner beklagt, dass im theologischen Diskurs schon zahlreiche Themen ausführlich bearbeitet worden seien und man dabei zu durchaus greifbaren Lösungen gekommen sei, während diese Ergebnisse auf der Ebene der Kirchenleitungen viel zu wenig beachtet würden. Immer wieder würden Fragen aufgeworfen, zu denen es bereits zahlreiche Veröffentlichungen und Untersuchungen gebe. Einen Hoffnungsschimmer sieht Neuner in der Erklärung von Papst Franziskus und Munib Younan, veröffentlicht anlässlich des ersten gemeinsamen Reformationsgedenkens von Vatikan und Lutherischem Weltbund (325), in der beide ihre Dankbarkeit für die geistlichen und theologischen Gaben ausdrükken, die sie durch die Reformation empfangen haben.

Man ahnt bei Neuners Buch, dass es auch aus dem Interesse des katholischen Verlags heraus entstanden sein wird, einen ökumenischen Luthertitel ins Programm zu nehmen. Aber aus diesem berechtigten Anliegen ist ein kleines Kompendium des ökumenischen Dialogs geworden, das auf etwas mehr als 300 Seiten und einem hilfreichen Register nicht nur alle wesentlichen Fragen, sondern auch greifbare Lösungsversuche aufzeigt. Schade ist, dass Neuner sich auf das lutherisch-katholische Verhältnis beschränkt und dabei alle anderen Kirchen ausblendet, die sich auch auf Martin Luthers Reformation beziehen und im ökumenischen Dialog ebenfalls engagiert sind. So wäre es zum Beispiel sinnvoll gewesen, die Erklärung „Versöhnt miteinander" der Mitgliederversammlung der Arbeitsgemeinschaft Christlicher Kirchen in Deutschland zu 500 Jahre Reformation aufzugreifen, die an vielen Stellen noch über die Erklärung von Vatikan und Lutherischem Weltbund hinausgeht. Aber Neuners Buch gebührt auf jeden Fall das Verdienst, der Luthereuphorie den

Kopf zu drehen und den Blick in die Zukunft zu richten. Denn, so Neuner in seinem Schlusswort, die Orientierung an Luther und seiner Botschaft könne die Kirchen zusammenführen und heillose Spaltungen überwinden helfen (325).

Marc Witzenbacher

FRAGE NACH DEM KIRCHLICHEN AMT

Norbert Roth, Das Bischofsamt der evangelischen Kirche. Neukirchener Theologie, Neukirchen-Vluyn 2012. 398 Seiten. Gb. 49,00 EUR.

Die Frage nach dem kirchlichen Amt, insbesondere dem Bischofsamt, gehört zu den ökumenisch zentralen wie protestantischerseits marginalisierten Themen der Theologie. Zum Verständnis des Bischofsamtes leistet die veröffentlichte Dissertation des Lutheraners Norbert Roth, Pfarrer an der Münchner Bischofskirche St. Matthäus, einen wertvollen und innovativen Beitrag.

Die Arbeit nähert sich dem Thema über drei *viae*: die *via historica* (über das Gewordensein des evangelischen Bischofsamtes in Bayern), die *via notorum* (die Theologie des Bischofsamtes in kirchlichen und ökumenischen Lehrdokumenten) und, an erster Stelle, die *via empirica,* ein ausgezeichnetes, besonders aufschlussreiches und lesenswertes Kapitel. Es gibt Einblicke in Interviews, die Roth mit amtierenden bischöflichen Personen geführt hat, mit sieben lutherischen Bischofspersonen und je einem Bischof anglikanischer, methodistischer, römisch-katholischer und orthodoxer Konfession. An erster Stelle des Interesses liegt der Fokus auf den lutherischen (Regional-) Bischöfen.

Die bischöflichen Personen äußern sich zum theologischen und geistlichen Selbstverständnis ihres Amtes, insbesondere auch zu ihrem Verständnis von Ordination, zur Frage von Autorität, Dienstaufsicht und Vollmacht, zu Quelle und Ursprung der eigenen bischöflichen Autorität und zu ihrem spezifischen Dienst an der Einheit der Christen sowie zur Selbstunterscheidung von Bischöfen anderer Konfessionen. Auch der spezifische Beitrag von Frauen im Bischofsamt sowie die Frage nach der Stellenteilung im bischöflichen Amt werden angesprochen.

Dass die theologischen Antworten unter den lutherischen Bischöfen differieren, ist bereits im Zahlenverhältnis (sieben zu vier bzw. sieben zu vier mal eins) grundgelegt. Aber auch die Theologien der Bischofspersonen unterscheiden sich untereinander, und das insbesondere vor dem Hintergrund einer lutherischen Theologie des Bischofsamtes nach CA 28.

Gemeinsam ist den lutherischen Äußerungen u. a. folgendes:

Das ordinierende Handeln ist den Bischöfen vorbehalten, es ist ein performativ-priesterlicher Akt, man könnte auch sagen: sakramental. Das eigenständige Bischofsamt theologisch zu legitimieren, wird weder abgelehnt noch positiv durchgeführt, stattdessen wird das Bischofsamt weitgehend funktional bzw. juristisch begründet. Offen ist die Frage nach der Zuordnung von Ortsgemeinde und Episkopé bzw. der Hinordnung auf die Gesamtkirche.

Im Vergleich betonen Lutheraner mehr die bischöflichen *Aufgaben*, die Bischöfe der anderen Kirchen mehr das *theologisch-geistliche Wesen* des Bischofsamtes. Bemerkenswert im Vergleich der Konfessionen sind etliche Konvergenzen wie die Vatermetapher für den katholischen und orthodoxen Bischof und die Muttermetapher einer Regionalbischöfin („Mutter der Nation im Kirchenkreis") zur Beschreibung des eigenen bischöflichen Selbstverständnisses. Neben theologischen Aspekten ist das empirische Kapitel auch menschlich-psychologisch ertragreich und z.T. mit feinem Humor geschrieben.

Die zentrale These des Werks lautet: Die Ausübung des Bischofsamtes in den verschiedenen Kirchen stimmt trotz dogmatischer Differenzen in der Praxis in hohem Maße überein.

Die Arbeit leistet auf originelle Weise einen wichtigen Beitrag zu einem protestantischerseits notorisch unterentwickeltem Thema. Sie steht in lutherischer Bekenntnistradition und ist katholisch-ökumenisch aufgeschlossen, insbesondere gegenüber den Kirchen mit historischem Episkopatsanspruch. Bekenntnistheologische Grundlage dafür ist der CA-Artikel 28, der – entgegen der protestantischen Durchschnittsauslegungstradition der CA – die traditionelle bischöfliche Struktur der Kirche nicht den Adiaphora überlässt. Roths Arbeit ist der sichtbaren Einheit der Kirche verpflichtet, verstanden als strukturell wachsende Einheit in spiritueller Vielfalt.

Es ist ökumenisch begrüßenswert, dass dieser Ansatz den Kirchen mit historischem Episkopat aufgeschlossen ist und theologische Desiderate der eigenen lutherischen Kirche anmahnt. Zu bedenken ist, dass die drei Konfessionen mit historischem Episkopatsanspruch untereinander auch kaum Strukturen sichtbarer Einheit haben. Grund dafür sind neben anderen ekklesiologisch-theologischen Differenzen vor allem die Themen Frauenordination und Petrusamt. Sobald die römisch-katholische Kirche ökumenischer Dialogpartner ist, werden diese Themen bedeutsam und können nicht von der Theologie des Bischofsamtes getrennt werden. Außerdem muss sich jede Konfession fragen: Wie ist angesichts der Pluralität christlicher Kirchen und ihrer Parallel- und Konkurrenzstrukturen das eigene kirchliche Selbstverständnis, exklusiv oder in authentischster Weise Kirche Jesu Christi zu sein, ins Verhältnis zu setzen zum kirchlichen Selbstanspruch der anderen Kirchen? Anders, in römisch-katholischer Schärfe formuliert: Wer ist „Kirche im eigentlichen Sinn", und folglich auch „Bischof im eigentlichen Sinn"? Welche der vielen historisch kontingenten Sukzessionsansprüche ist „bischöfliche Sukzession im eigentlichen Sinn"? Und was ist eigentlich „eigentlich"? Diese Fragen sprengen natürlich jede Monographie. Sie gehören aber in eine ökumenische Theologie des Bischofsamtes hinein.

Die Arbeit von Roth vermeidet Schärfe und Polemik gegenüber den anderen Kirchen. Die Fragen nach Frauenordination und dem eigenen Kirchesein als „Kirche im eigentlichen Sinn" werden von Roth kurz angerissen und im lutherischen Sinn beantwortet. Der Protestant kann dazu nicken. Rom-Katholiken und Orthodoxe werden dem jedoch letztlich nicht folgen können.

Kritisch sieht Roth die theologischen Differenzen unter den Lutheranern sowie die einseitige Auslegung von CA 28. Zu bedenken gebe ich, dass (landes-)kirchlicher Protestantismus in Deutschland heute immer auch traditionell reformierte und unierte Glieder und Elemente umfasst und von einem historisch bedingten antikatholischen Affekt lebt. Die faktische Durchmischung der protestantischen Konfessionen im kirchlichen Leben betrifft natürlich auch die Bischofspersonen und das Selbstverständnis ihrer Amtsführung. Die anderen Konfessionen kennen übrigens das Phänomen theologischer Pluralität und Widersprüchlichkeit auch, insbesondere bei ekklesiologischen Fragen.

Erfreulich an dieser lesenswerten Dissertation ist neben vielem anderen auch, dass die Einheit der Kirche ihrem Verfasser einerseits ein wissenschaftlich-theologisches, aber auch spürbar ein persönlich-geistliches Anliegen ist.

Florian Ihsen

THOMAS HANDBUCH

Volker Leppin (Hg.), Thomas Handbuch. Mohr Siebeck, Tübingen 2016. 523 Seiten. Kt. 49,– EU; Ln. mit SU 119,– EUR.

Der Aufbau mit den Kapiteln Orientierung – Person – Werk – Wirkung ist Benutzern der Reihe vertraut. Nach der knappen einleitenden Orientierung u. a. zu Werkausgaben und zum Stand der Forschung eingangs des 21. Jahrhunderts wird also zuerst zur Person des Thomas informiert. Informativ sind hier v. a. die Unterkapitel aus dem Abschnitt „Traditionen" (68–126): Es entsteht ein facettenreiches Bild, das u. a. die Bedeutung Augustins, des Dionysius Areopagita und die der Auseinandersetzung mit den arabischen Aristotelikern für Thomas zeichnet. Allenfalls der Abschnitt „Papsttum und weltliche Mächte" ist dabei wenig auf Thomas zugeschnitten. Deutlich wird, dass bei all seiner Konzentration auf Aristoteles als „den" Philosophen Thomas in der lebendigen Überlieferung des lateinischen Christentums gelesen werden muss.

Hat dieses Kapitel noch am ehesten Einführungscharakter, wechselt der Band mit „Werk" (159–424) in den Modus eines Handbuchs, das man sowohl in einem Zug studieren als auch fallweise benutzen kann. Letzteres wird v. a. für die Darstellung der Schriften des Thomas (160–279) gelten. Für jede Schriftengruppe, und wo geraten für einzelne Werke, werden Genese und Quellenlage umrissen sowie Inhaltssummarien und/oder inhaltliche Schwerpunkte genannt. Leser*innen, die nicht mit der Thomasforschung vertraut sind, dürften v. a. zwei Schwerpunkte interessant finden: Zum einen stellt das Handbuch den Bibelkommentator Thomas vor Augen und verweist u. a. auf seine Schriften zu *Hiob* und zum *Corpus Paulinum*. Zum anderen wird deutlich, wie seine Kommentare zu aristotelischen Schriften mit der Ausarbeitung der eigenen theologischen Bücher Hand in Hand gehen. Der Überblick wird durch Informationen über tendentiell weniger gelesene Werke wie die Boethius-Kommentare und den Sentenzenkommentar genauso wie durch eine Einschätzung der Catena Aurea ergänzt, die wohl populärer war, als es ihr im Konzert der Schriften des Aquinaten zukommt (204 f). Dass der Beitrag über die *Summa theologiae* (250–266) sich auf die Fragen ihres Aufbaus beschränkt, ist den Dimensionen des Riesenwerks angemessen.

Die Mitte des Handbuchs stellen zweifellos die elf Beiträge zu den Hauptthemen der thomasischen Theologie dar. Sie werden in einer für ihn typischen Gliederung dargeboten, so dass etwa die Christologie nach der Ethik und vor der Sakramentenlehre zu stehen kommt. Sechs dieser elf Beiträge stammen aus evangelischer Feder, was als „Ausdruck der heute selbstverständlichen ökumenischen Verbundenheit" (V) zu lesen sein dürfte, die der Herausgeber konstatiert. Unterschiedliche Tendenzen sind – nicht durchgängig anhand konfessioneller Grenzen! – zu erkennen. So erwägt etwa Notger Slenczka die Chancen der sog. Gottesbeweise als Purifikation alltagssprachlicher Rede von Gott (293 f), während Reinhold Rieger sie einer logischen und philosophischen Prüfung unterzieht und ihnen vorhält, entgegen der Behauptung des Thomas nicht induktiv zu sein, sondern eine problematische Axiomatik an den Tag zu legen (321–338). David Bergers Beitrag zur Schöpfungslehre (338–347) ist ein glänzend klarer Beleg dafür, die Theologie des Aquinaten im Ganzen vom Bekenntnis zu Gott dem Schöpfer her zu verstehen. Wiederum Slenczka führt durch das Feld der Rechtfertigungslehre, das durch jahrhundertelange kontroverstheologische Debatten besonders unübersichtlich wurde. Bei weitgehendem Urteilsenthalt in dieser Sache arbeitet er u. a. die Gnade als „Veränderung am Ort des empfangenden Subjekts" (372) und damit einen Tendenzunterschied zur reformatorischen Betonung des *opus alienum* heraus. Das menschliche Tun in der Gnade ist gleichwohl eines, das „sich selbst […] nicht in der Hand hat" (374). Damit zeigt sich: Die klassischen Kontroversen sind bekanntlich immer wieder unter Bezugnahme auf Thomas ausgefochten worden, können sich aber durchaus nicht im gewohnten Maß auf ihn berufen. Hier wie öfter im Band hätten die bahnbrechenden Arbeiten Otto H. Peschs zur ökumenischen Thomas-Rezeption über einige wenige Verweise hinaus erwähnt werden sollen. Drei Beiträge zur Eigenart der theologischen Rationalität (410–424) bei Thomas runden das Kapitel ab.

Die Wirkungsgeschichte des Thomas vom frühen Streit über sein Werk über die Kanonisation bis hin zum Neuthomismus wird knapp erzählt. Das gegenwärtige Interesse an ihm kommt dabei mit gerade einem Absatz 451 f und den Nennungen 25–28 gleichwohl zu kurz, bestimmt es doch nicht zuletzt die vorliegende Gesamtdarstellung. Die

Beigaben (Quellenverzeichnis, Register u. a., 453–523) unterstreichen den Charakter des Bandes als Arbeitsbuch.

Auch ein Handbuch dieser Größenklasse bleibt heterogen. Das ist zumal dort, wo es zur weiteren Auseinandersetzung herausfordert, kein Nachteil – im Gegenteil! Allenfalls die stärkere Heranziehung der internationalen Thomasforschung sei als Desiderat für Folgeauflagen genannt.

Martin Hailer

Wanda Falk, Dyrektor Generalny, Diakonia Kościoła Ewangelicko-Augsburskiego w RP, Ul. Miodowa 21, PL-00-246 Warszawa; Pfarrer Dr. Walter Fleischmann-Bisten, Kirchweg 5, 64625 Bensheim; Prof. Dr. Martin Hailer, Pädagogische Hochschule Heidelberg, Institut für Philosophie und Theologie, Abt. Ev. Theologie, Keplerstraße 87, 69120 Heidelberg; Pfarrer Dr. Florian Ihsen, Erlöserkirche München-Schwabing, Germaniastr. 4, 80802 München; Prof. Dr. Christof Mandry, Fachbereich Katholische Theologie, Goethe-Universität Frankfurt a. M., Norbert-Wollheim-Platz 1, 60629 Frankfurt am Main; Prof. Dr. Andreas Müller, Theologische Fakultät, Universität Kiel, Leibnizstr. 4, 24118 Kiel; Prof. Dr. Konrad Raiser, Zikadenweg 14, 14055 Berlin; Prof. Dr. Johannes Schelhas, Universität Trier, Theologische Fakultät, 54286 Trier; OKR Dr. Oliver Schuegraf, Amt der VELKD, Herrenhäuser Straße 12, 30419 Hannover; Prof. Dr. Ulrike Schuler, Theologische Hochschule Reutlingen, Friedrich-Ebert-Straße 31, 72762 Reutlingen; Prof. Dr. Lothar Vogel, Facoltà valdese di teologia, Via Pietro Cossa, 40, I-00193 Roma, Italien; Pfarrer Marc Witzenbacher, Ökumenische Centrale, Ludolfusstraße 2-4, 60487 Frankfurt am Main; Dr. Irena Zeltner Pavlović, Akademische Rätin, Friedrich-Alexander-Universität Erlangen-Nürnberg, Philosophische Fakultät und Fachbereich Theologie, Christliche Publizistik, Kochstraße 6, 91054 Erlangen; Prof. Dr. Peter Zimmerling, Institut für Praktische Theologie, Universität Leipzig, Martin-Luther-Ring 3, 04109 Leipzig.

Titelbild: verschiedene Reformationslogos, zusammengestellt von der World Communion of Reformed Churches

Thema des nächsten Heftes 4/2017:

Die Zukunft der Kirche ist weiblich?!

mit Beiträgen u. a. von Uta Andrée, Margit Eckholt, Claudia Kunz, Jantine Nierop, Carola Roloff, Petros Vassiliadis, Rosemarie Wenner

ÖKUMENISCHE RUNDSCHAU – Eine Vierteljahreszeitschrift

In Verbindung mit dem Deutschen Ökumenischen Studienausschuss (vertreten durch Thomas Söding, Bochum) herausgegeben von Angela Berlis, Bern; Petra Bosse-Huber, Hannover; Daniel Buda, Genf/Sibiu; Amelé Ekué, Genf/Bossey; Fernando Enns, Amsterdam und Hamburg (Redaktion); Dagmar Heller, Genf; Martin Illert, Hannover (Redaktion); Heinz-Gerhard Justenhoven, Hamburg; Ulrike Link-Wieczorek, Oldenburg/Mannheim (Redaktion); Viola Raheb, Wien; Johanna Rahner, Tübingen (Redaktion); Barbara Rudolph, Düsseldorf (Redaktion); Dorothea Sattler, Münster; Oliver Schuegraf, Hannover (Redaktion); Athanasios Vletsis, München; Rosemarie Wenner, Frankfurt am Main, Marc Witzenbacher, Frankfurt am Main (Redaktion).

ISSN 0029-8654   ISBN 978-3-374-05278-3

www.oekumenische-rundschau.de

Redaktion: Marc Witzenbacher, Frankfurt a. M. (presserechtlich verantwortlich)
Redaktionssekretärin: Gisela Sahm
Ludolfusstraße 2–4, 60487 Frankfurt am Main
Tel. (069) 247027-0 · Fax (069) 247027-30 · e-mail: info@ack-oec.de

Verlag: Evangelische Verlagsanstalt GmbH
Blumenstraße 76 · 04155 Leipzig · www.eva-leipzig.de
Geschäftsführung: Arnd Brummer, Sebastian Knöfel

Satz und Druck: Druckerei Böhlau · Ranftsche Gasse 14 · 04103 Leipzig

Abo-Service und Vertrieb: Christine Herrmann
Evangelisches Medienhaus GmbH · Blumenstraße 76 · 04155 Leipzig
Gläubiger-Identifikationsnummer: DE03EMH00000022516

Tel. (0341) 71141-22 · Fax (0341) 71141-50
E-Mail: herrmann@emh-leipzig.de

Anzeigen-Service: Rainer Ott · Media Buch + Werbe Service
Postfach 1224 · 76758 Rülzheim
www.ottmedia.com· ott@ottmedia.com

Bezugsbedingungen: Die Ökumenische Rundschau erscheint viermal jährlich, jeweils im ersten Monat des Quartals. Das Abonnement ist jeweils zum Ende des Kalenderjahres mit einer Frist von einem Monat beim Abo-Service kündbar.
Bitte Abo-Anschrift prüfen und jede Änderung dem Abo-Service mitteilen.
Die Post sendet Zeitschriften nicht nach.
Preise (Stand 1. Januar 2013, Preisänderungen vorbehalten):
Jahresabonnement (inkl. Versandkosten): Inland: € 42,00 (inkl. MWSt.),
Ausland: EU: € 48,00, Nicht-EU: € 52,00 (exkl. MWSt.)
Rabatt (gegen Nachweis): Studenten 35 %.
Einzelheft: € 12,00 (inkl. MWSt., zzgl. Versand)

Die nächste Ausgabe erscheint Oktober 2017.